Die gesetzliche Verfahrensstandschaft im Kindesunterhaltsverfahren gemäß
§ 1629 Abs. 3 S. 1 BGB

Forschungen zum deutschen und internationalen Erb- und Familienrecht

Herausgegeben von Christina Eberl-Borges und Rudolf Meyer-Pritzl

Band 13

PETER LANG

Frank Feuerpeil

Die gesetzliche Verfahrensstandschaft im Kindesunterhaltsverfahren gemäß § 1629 Abs. 3 S. 1 BGB

PETER LANG

Bibliografische Information der Deutschen Nationalbibliothek
Die Deutsche Nationalbibliothek verzeichnet diese Publikation in der Deutschen Nationalbibliografie; detaillierte bibliografische Daten sind im Internet über http://dnb.d-nb.de abrufbar.

Zugl.: Mainz, Univ., Diss., 2018

D 77
ISSN 1868-694X
ISBN 978-3-631-78694-9 (Print)
E-ISBN 978-3-631-78866-0 (E-PDF)
E-ISBN 978-3-631-78867-7 (EPUB)
E-ISBN 978-3-631-78868-4 (MOBI)
DOI 10.3726/b15577

Peter Lang – Berlin · Bern · Bruxelles · New York · Oxford · Warszawa · Wien

Diese Publikation wurde begutachtet.

www.peterlang.com

Vorwort

Mein vorzüglichster Dank gilt meiner Doktormutter und Erstgutachterin Frau Prof. Dr. Christina Eberl-Borges für ihre vertrauensvolle Unterstützung und hilfreichen Anregungen bei der Anfertigung dieser Arbeit. Die äußerst zügige Erstbegutachtung rundet ihr großes und dankenswertes Engagement in diesem Promotionsverfahren ab.

Freundlicher Dank gebührt auch Herrn Prof. Dr. Andreas Roth für die zügige Erstellung des Zweitgutachtens. Zudem möchte ich mich bei Herrn Prof. Dr. Jörg Scheinfeld bedanken, dass er bereitwillig als Prüfer im Rahmen des Rigorosums zur Verfügung stand.

Zu besonderem Dank bin ich Herrn Direktor am Amtsgericht Würzburg a.D. Roland Stockmann verpflichtet, der mir das Thema dieser Arbeit vorschlug und während der Ausarbeitung stets für konstruktive Diskussionen zur Verfügung stand.

Einen ganz besonderen Dank gilt meiner Lebensgefährtin, die seit langem an meiner Seite steht und mich während des Studiums, des Referendariats und des Promotionsverfahrens in meinem Vorhaben durch ihren steten Zuspruch und ihre liebevolle Unterstützung bestärkte.

Abschließend möchte ich meinen Eltern und meiner Schwester meinen unendlichen Dank aussprechen, denen ich diese Arbeit von ganzem Herzen widme. Ohne ihre fachliche und emotionale Unterstützung wäre all dies nicht möglich gewesen.

Mainz, im Dezember 2018

Frank Feuerpeil

Gliederung

Literaturverzeichnis

Bamberger, Heinz Georg/Roth, Herbert, Kommentar zum Bürgerlichen Gesetzbuch (zit. als: *Bearbeiter* in: Bamberger/Roth),

- Band 1, §§ 1–610, CISG, 3. Aufl., München 2012);
- Band 3, §§ 1297–2385, Rom I-VO – Rom II-VO – EGBGB, 3. Aufl., München 2012.

Baumbauch, Adolf (Begr.)/*Lauterbach, Wolfgang/Albers, Jan/Hartmann, Peter* (Hrsg.), Zivilprozessordnung mit FamFG, GVG und anderen Nebengesetzen, Kommentar, 76. Aufl., München 2018 (zit. als: *Bearbeiter* in: Baumbach/Hartmann).

Becker-Eberhard, Ekkehard, In Prozeßstandschaft erstrittene Leistungstitel in der Zwangsvollstreckung, ZZP 104. Band 1991, 413–448.

Bickel, Dietrich/Hadding, Walther/Lüke, Gerhard, Recht und Rechtserkenntnis, Festschrift für Ernst Wolf zum 70. Geburtstag, Der Unterhaltsregreß, Köln ua 1985, S. 223–250 (zit als: *Holzhauer* FS Wolf).

Braun, Eberhard, Insolvenzordnung, InsO mit EuInsVO. Kommentar, 7. neubearb. Aufl., München 2017 (zit. als: *Bearbeiter*, in: Braun).

Brox, Hans (Begr.)/*Walker, Wolf-Dietrich*, Zwangsvollstreckungsrecht, 11. neu bearb. Aufl., München 2018 (zit. als: *Brox/Walker*, ZVR).

Büte, Dieter/Poppen, Enno/Menne, Martin ua, Unterhaltsrecht, Ehegatten-, Kindes- und Verwandtenunterhalt, Prozessrecht und einschlägige, Nebenbestimmungen, Kommentar, 3. überarb. Aufl., München 2015 (zit. als: *Bearbeiter* in: Büte/Poppen/Menne).

Derleder, Peter, Teilzession und Schuldnerrechte, AcP 1969, 97–123.

DIJuF, Stellungnahme vom 15.02.2001 – J 3.105 Dl, JAmt 2001, 286–287.

dass., Themengutachten vom 08.08.2013 – ES 7.101, Geltendmachung von Kindesunterhalt nach Trennung der verheirateten Eltern (1629 Abs. 3 BGB), abrufbar unter: https://www.dijuf.de/tl_files/downloads/2013/DIJuF-Themengutachten_Geltendmachung_von_Kindesunterhalt_nach_Trennung_der_verheirateten_Eltern_v._08.08.13.pdf

Dreier, Horst, Grundgesetz, Kommentar, Band I, Präambel, Artikel 1–19, 3. Aufl., Tübingen 2013 (zit. als: *Bearbeiter* in: Dreier).

Epping, Volker/Hillgruber, Christian, Grundgesetz, Kommentar, 2. Aufl., München 2013 (zit. als: *Bearbeiter* in: Epping/Hillgruber).

Eylmann, Horst, Reglementierung der Werbung in der Berufsordnung – sinnvoll, überflüssig oder unzulässig?, AnwBl 1996, 481–485.

Familienrechtsreform-kommentar, Familienrechtsreformkommentar – FamRefK –, bearb. v. *Bäumel, Dieter/Bienwald, Werner/Häußermann, Röse* ua, Bielefeld 1998 (zit. als: *Bearbeiter* in: FamRefK).

Feuerich, Wilhelm E. (Begr.)/*Weyland, Dag*, Bundesrechtsanwaltsordnung, Berufsordnung, Fachanwaltsordnung, Partnerschaftsgesellschaftsgesetz, Recht für Anwälte aus dem Gebiet der Europäischen Union, Patentanwaltsordnung, Kommentar, 9. Aufl., München 2016 (zit. als: *Bearbeiter*, in: Feuerich/Weyland).

Finke, Fritz/Ebert, Johannes, Bonner Fachanwaltshandbuch. Familienrecht, 7. Aufl., Bonn 2010 (zit. als: *Bearbeiter* in: Finke/Ebert).

Flume, Werner, Anmerkung zu BGH, Urt. v. 05.10.1961 – VII ZR 207/60, JZ 1962, 281–282.

Gerhardt, Peter/Heintschel-Heinegg, Bernd von/Klein, Michael, Handbuch des Fachanwalts für Familienrecht, 10. Aufl., Köln 2015 (zit. als: *Bearbeiter*, in: FA-FamR).

Gernhuber, Joachim/Coester-Waltjen, Dagmar, Familienrecht, 6. völlig neu bearb. Aufl., München 2010 (zit. als: *Gernhuber/Coester-Waltjen*, Familienrecht).

Gießler, Hans, Erlöschen der elterlichen Prozeßführungsbefugnis undÜbergang zum familienrechtlichen Ausgleichsanspruch, FamRZ 1994, 800–808.

Gottwald, Peter/Roth, Herbert, Festschrift für Ekkehard Schumann zum 70. Geburtstag. Die isolierte Vollstreckungsstandschaft, Tübingen 2001 (zit. als: *Huber* FS Schumann).

Götz, Isabell/Schramm, Barbara, Ausgleich für Unterhalt nach Obhutswechsel oder Volljährigkeit, NJW-Spezial 2015, 132–133.

Graba, Hans-Ulrich, Anmerkung zu BGH, Beschluss vom 08.02.2017 – XII ZB 116/16, NZFam 2017, 272–273.

Grandel, Mathias/Stockmann, Roland, Stichwortkommentar, Familienrecht, Materielles Recht, Verfahrensrecht, Alphabetische Gesamtdarstellung, 2. Aufl., Baden-Baden 2014 (zit. als: *Bearbeiter* in: Grandel/Stockmann).

Grunewald, Barbara, Das Problem der Vertretung widerstreitender Interessen und ihre Vermeidung, AnwBl 2005, 437–441.

dies., Die Vertretung mehrerer Miterben durch einen Rechtsanwalt bzw. eine Sozietät, ZEV 2006, 386–388.

Hartung, Wolfgang/Scharmer, Helmut, Berufs- und Fachanwaltsordnung, Bundesrechtsanwaltsordnung (§§ 43–59m BRAO), Kommentar, 6. vollständig überarb. Aufl., München 2016 (zit. als: *Bearbeiter*, in: Hartung/Scharmer).

Henssler, Martin/Prütting, Hanns, Bundesrechtsanwaltsordnung mit EuRAG, Eignungsprüfungsverordnung, Berufs- und Fachanwaltsordnung, Rechtsdienstleistungsgesetz, Partnerschaftsgesellschaftsgesetz und CCBE-Berufsregeln, Kommentar, 4. völlig neu bearb. Aufl., München 2014 (zit. als: *Bearbeiter*, in: Henssler/Prütting).

Hochgräber, Gerhard, Zur Vollstreckung von in Prozeßstandschaft von einem Elternteil erwirkten Kindesunterhaltstiteln, FamRZ 1996, 272–273.

Hoppenz, Rainer, Familiensachen, Kommentar, 9. völlig neu bearb. und erw. Aufl., Heidelberg 2009 (zit. als: *Bearbeiter* in: Hoppenz).

Ipsen, Jörn, Staatsrecht II – Grundrechte, 20. überarb. Aufl., München 2017.

Jarass, Hans Dieter/Pieroth, Bodo, Grundgesetz für die Bundesrepublik Deutschland. Kommentar, 15. Aufl., München 2018 (zit. als: *Bearbeiter* in: Jarass/Pieroth).

Jauernig, Othmar/Stürner, Rolf (Hrsg.), Bürgerliches Gesetzbuch mit Rom-I-, Rom-II-, Rom-III-VO, EG-UntVO/HuntProt und EuErbVO. Kommentar, 17. neubearb. Aufl., München 2018 (zit. als: *Bearbeiter*, in: Jauernig).

Johannsen, Kurt H. (Mitbegr.)/*Henrich, Dieter* (Hrsg.), Familienrecht. Scheidung, Unterhalt, Verfahren, Kommentar, 6. Aufl., München 2015 (zit. als: *Bearbeiter*, in: Johannsen/Henrich).

Jüdt, Eberhard, § 323 ZPO und/oder § 767 ZPO? – Überlegungen zur richtigen Klagewahl – Teil 1, FuR 2009, 301–305.

Juris Praxiskommentar, BGB, hrsg. v. *Herberger, Maximilian/Martinek, Michael/Rüßmann, Helmut/Weth, Stephan* (zit. als: *Bearbeiter* in: jurisPK-BGB).

- Band 2.1 Schuldrecht (Teil 1: §§ 214 bis 432), hrsg. v. *Junker, Markus*, 7. Aufl., Saarbrücken 2015
- Band 2.3 Schuldrecht (Teil 3: §§ 631 bis 853), hrsg. v. *Rüßmann, Helmut*, 7. Aufl., Saarbrücken 2015;
- Band 4. Familienrecht, hrsg. v. *Viefhues, Wolfram*, 7. Aufl., Saarbrücken 2015.

Keidel, Theodor (Begr.)/*Engelhardt, Helmut* (Hrsg.)/*Sternal, Werner* (Hrsg.), FamFG. Gesetz über das Verfahren in Familiensachen und in den Angelegenheiten der freiwilligen Gerichtsbarkeit, Kommentar, 19. überarb. Aufl., München 2017 (zit. als: *Bearbeiter*, in: Keidel).

Kemper, Rainer/Schreiber, Klaus, Familienverfahrensrecht, Handkommentar, 3. Aufl., Baden-Baden 2015 (zit. als: *Bearbeiter*, in: Kemper/Schreiber).

Kleine-Cosack, Michael, Bundesrechtsanwaltsordnung mit Berufs- und Fachanwaltsordnung, Kommentar, 7. vollständig überarb. Aufl., München 2015 (zit. als: *Kleine-Cosack*, BRAO).

Knittel, Bernhard, Anmerkung zu OLG Stuttgart, Beschl. v. 24.11.2006 – 17 UF 182/06, JAmt 2007, 40–42.

Kroiß, *Ludwig/Seiler*, *Christian*, Das neue FamFG, Erläuterungen, Muster, Arbeitshilfen, 2. aktualisierte Aufl., Baden-Baden 2009 (zit. als: *Kroiß/Seiler*, Das neue FamFG).

Lackmann, *Rolf*, Zwangsvollstreckungsrecht mit Grundzügen des Insolvenzrechts, Eine Einführung in Recht und Praxis, 11. neu bearb. Aufl., München 2018 (zit. als: *Lackmann*, ZVR).

Langheim, *Tanja*, Der familienrechtliche Ausgleichsanspruch, FamRZ 2013, 1529–1535.

Lebsanft, *Christiane*, Die gemeinsame elterliche Sorge für Kinder in nichtehelichen Lebensgemeinschaften, Hintergründe und Perspektiven des sozialen Wandels, des Verfassungsrechts und der EMRK, Diss. Bonn 1993.

Liceni-Kierstein, *Dagny*, Der Anspruch auf familienrechtlichen Ausgleich – eine Rückgriffsmöglichkeit für ausgebliebene Barunterhaltszahlungen, FamRB 2016, 197–203.

Lorenz, Werner, Gläubiger, Schuldner, Dritte und Bereicherungsausgleich, AcP 1968, 286–317.

Mangoldt, *Hermann von* (Begr.)/*Huber*, *Peter M.*/*Voßkuhle*, *Andreas* (Hrsg.), Kommentar zum Grundgesetz. Band 1. Präambel, Art. 1–19, begr. v. *Mangoldt*, *Hermann von*, fortgeführt von *Klein*, *Friedrich*/*Starck*, *Christian*, hrsg. v. *Huber*, *Peter M.*/*Voßkuhle*, *Andreas*, 7. Aufl., München 2018 (zit. als: *Bearbeiter* in: v. Mangoldt/Klein/Starck).

Mayer, *Jörg/Bonefeld*, *Michael* (Hrsg.), Testamentsvollstreckung, 4. Aufl., Bonn 2015 (zit. als: *Bearbeiter*, in: Mayer/Bonefeld).

Medicus, *Dieter/Lorenz*, *Stephan*, Schuldrecht I, Allgemeiner Teil, 21. neu bearb. Aufl., München 2015 (zit. als: *Medicus/Lorenz*, Schuldrecht AT I).

Meyer, *Udo*, Der Bereicherungsausgleich in Dreiecksverhältnissen. Unter besonderer Berücksichtigung der Anweisungsfälle, Berlin 1979.

Meysen, *Thomas*, Beginn und Ende von Beistandschaft, JAmt 2008, 120–126.

Mix, *Bernd*, Die Beistandschaft nach §§ 1712, 1713 BGB in Konkurrenz zur Verfahrensstandschaft nach § 1629 Abs. 3 BGB, JAmt 2013, 122–124.

Münchener Kommentar, zum Bürgerlichen Gesetzbuch, hrsg. v. *Säcker*, *Franz Jürgen/Rixecker*, *Roland/Oetker*, *Hartmut/Limpberg*, *Bettina* (zit. als: *Bearbeiter*, in: MüKoBGB),

- Band 2, Schuldrecht – Allgemeiner Teil, §§ 241–432, bearb. v. *Bachmann*, *Georg/Basedow*, *Jürgen/Bydlinski*, *Peter* ua, 7. Aufl., München 2016;
- Band 5/2, Schuldrecht – Besonderer Teil III/2, §§ 651a-704, bearb. v. *Casper*, *Matthias/Heermann*, *Peter W./Henssler*, *Martin* ua, 7. Aufl., München 2017;

– Band 8, Familienrecht I, §§ 1297 – 1588, Versorgungsausgleichsgesetz, Gewaltschutzgesetz, Lebenspartnerschaftsgesetz, bearb. v. *Ackermann-Sprenger, Barbara/Dörr, Claus/Eichenhofer, Eberhard* ua, 7. Aufl., München 2017;

– Band 9, Familienrecht II, §§ 1589–1921, SGB VIII bearb. v. *Born, Winfried/Fröschle, Tobias/Hennemann, Heike* ua, 7. Aufl., München 2017.

Münchener Kommentar, zur Zivilprozessordnung, hrsg. v. *Krüger, Wolfgang/ Rauscher, Thomas* (zitiert: *Bearbeiter* in: MüKoZPO),

– Band I – §§ 1–354, bearb. v. *Becker-Eberhard, Ekkehard/Fritsche, Jörn/ Gottwald, Peter* ua, 5. Aufl., München 2016,

– Band II – §§ 355–945b, bearb. v. *Braun, Johann/Brinkmann, Moritz/Damrau, Jürgen* ua, 5. Aufl., München 2016.

Musielak, Hans-Joachim, Familiengerichtliches Verfahren. 1. und 2. Buch, Kommentar, bearb. v. *Borth, Helmut*, 5. Aufl., München 2015 (zit. als: *Bearbeiter*, in: Musielak-FamFG).

ders./Voit, Wolfgang, Zivilprozessordnung mit Gerichtsverfassungsgesetz, Kommentar, 15. neubearb. Aufl., München 2018 (zit. als: *Bearbeiter* in: Musielak-ZPO).

Nomos Kommentar, BGB, hrsg. v. *Dauner-Lieb, Barbara/Heidel, Thomas/Ring, Gerhard*

– Familienrecht, Band 4: §§ 1297–1921, hrsg. v. *Kaiser, Dagmar/Schnitzler, Klaus/Friederici, Peter/Schilling, Roger*, 3. Aufl., Baden-Baden 2014 (zit. als: *Bearbeiter,* in: NK-BGB FamR);

– Rom-Verordnungen, EuErbVO, HUP, Band 6: Rom I Vertragliche Schuldverhältnisse, Rom II Außervertragliche Schuldverhältnisse, Rom III Ehescheidung, Trennung, HUP Haager Unterhaltsprotokoll, EuErbVO Erbrecht, hrsg. v. *Hüßtege, Rainer/Masel, Heinz-Peter*, 2. Aufl., BadenBaden 2015 (zit. als: *Bearbeiter* in: NK-BGB IPR).

Nomos Handkommentar, Bürgerliches Gesetzbuch, hrsg. v. *Schulze, Reiner*, bearb. v. *Dörner, Heinrich/Ebert, Ina/Hoeren, Thomas* ua, 9. Aufl., Baden-Baden 2017 (zit. als: *Bearbeiter* in: NK-Hk-BGB).

ders., Mutterschutz, Elterngeld, Elternzeit, Mutterschutzgesetz, Bundeselterngeld- und Elternzeitgesetz, Kindergeldrecht, Unterhaltsvorschussgesetz, Handkommentar, hrsg. v. *Rancke, Friedbert*, 4. Aufl., Baden-Baden 2015 (zit. als: *Bearbeiter* in: NK-NK-Hk-MuschG/BEEG).

Offermann-Burckart,Susanne, Braucht das volljährig gewordene Kind in Unterhaltssachen zwingend einen eigenen Anwalt?, FF 2012, 17–28.

Palandt, Otto (Begr.), Kommentar zum Bürgerlichen Gesetzbuch, bearb. v. *Brudermüller, Gerd/Ellenberger, Jürgen/Götz, Isabell* ua, 77. Aufl., München 2018 (zit. als: *Bearbeiter*, in: Palandt).

Prütting, Hanns/Gehrlein, Markus, Zivilprozessordnung. Kommentar, 9. Aufl., Köln 2017 (zit. als: *Bearbeiter* in: Prütting/Gehrlein).

Prütting, Hanns/Helms, Tobias, FamFG, Gesetz über das Verfahren in Familiensachen und in den Angelegenheiten der freiwilligen Gerichtsbarkeit, Kommentar, 4. Aufl., Köln 2018 (zit. als: *Bearbeiter*, in: Prütting/Helms).

Prütting, Hanns/Wegen, Gerhard/Weinreich, Gerd, Bürgerliches Gesetzbuch, Kommentar, 13. Aufl., Köln 2018 (zit. als: *Bearbeiter* in: Prütting/Wegen/Weinreich).

Rakete-Dombek, Ingeborg, Das „Wechselmodell" und die Folgen für wen auch immer, FF 2002, 16–18.

Reimer, Franz, Juristische Methodenlehre, Baden-Baden 2016 (zit. als: *Reimer*, Juristische Methodenlehre).

Rosenberg, Leo (Begr.)/Gaul, Hans Friedhelm/Schilken, Eberhard/Becker-Eberhard, Ekkehard, Zwangsvollstreckungsrecht, 12. neu bearb. Aufl., München 2010 (zit. als: *Gaul/Schilken/Becker-Eberhard*, ZVR).

Roth, Andreas, Der familienrechtliche Ausgleichsanspruch, FamRZ 1994, 793–800.

Rüthers, Bernd/Fischer, Christian/Birk, Axel, Rechtstheorie mit Juristischer Methodenlehre, 9. überarb. Aufl., München 2016 (zit. als: *Rüthers/Fischer/Birk*, Rechtstheorie).

Sachs, Michael, Grundgesetz, Kommentar, 8. Aufl., München 2018 (zit. als: *Bearbeiter*, in: Sachs).

Saenger, Ingo, Zivilprozessordnung, Familienverfahren, Gerichtsverfassung, Europäisches Verfahrensrecht, Handkommentar, 7. Aufl., Baden-Baden 2017 (zit. als: *Bearbeiter*, in: Hk-ZPO).

Schellhammer, Kurt, Familienrecht nach Anspruchsgrundlagen. Samt Verfahren in Familien-, Kindschafts- und Betreuungssachen, 4. Neu bearb. Aufl., Heidelberg 2006.

Schmidt-Bleibtreu (Begr.)/*Klein, Franz* (Begr.)/*Hofmann, Hans* (Hrsg.)/*Henneke, Hans-Günter* (Hrsg.), Kommentar zum Grundgesetz, 14. Aufl., Köln 2018 (zit. als: *Bearbeiter* in: Schmidt-Bleibtreu/Hofmann/Henneke).

Schmidt, Andreas, Hamburger Kommentar zum Insolvenzrecht, InsO, EuInsVO, InsVV, VbrInsVV, Insolvenzstrafrecht, 6. Aufl., Köln 2017 (zit. als: *Bearbeiter*, in: HambKomm.).

Schnitzler, Klaus, Münchener Anwaltshandbuch Familienrecht, 4. überarb. und erw. Aufl., München 2014 (zit. als: *Bearbeiter* in: Schnitzler).

Schönke, Adolf (Begr.)/Heidelberg *Baur, Fritz/Stürner, Rolf* (Hrsg.)/*Bruns, Alexander* (Hrsg.), Zwangsvollstreckungsrecht, 13. neu bearb. Aufl., 2006 (zit. als: *Baur/Stürner/Bruns*, ZVR).

Schulte-Bunert, Kai/Weinreich, Gerd, Kommentar des FamFG, Mit FamGKG, 5. Aufl., Köln 2016 (zit. als: *Bearbeiter*, in: Schulte-Bunert/Weinreich).

Schulz, Werner/Hauß, Jörn, Familienrecht, Handkommentar, 3. Aufl., Baden-Baden 2018 (zit. als: *Bearbeiter*, in: Schulz/Hauß).

Schwab, Dieter, Handbuch des Scheidungsrechts, 7. neubearb. Aufl., München 2013 (zit. als: *Bearbeiter* in: Schwab, Hb-ScheidungsR).

ders., Familienrecht, 24. Neu bearb. Aufl., München 2016.

Sodan, Helge, Beck`scher Kompakt-Kommentar, Grundgesetz 4. wesentlich überarb. Aufl., München 2018 (zit. als: *Sodan*, Grundgesetz).

Staudinger, Julius von (Begr.), Kommentar zum Bürgerlichen Gesetzbuch: Mit Einführungsgesetz und Nebengesetzen (zit. als: *Bearbeiter*, in: Staudinger),

- 1. Buch, Allgemeiner Teil, §§ 164–240 (Allgemeiner Teil 5), neubearb. v. *Gursky, Karl-Heinz/Jacoby, Florian/Peters, Frank* ua, Neubearb., Berlin 2014;
- 2. Buch, Recht der Schuldverhältnisse, §§ 255–304 (Leistungsstörungsrecht 1), neubearb. v. *Bittner, Claudia/Caspers, Georg/Feldmann, Cornelia* ua, Neubarb., Berlin 2014;
- 2. Buch, Recht der Schuldverhältnisse, §§ 397–432 (Erlass, Abtretung, Schuldübernahme, Mehrheit von Schuldnern und Gläubigern), neubearb. v. *Busche, Jan/Looschelders, Dirk/Rieble, Volker*, Neubearb., Berlin 2017;
- 2. Buch, Recht der Schuldverhältnisse, §§ 677–704 (Geschäftsführung ohne Auftrag), neubearb. v. *Bergmann, Andreas/Reuter, Dieter/Werner, Olaf* ua, Neubearb., Berlin 2015,
- 2. Buch, Recht der Schuldverhältnisse., §§ 741–764 (Gemeinschaft, Leibrente, Spiel), neubearb. v. *Eickelberg, Jan/Engel, Norbert/Mayer, Jörg* ua, Neubearb., Berlin, 2015;
- 4. Buch, Familienrecht, §§ 1601–1615 n (Unterhaltspflicht), neubearb. v. *Klinkhammer, Frank*, Neubearb., Berlin 2018;
- 4. Buch, Familienrecht, §§ 1626–1633; RKEG (Elterliche Sorge 1 – Inhaberschaft und Inhalt), neubearb. v. *Coester, Michael/Peschel-Gutzeit, Lore Maria/Salgo, Ludwig*, Neubearb., Berlin 201.
- 4. Buch, Familienrecht, §§ 1684–1717 (Elterliche Sorge 3 – Umgangsrecht), neubearb. v. *Coester, Michael/Rauscher, Thomas/Salgo, Ludwig*, Neubearb., Berlin 2014.

Stein, Friedrich/Jonas, Martin, Kommentar zur Zivilprozessordnung (zit. als: *Bearbeiter*, in: Stein/Jonas),

- Band 2, §§ 148–270, bearb. v. *Althammer, Christoph/Bartels, Klaus/Berger, Christian* ua, Tübingen 2016;

Stockmann, Roland, Verfahrensstandschaft nach § 1629 Abs. 3 BGB und Beteiligtenwechsel. Zugleich Besprechung der drei Entscheidungen des BGH v. 19.6.2013 – XII ZB 39/11, v. 12.3.2014 – XII ZB 234/13 und v. 29.10.2014 – XII ZB 39/11, FamRB 2015, 393–397.

Thomä, Volker, Tilgung fremder Schuld durch irrtümliche Eigenleistung?, JZ 1962, 623–628.

Thomas, Heinz/Putzo, Hans (Begr.), Zivilprozessordnung, FamFG, Verfahren in Familiensachen, EGZPO GVG, EGGVG, EU-Zivilverfahrensrecht, fortgeführt von *Reichold, Klaus/Hüßtege, Rainer/Seiler, Christian*, 38. neubearb. Aufl., München 2018 (zit. als: *Bearbeiter* in: Thomas/Putzo).

Viefhues, Wolfram, Praxisprobleme bei tituliertem Minderjährigenunterhalt und Eintritt der Volljährigkeit des Kindes, FF 2008, 204–307.

Völker, Mallory/Clausius, Monika, Das familienrechtliche Mandat, Sorge- und Umgangsrecht, 7. Aufl., Bonn 2016 (zit. als: *Völker/Clausius*, Sorge- und Umgangsrecht).

Volker, Mathias, Der familienrechtliche Ausgleichsanspruch. Rechtsprechung des Bundesgerichtshofs und der Obergerichte, FuR 2013, 550–557.

Wagner, Gerhard, Unterhaltsrechtliche Folgen des scheidungsakzessorischen Statuswechsels nach dem Kindschaftsrechtsreformgesetz, FamRZ 1999, 7–15.

Wax, Peter, Einzelfragen der Prozesskostenhilfe in familiengerichtlichen Verfahren, FPR 2002, 471–478.

Weinreich, Gerd/Klein, Michael, Fachanwaltskommentar Familienrecht, 5. Aufl., Köln 2013 (zit. als: *Bearbeiter* in: Weinreich/Klein).

Wellenhofer, Marina, Familienrecht, 4. Aufl., München 2017.

Wendl, Philipp/Siegfried, Staudigl (Begr.)/*Dose, Hans-Joachim* (Hrsg.), Das Unterhaltsrecht in der familienrichterlichen Praxis, Die neuere Rechtsprechung des Bundesgerichtshofs und die Leitlinien der Oberlandesgerichte zum Unterhaltsrecht und zum Verfahren in Unterhaltsprozessen, 9. völlig überarb. und erw. Aufl., München 2015 (zit. als: *Bearbeiter,* in: Wendl/Dose).

Westermann, Harm Peter/Grunewald, Barbara/Maier-Reimer, Georg Aderhold, Lutz/, Erman, Bürgerliches Gesetzbuch., Handkommentar mit AGG, EGBGB (Auszug), ErbbauRG, LPartG, ProdHaftG, VBVG, VersAusglG und WEG, bearb. v. *Armbrüster, Christian/Arnold, Arnd* ua, (zit. als: *Bearbeiter* in: Erman),

- Band I, §§ 1–761, AGG, 15. neu bearb.Aufl., Köln 2017;
- Band II, §§ 762–2385, ProdHaftG, ErbbauG, VersAusglG, VBVG, LPartG, WEG, EGBGB, 15. neu bearb. Aufl., Köln 2017.

Wohlgemuth, Gisela, Unterhalt und familienrechtlicher Ausgleichsanspruch beim Wechsel des Kindes zum barunterhaltspflichtigen Elternteil, FamRZ 2009, 1873–1879.

Wolf, Hans-Joachim/Lecking, Claudia, Auswirkungen der Beendigung er gesetzlichen Prozessstandschaft auf die Zwangsvollstreckung, MDR 2011, 1–4.

Wollschläger, Christian, Die Geschäftsführung ohne Auftrag, Theorie und Rechtsprechung, Berlin 1976 (zugleich Habil. Göttingen 1976).

Zimmermann, Walter, Prozesskosten- und Verfahrenskostenhilfe – insbesondere in Familiensachen, 5. Neu bearb. Aufl., Bielefeld 2016 (zit. als: *Zimmermann*, VKH).

ders., Zivilprozessordnung, Mit FamFG (Allgemeiner Teil sowie Verfahren in Familiensachen), GVG, EGGVG, EGZPO, Gebührentabellen nach GKG, FamGKG und RVG, Vergütungsverzeichnis zum RVG, Kommentar, 10. neu bearb. Aufl., Bonn 2016.

Zöller, Richard (Begr.), Zivilprozessordnung. Mit FamFG (§§ 1–185, 200–270, 433–484) und Gerichtsverfassungsgesetz, den Einführungsgesetzen, mit Internationalem Zivilprozessrecht, EU-Verordnungen, Kostenanmerkungen. Kommentar, 32. neubearb. Aufl., Köln 2018 (zit. als: *Bearbeiter* in: Zöller).

Zwirlein, Susanne, Der familienrechtliche Ausgleichsanspruch. Eine überschießende Rechtsschöpfung, FamRZ 2015, 896–901.

dies., Anmerkung zu OLG Brandenburg, Beschl. v. 26.01.2016 – 10 UF 92/14 und Beschl. v. 12.05.2016 – 10 WF 57/16, FamRZ 2016, 1468–1469.

Abkürzungsverzeichnis

a.A.	andere Ansicht
Abs.	Absatz
AcP	Archiv für civilistische Praxis
a.F.	alte Fassung
AG	Amtsgericht
Alt.	Alternative
Anm.	Anmerkung
AnwBl	Anwaltsblatt
Art.	Artikel
Aufl.	Auflage
bearb. v.	bearbeitet von
BeckRS	Beck online Rechtsprechung
Begr.	Begründer
Beschl. v.	Beschluss vom
BGB	Bürgerliches Gesetzbuch
BGH	Bundesgerichtshof
BGBl.	Bundesgesetzblatt
BORA	Berufsordnung für Rechtsanwälte
BR-Drucks.	Bundesrats-Drucksache
BRAK-Mitt.	Mitteilungen der Bundesrechtsanwaltskammer
BRAO	Bundesrechtsanwaltsordnung
BStatG	Gesetz über die Statistik für Bundeszwecke
BT-Drucks.	Bundestags-Drucksache
BVerfG	Bundesverfassungsgericht
bzw.	beziehungsweise
dass.	dasselbe
DAVorm	Der Amtsvormund
ders.	derselbe
d.h.	das heißt
dies.	dieselbe
DIJuF	Deutsches Institut für Jugendhilfe und Familienrecht
Diss.	Dissertation
Einf. v.	Einführung von
1. EheRG	Erstes Ehe- und Familienrechtsreformgesetz
erw.	erweitert

EStG	Einkommensteuergesetz
EuUntVO	Verordnung (EG) Nr. 4/2009 des Rates vom 18.12.2008 über die Zuständigkeit, das anwendbare Recht, die Anerkennung und Vollstreckung von Entscheidungen und die Zusammenarbeit in Unterhaltssachen
f.	folgende
ff.	fortfolgende
FamFG	Gesetz über das Verfahren in Familiensachen und in den Angelegenheiten der freiwilligen Gerichtsbarkeit
FamGKG	Gesetz über Gerichtskosten in Familiensachen
FamFR	Familienrecht und Familienverfahrensrecht
FamRB	Familienrechtsberater
FamRZ	Zeitschrift für das gesamte Familienrecht
FF	Forum Familienrecht
FPR	Familie Partnerschaft Recht
FS	Festschrift
FuR	Familie und Recht
GG	Grundgesetz
GKG	Gerichtskostengesetz
Grdz.	Grundzüge
Habil.	Habilitationsschrift
Hrsg.	Herausgeber
HS.	Halbsatz
HUntProt	Haager Protokoll über das auf Unterhaltspflichten anzuwendende Recht
InsO	Insolvenzordnung
iSd	im Sinne des
iVm	in Verbindung mit
JAmt	Das Jugendamt – Zeitschrift für Jugendhilfe und Familienrecht
JurBüro	Das Juristische Büro
JZ	Juristen Zeitung
KG	Kammergericht
KindRG	Kindschaftsreformgesetz
LG	Landgericht
lit.	litera
LPartG	Gesetz über die Eingetragene Lebenspartnerschaft
MDR	Monatsschrift für Deutsches Recht
NJOZ	Neue Juristische Online Zeitschrift
NJW	Neue Juristische Wochenschrift

NJW-RR	Neue Juristische Wochenschrift Rechtsprechung-Report
Nr.	Nummer
NZFam	Neue Zeitschrift für Familienrecht
OLG	Oberlandesgericht
Rn.	Randnummer
Rpfleger	Der Deutsche Rechtspfleger
RVG	Rechtsanwaltsvergütungsgesetz
S.	Satz
SGB II	Sozialgesetzbuch Zweites Buch
StGB	Strafgesetzbuch
teilw.	teilweise
ua	und andere
UÄndG	Unterhaltsänderungsgesetz
überarb.	überarbeitet
Urt. v.	Urteil vom
UVG	Unterhaltsvorschussgesetz
Var.	Variante
Verf.	Verfügung
VG	Verwaltungsgericht
Vgl.	Vergleiche
Vor	Vorbemerkung
WM	Zeitschrift für Wirtschafts- und Bankenrecht
ZEV	Zeitschrift für Erbschaft und Vermögensnachfolge
zit.	zitiert
ZfJ	Zeitschrift für Jugendrecht
ZPO	Zivilprozessordnung
ZVG	Gesetz über die Zwangsversteigerung und Zwangsverwaltung
ZVR	Zwangsvollstreckungsrecht
ZZP	Zeitschrift für Zivilprozeß

1. Teil Einleitung

A) Problemaufriss

Mit dem elterlichen Sorgerecht (§§ 1626 Abs. 1, 1626a Abs. 1)[1] geht die Vertretungsmacht für die Rechtsgeschäfte des Kindes einher (§ 1629 Abs. 1 S. 1). Steht die elterliche Sorge den Eltern gemeinsam zu, so vertreten sie das Kind gemeinsam (§ 1629 Abs. 1 S. 2), während bei alleiniger Sorgeberechtigung eines Elternteils nur dieser zur Vertretung des Kindes berechtigt ist (§ 1629 Abs. 1 S. 3).

Die gemeinschaftliche Vertretung des Kindes kann Probleme aufwerfen, da die Interessen der Eltern untereinander divergieren können. Bei einer Trennung der gemeinsam sorgeberechtigten Eltern steigt das Konfliktpotential auch hinsichtlich der das Kind betreffenden Angelegenheiten. Insbesondere stellt sich im Fall der Trennung oder Scheidung das Problem der Geltendmachung des Kindesunterhalts, da sich die sorge- und vertretungsberechtigten Eltern in diesem Fall als Beteiligte mit widerstreitenden Interessen gegenüberstehen und eine gemeinsame Vertretung des Kindes ausgeschlossen ist.[2] Eine zwingende gemeinsame Vertretung des Kindes durch die sorgeberechtigten Eltern im Falle der Trennung würde dazu führen, dass der Elternteil, der gemäß § 1606 Abs. 3 S. 2 aufgrund seiner Betreuungsleistung keinen Barunterhalt schuldet, keine Möglichkeit hätte, den Kindesunterhalt allein gegen den barunterhaltspflichtigen Elternteil im Namen des Kindes wirksam einzufordern.[3] Er wäre daher auf die Übertragung der elterlichen Sorge nach § 1628 oder § 1671 angewiesen, um hiernach ein Kindesunterhaltsverfahren anhängig machen zu können.[4] Um in solchen Streitfällen eine dem Kindeswohl entsprechende Vertretung zu gewährleisten, gilt für die Geltendmachung von Kindesunterhalt die besondere Vertretungsregelung des § 1629 Abs. 2 S. 2,[5] nach der bei gemeinsamer elterlicher Sorge derjenige Elternteil zur Geltendmachung von Unterhaltsansprüchen des Kindes vertretungsberechtigt ist, der das Kind nach der Trennung in seiner Obhut hat.

---

1 Alle Normen ohne Gesetzesangabe sind solche des BGB.

2 *Peschel-Gutzeit*, in: Staudinger, § 1629 Rn. 323; *Veit*, in: Bamberger/Roth.

3 *Kaiser*, in: NK-BGB FamR, § 1629 Rn. 39.

4 *Van Els*, in: Hoppenz, § 1629, Rn. 16; *Huber*, in: MüKoBGB, § 1629, Rn. 72; *Jaeger*, in: Johannsen/Henrich, § 1629, Rn. 2.

5 BGH Urt. v. 06.11.1964 – VI ZR 175/63, FamRZ, 38 (39); *Peschel-Gutzeit*, in: Staudinger, § 1629 Rn. 323.

Eine Vertretung des Kindes zur gerichtlichen Geltendmachung des Kindesunterhalts nach § 1629 Abs. 2 S. 2 ist hingegen nicht möglich, wenn die Eltern des Kindes miteinander verheiratet sind.[6] In diesem Fall kommt die gesetzliche Verfahrensstandschaft[7] nach § 1629 Abs. 3 S. 1 zur Anwendung, wonach derjenige Ehegatte, in dessen Obhut sich das Kind befindet, in der Trennungszeit oder bei Anhängigkeit einer Ehe- bzw. Lebenspartnerschaftssache, die Unterhaltsansprüche des Kindes nicht als dessen Vertreter, sondern nur im eigenen Namen geltend machen kann.[8] Damit ist der betroffene Elternteil für die Geltendmachung des Kindesunterhalts verfahrensführungsbefugt.[9] Bei Kindern nicht verheirateter Eltern muss das Kind im eigenen Namen klagen, vertreten durch den Elternteil, in dessen Obhut es sich befindet, § 1629 Abs. 2 S. 2.[10] Der Grund für diese unterschiedliche Vorgehensweise, trotz der Gleichstellung von ehelichen mit nichtehelichen Kindern gemäß Art. 6 Abs. 5 GG und ob dieses Ergebnis mit dem Sinn und Zweck des § 1629 Abs. 3 S. 1 zu vereinbaren ist, wird im Folgenden zu klären sein.

B) Zielsetzung und Vorgehensweise

Die gesetzliche Verfahrensstandschaft wirft einige materiell-, verfahrens-, vollstreckungs- sowie standesrechtliche Probleme auf, sodass sich die Frage stellt, ob eine Notwendigkeit für die Existenz der gesetzlichen Verfahrensstandschaft gemäß § 1629 Abs. 3 S. 1 im Hinblick auf den erstrebten Sinn und Zweck besteht.

Sollte die Erörterung dieser Frage zu dem Ergebnis führen, dass die Regelung in § 1629 Abs. 3 S. 1 aus dem Gesetzestext gestrichen werden kann, käme für Kinder verheirateter Eltern ebenso wie für Kinder nicht verheirateter bzw. geschiedener Eltern die Vertretungsregelung in § 1629 Abs. 2 S. 2 zur Anwendung. Im Folgenden werden daher zunächst die Voraussetzungen der Vertretung des Kindes im Kindesunterhaltsverfahren nach § 1629 Abs. 2 S. 2 als Grundlage

---

6 *Döll*, in: Erman, § 1629 Rn. 18; *Kaiser*, in: NK-BGB FamR, § 1629 Rn. 40; *Peschel-Gutzeit*, in: Staudinger, § 1629 Rn. 339.

7 Ehemals als „gesetzliche Prozessstandschaft" bezeichnet, aber nun seit Inkrafttreten des FamFG am 01.09.2009 (BGBl. 2008 I 2586 [2743]) „gesetzliche Verfahrensstandschaft" aufgrund der Regelungen in §§ 111 Nr. 1, 113 Abs. 1, 5 Nr. 1 FamFG.

8 *Döll*, in: Erman, § 1629 Rn. 20; *Götz*, in: Palandt, § 1629 Rn. 27; *Huber*, in: MüKoBGB, § 1629 Rn. 84; *Kaiser*, in: NK-BGB FamR, § 1629 Rn. 40; *Veit*, in: Bamberger/Roth, § 1629 Rn. 49.

9 *Althammer*, in: Zöller, Vor § 50 Rn. 22; *Gehrlein*, in: Prütting/Gehrlein, § 50 Rn. 35.

10 *Götz*, in: Palandt, § 1629, Rn. 24, 27; *Kaiser*, in: NK-BGB FamR, § 1629 Rn. 40.

der aufgeworfenen Frage dargelegt. Sodann wird näher auf die einschlägige Vorschrift der gesetzlichen Verfahrensstandschaft nach § 1629 Abs. 3 S. 1 eingegangen, indem zunächst deren Voraussetzungen dargestellt und erläutert werden. Zur Erschließung des Regelungsgehalts des § 1629 Abs. 3 S. 1 wird der Sinn und Zweck unter Darstellung der hierzu vertretenen Auffassungen erörtert.

Hieran anschließend werden die verschiedenen Konstellationen der Beendigung der gesetzlichen Verfahrensstandschaft im laufenden Unterhaltsverfahren und die damit einhergehenden Fragestellungen aufgezeigt. Es folgt eine Darstellung materiell-rechtlicher, verfahrensrechtlicher, vollstreckungsrechtlicher und standesrechtlicher Problemstellungen im Zusammenhang mit der gesetzlichen Verfahrensstandschaft unter Bezugnahme auf die hierzu ergangene Rechtsprechung und den herausgearbeiteten Sinn und Zweck des § 1629 Abs. 3 S. 1.

Abschließend werden Vorschläge zur Abänderung des Gesetzestextes vorgestellt, wobei im Zuge dessen auf die Frage der Notwendigkeit der gesetzlichen Verfahrensstandschaft nach § 1629 Abs. 3 S. 1 und dessen Abschaffung eingegangen wird.

2. Teil Die Vertretung des Kindes im Kindesunterhaltsverfahren

Nach § 1629 Abs. 2 S. 2 kann der Elternteil, in dessen Obhut sich das Kind befindet, das Kind in Unterhaltssachen trotz gemeinsamer Sorgeberechtigung der Eltern allein vertreten und Unterhaltsansprüche des Kindes gegen den anderen Elternteil geltend machen.

A) Voraussetzungen des § 1629 Abs. 2 S. 2

Die Vertretung des Kindes gemäß § 1629 Abs. 2 S. 2 setzt das gemeinsame Sorgerecht der nicht (mehr) miteinander verheirateten Eltern sowie die Geltendmachung des Kindesunterhalts durch den betreuenden Elternteil gegen den anderen Elternteil voraus.

I. Gemeinsames Sorgerecht

Eine Alleinvertretung des Kindes nach § 1629 Abs. 2 S. 2 zur Geltendmachung des Kindesunterhalts kommt lediglich in Betracht, wenn beiden Elternteilen das Sorgerecht nach §§ 1626, 1626a zusteht.[11] Die Alleinvertretung gemäß § 1629 Abs. 2 S. 2 ist eine Ausnahme des Grundsatzes der Gesamtvertretung und kommt nicht zur Anwendung, wenn sich die Alleinvertretung bereits aus anderen Gründen ergibt, etwa bei alleiniger Sorgeberechtigung eines Elternteils aus § 1629 Abs. 1 S. 1, 3 Alt. 1 oder aufgrund einer gerichtlichen Entscheidung nach §§ 1628, 1666 oder § 1671.[12]

Zu Gunsten des nicht sorgeberechtigten Elternteils, in dessen Obhut sich das Kind befindet, ist diese Ausnahmevorschrift nicht anzuwenden, d.h. dass der nichtsorgeberechtigte Elternteil das Kind gemäß § 1629 Abs. 2 S. 2 in einer Unterhaltssache nicht vertreten kann.[13] Da diese Vorschrift auch nicht analog auf den nichtsorgeberechtigten Elternteil anzuwenden ist, ist in diesem Fall die

---

11 BT-Drucks. 13/4899, S. 96; OLG Koblenz, Beschl. v. 03.07.2006 – 11 UF 164/06, NJW 2006, 3649; *Hamdan*, in: JurisPK-BGB, § 1629 Rn. 68; *Kaiser*, in: NK-BGB FamR, § 1626 Rn. 40; *Völker/Clausius*, Sorge- und Umgangsrecht, § 1 Rn. 138.

12 *Huber*, in: MüKoBGB, § 1629 Rn. 73; *Völker/Clausius*, Sorge- und Umgangsrecht, § 1 Rn. 140.

13 OLG Koblenz Beschl. v. 03.07.2006 – 11 UF 164/06, FamRZ 2007, 412; *Peschel-Gutzeit*, in: Staudinger, § 1629 Rn. 332.

Hinzuziehung eines Ergänzungspflegers nach § 1909 Abs. 1 erforderlich, der das Kind im Unterhaltsverfahren vertritt.[14] Lediglich bei gemeinsam sorgeberechtigten Eltern soll daher durch die Ausnahme vom Gesamtvertretungsprinzip eine effektive Durchsetzung des Kindesunterhalts ermöglicht werden, ohne dass ein Ergänzungspfleger bestellt werden muss oder ein Elternteil dazu veranlasst wird, vor Geltendmachung des Kindesunterhalts das alleinige Sorgerecht nach § 1671 zu beantragen, um die alleinige Vertretungsberechtigung zu erlangen.[15]

II. Unterhalt des gemeinsamen minderjährigen Kindes

Die Alleinvertretungsbefugnis bei gemeinsamer elterlicher Sorge nach § 1629 Abs. 2 S. 2 als Ausnahme des Gesamtvertretungsprinzips beschränkt sich lediglich auf die Geltendmachung des Kindesunterhalts des gemeinsamen minderjährigen Kindes gegenüber dem anderen Elternteil.[16]

III. Nicht miteinander verheiratete Eltern

Die Vertretungsregel gemäß § 1629 Abs. 2 S. 2 kommt lediglich zur Anwendung, wenn die Eltern nicht oder nicht mehr miteinander verheiratet sind.[17] Dies ergibt sich aus einem Umkehrschluss aus § 1629 Abs. 3 S. 1, der besagt, dass der Kindesunterhalt bei verheirateten Eltern nur im Namen eines Elternteils als gesetzlicher Verfahrensstandschafter geltend gemacht werden kann.[18]

IV. Obhut des Kindes

Das Kind muss sich in der Obhut des antragstellenden Elternteils befinden.[19] Der Begriff der Obhut bezieht sich auf das tatsächliche Betreuungsverhältnis, sodass das Kind in der Obhut desjenigen Elternteils steht, der schwerpunktmäßig die tatsächliche Fürsorge der elementaren Lebensbedürfnisse des Kindes ausübt

---

14 OLG Koblenz Beschl. v. 03.07.2006 – 11 UF 164/06, FamRZ 2007, 412; *Jaeger*, in: Johannsen/Henrich, § 1629 Rn. 6a.

15 BT-Drucks. 13/4899, S. 96; OLG Karlsruhe Beschl. v. 20.08.1997 – 2 WF 94/97, FamRZ 1998, 563; *Huber*, in: MüKoBGB, § 1629 Rn. 73; *Völker/Clausius*, Sorge- und Umgangsrecht, § 1 Rn. 138.

16 *Bömelburg*, in: Schnitzler, § 6 Rn. 224; *Kaiser*, in: NK-BGB FamR, § 1629 Rn. 40.

17 *Bömelburg*, in: Schnitzler, § 6 Rn. 224; *Kaiser*, in: NK-BGB FamR, § 1629 Rn. 40.

18 *Kaiser*, in: NK-BGB FamR, § 1629 Rn. 40.

19 *Götz*, in: Palandt, § 1629 Rn. 25; *Jaeger*, in: Johannsen/Henrichs, § 1629 Rn. 6; *Kemper*, in: NK-Hk-BGB, § 1629 Rn. 5; *Peschel-Gutzeit*, in: Staudinger, § 1629 Rn. 333; *Veit*, in: Bamberger/Roth, § 1629 Rn. 44.

durch Pflege, Verköstigung, Kleidung, ordnender Gestaltung des Tagesablaufs und emotionaler Zuwendung.[20] Wann und ob ein Elternteil schwerpunktmäßig die tatsächliche Fürsorge der elementaren Lebensbedürfnisse des Kindes ausübt, ist im Einzelfall anhand der konkreten Beziehungsverhältnisse und des praktizierten Sorgerechtsmodells zu entscheiden.[21]

1. Residenz- bzw. Eingliederungsmodell

Bei dem in der Praxis überwiegend ausgeübten Residenz- bzw. Eingliederungsmodell lebt das Kind bei einem Elternteil (Residenz), wobei es zu dem anderen Elternteil regelmäßigen und intensiven Kontakt halten soll und sich zeitweise und in regelmäßigen Abständen (im Regelfall am Wochenende) auch in dessen Wohnung aufhält.[22] Hierbei liegt der Schwerpunkt der tatsächlichen Fürsorge bei dem (Residenz-)Elternteil, sodass das Kind in der alleinigen Obhut dieses Elternteils steht.[23]

2. Wechselmodell

Komplizierter wird die Zuweisung des Obhutsverhältnisses bei dem sogenannten Wechselmodell. Hierbei wohnt das Kind in zeitlich etwa gleich langen Phasen, abwechselnd bei beiden Elternteilen.[24] Ein solches Wechselmodell setzt eine Kommunikations- und Kooperationsbereitschaft voraus, kann jedoch auch gegen den Willen eines Elternteils angeordnet werden, soweit dies dem Kindeswohl entspricht.[25] Die Ermittlung des Schwerpunkts der Ausübung der tatsächlichen

---

20 BGH Beschl. v. 21.12.2005 – XII ZR 126/03, FamRZ 2006, 1015 (1016); *Hamdan*, in: JurisPK-BGB, § 1629 Rn. 69; *Huber*, in: MüKoBGB, § 1629 Rn. 77.

21 BGH Urt. v. 28.02.2007 – XII ZR 161/04, FamRZ 2007, 707 (708); OLG Frankfurt Urt. v. 12.12.1991 – 1 UF 119/91, FamRZ 1992, 575; OLG Stuttgart Beschl. v. 13.03.1995 – 8 W 74/95, FamRZ 1995, 1168; KG Beschl. v. 07.03.2002 – 19 WF 367/01, FamRZ 2003, 53; *Döll*, in: Erman, § 1629 Rn. 19a.

22 *Jaeger*, in: Johannsen/Henrich, § 1629 Rn. 6; *Kaiser*, in: NK-BGB FamR, § 1629 Rn. 41; *Oelkers/Kasten/Oelkers*, FamRZ 1994, 1080 (1082).

23 BGH Beschl. v. 21.12.2005 – XII ZR 126/03, FamRZ 2006, 1015 (1016); *Hamdan*, in: JurisPK-BGB, § 1629 Rn. 70; *Huber*, in: MüKoBGB, § 1629 Rn. 78; *Jaeger*, in: Johannsen/Henrichs, § 1629 Rn. 6.

24 BGH Beschl. v. 21.12.2005 – XII ZR 126/03, FamRZ 2006, 1015 (1016); *Poncelet*, in: JurisPK-BGB, § 1684 Rn. 57; *Völker/Clausius*, Sorge- und Umgangsrecht, § 1 Rn. 326.

25 BGH, Beschl. v. 01.02.2017 – XII ZB 601/15, FamRZ 2017, 532 (533); a.A. OLG Koblenz Beschl. v. 12.01.2010 – 10 UF 251/09, FamFR 2010, 94; OLG Saarbrücken Beschl. v. 08.09.2014 – 6 UF 62/14, FamRZ 2015, 62 (63); OLG Naumburg Beschl.

Fürsorge hat sich an den vereinbarten bzw. angeordneten Betreuungszeiten zu orientieren.[26] Ist hiernach eine schwerpunktmäßige Betreuung eines Elternteils festzustellen, wobei der BGH von einem solchen Schwerpunkt ausgeht, wenn die Betreuungszeit sich in einem Verhältnis 2/3 zu 1/3 bewegt, so hat der Elternteil mit dem Betreuungsvorsprung das Kind in seiner Obhut.[27] Praktizieren die Eltern hingegen ein striktes paritätisches Wechselmodell, indem beide das Kind zu gleichen Teilen betreuen, bleibt es bei dem Gesamtvertretungsrecht der sorgeberechtigten Eltern, sodass für die Geltendmachung des Kindesunterhalts entweder ein Antrag auf Übertragung der Alleinvertretungsmacht nach §§ 1628, 1629 Abs. 1 S. 3 Alt. 2 bzw. ein Antrag auf Übertragung der elterlichen Sorge nach § 1671 zu stellen oder die Bestellung eines Ergänzungspflegers nach § 1909 Abs. 1 S. 1 erforderlich ist.[28] Die Beweislast für die schwerpunktmäßige Fürsorge des Kindes trifft hierbei den Elternteil, der den Unterhalt für das Kind geltend macht.[29]

3. *Nestmodell*

Bei dem in der Praxis selten vorkommenden Nestmodell verbleibt das Kind in einer Wohnung und wird dort abwechselnd von den Elternteilen betreut.[30] Dieses Modell setzt voraus, dass die Eltern neben der Wohnung, in der das Kind lebt, jeweils noch eine weitere Wohnung zum Verbleib für die Zeiträume haben, in der sie das Kind nicht betreuen.[31] Demnach steht der finanzielle Aspekt diesem Modell im Regelfall entgegen.[32] Dieses Modell ähnelt dem Wechselmodell,

---

v. 26.09.2013 – 8 UF 146/13, BeckRS 2014, 23395; OLG Hamm Beschl. v. 16.02.2012 – 2 UF 211/11, FamFR 2012, 287.

26 *Hamdan*, in: JurisPK-BGB, § 1629 Rn. 70.

27 BGH Beschl. v. 21.12.2005 – XII ZR 126/03, FamRZ 2006, 1015 (1016); *Hamdan*, in: JurisPK-BGB, § 1629 Rn. 70; *Völker/Clausius*, Sorge- und Umgangsrecht, § 1 Rn. 143.

28 BGH Beschl. v. 21.12.2005 – XII ZR 126/03, FamRZ 2006, 1015 (1016); BGH, Beschl. v. 12.03.2014 – XII ZB 234/13, NJW 2014, 1958 (1959); OLG Koblenz Beschl. v. 03.07.2008 – 11 WF 547/08, BeckRS 2009, 08871 (abrufbar in beck-online); *Jaeger*, in: Johannsen/Henrich, § 1629 Rn. 6; *Kaiser*, in: NK-BGB FamR, § 1629 Rn. 41; *Wellenhofer*, Familienrecht, § 35 Rn. 37.

29 OLG Hamburg Beschl. v. 13.04.2000 – 2 UF 77/99, FamRZ 2001, 1235; *Hamdan*, in: JurisPK-BGB, § 1629 Rn. 70; *Völker/Clausius*, Sorge- und Umgangsrecht, § 1 Rn. 143.

30 *Völker/Clausius*, Sorge- und Umgangsrecht, § 1 Rn. 325.

31 *Rakete-Dombek* FF 2002, 16; *Völker/Clausius*, Sorge- und Umgangsrecht, § 1 Rn. 325.

32 *Rakete-Dombek* FF 2002, 16; *Völker/Clausius*, Sorge- und Umgangsrecht, § 1 Rn. 325.

sodass auf die vorstehenden Ausführungen verwiesen werden kann.[33] Abzustellen ist auf die vereinbarten Betreuungszeiten.[34] Ergibt sich hierbei ein nicht unwesentlicher Unterschied, so steht das Kind in der Obhut des schwerpunktmäßig betreuenden Elternteils.[35] Bei strikter Modellanwendung unter gleichmäßiger Aufteilung der Betreuungszeit besteht weiterhin eine Gesamtvertretung, sodass zur Geltendmachung des Kindesunterhaltes ein Antrag nach §§ 1628, 1629 Abs. 1 S. 3 Alt. 2 bzw. nach § 1671 gestellt oder ein Ergänzungspfleger nach § 1909 bestellt werden muss.[36]

4. Trennung innerhalb der Wohnung

Ähnlich verhält es sich in den Fällen, in denen sich die Elternteile nicht räumlich, sondern innerhalb ihrer Wohnung trennen, § 1567 Abs. 1 S. 2. Auch in diesen Fällen ist eine schwerpunktmäßige Fürsorge des Kindes durch einen Elternteil möglich, wenn ein Elternteil sich in deutlich stärkerem Maße um die Betreuung des Kindes und dessen Bedürfnisse kümmert,[37] wobei diesbezüglich der antragstellende Elternteil beweisbelastet ist.[38] Betreuen die Elternteile das Kind in etwa zu gleichen Teilen, so findet § 1629 Abs. 2 S. 2 ebenfalls keine Anwendung.[39]

5. Betreuung durch Dritte

Die Betreuung des Kindes durch Dritte steht der Annahme eines Obhutsverhältnisses zwischen dem Kind und einem Elternteil nicht entgegen, wenn dieser Elternteil sich organisierend und überwachend um die Betreuung kümmert.[40]

---

33 Siehe 2. Teil A) IV. 2. Wechselmodell.

34 *Hamdan*, in: JurisPK-BGB, § 1629 Rn. 70.

35 BGH Beschl. v. 21.12.2005 – XII ZR 126/03, FamRZ 2006, 1015 (1016); *Hamdan*, in: JurisPK-BGB, § 1629 Rn. 70; *Völker/Clausius*, Sorge- und Umgangsrecht, § 1 Rn. 143.

36 Koblenz Beschl. v. 03.07.2008 – 11 WF 547/08, BeckRS 2009, 08871 (abrufbar in beck-online); *Jaeger*, in: Johannsen/Henrich, § 1629 Rn. 6; *Kaiser*, in: NK-BGB FamR, § 1629 Rn. 41.

37 BGH Beschl. v. 21.12.2005 – XII ZR 126/03, FamRZ 2006, 1015 (1016); *Jaeger*, in: Johannsen/Henrich, § 1629 Rn. 6; *Kaiser*, in: NK-BGB FamR, § 1629 Rn. 41; *Völker/Clausius*, Sorge- und Umgangsrecht, § 1 Rn. 143.

38 OLG Hamburg Beschl. v. 13.04.2000 – 2 UF 77/99, FamRZ 2001, 1235; *Hamdan*, in: JurisPK-BGB, § 1629 Rn. 70.

39 Siehe 2. Teil A) IV. 2. Wechselmodell.

40 *Hamdan*, in: JurisPK-BGB, § 1629 Rn. 69; *Jaeger*, in: Johannsen/Henrich, § 1629 Rn. 6.

Die Obhut eines Elternteils kann daher auch dann angenommen werden, wenn das Kind bei Verwandten, in einem Heim oder Internat untergebracht ist, und ein Elternteil seiner Betreuungsobliegenheit durch regelmäßigen Kontakt mit dem Kind und der Betreuungsperson nachkommt.[41] Da der Begriff der Obhut nicht zwingend an die Eigenschaft als Elternteil gekoppelt ist, mithin auch Dritte das Kind in Obhut nehmen können,[42] ist die Vertretungsregelung nach § 1629 Abs. 2 S. 2 hingegen nicht anwendbar, wenn eine Organisation und Überwachung der Fremdbetreuung durch einen Elternteil nicht angenommen werden kann.

B) Rechtsfolge des § 1629 Abs. 2 S. 2

Liegen die Voraussetzungen des § 1629 Abs. 2 S. 2 bei einem Elternteil vor, so ist er berechtigt, das Kind zur Geltendmachung von Kindesunterhalt sowohl gerichtlich als auch außergerichtlich zu vertreten,[43] und kann die Unterhaltsansprüche im Namen des Kindes geltend machen.[44] Beschränkt wird die Vertretung nach dem Wortlaut des § 1629 Abs. 2 S. 2 nur auf die Unterhaltsansprüche gegenüber dem anderen Elternteil. Wenn Unterhalt gegenüber Dritten, etwa den Großeltern, geltend gemacht wird, ist daher die Bestellung eines Ergänzungspflegers nach § 1909 Abs. 1 S. 1 erforderlich.[45] Die Vertretung erstreckt sich auch auf sogenannte Passivprozesse, d.h. etwa in Verfahren, in denen der Unterhaltsverpflichtete im Rahmen der Abänderung des Unterhaltstitels gemäß §§ 238, 239 FamFG gegen das Kind vorgeht.[46]

---

41 OLG Bamberg Beschl. v. 12.12.1984 – 2 UF 250/84, FamRZ 1995, 632 (633); OLG Brandenburg Beschl. v. 06.11.2008 – 10 WF 107/08, FamRZ 2009, 1228; *Huber*, in: MüKoBGB, § 1629 Rn. 77; *Kaiser*, in: NK-BGB FamR, § 1629 Rn. 43.

42 *Götz*, in: Palandt, § 1629 Rn. 25.

43 OLG Hamburg Beschl. v. 13.02.1981 – 15 WF 18/81, FamRZ 1981, 490; *Jaeger*, in: Johannsen/Henrich, § 1629 Rn. 8; *Kaiser*, in: NK-BGB FamR, § 1629 Rn. 46; *Ziegler*, in: Prütting/Wegen/Weinreich, § 1629 Rn. 16.

44 *Götz*, in: Palandt, § 1629 Rn. 23; *Jaeger*, in: Johannsen/Henrich, § 1629 Rn. 8; *Kaiser*, in: NK-BGB FamR, § 1629 Rn. 44.

45 OLG Stuttgart Beschl. v. 26.04.2005 – 16 UF 65/05, NJW-RR 2005, 1382 (1383); OLG Dresden Beschl. v. 12.03.2010 – 24 UF 157/10, NJW-RR 2010, 1588; *Götz*, in: Palandt, § 1629 Rn. 23; *Kaiser*, in: NK-BGB FamR, § 1629 Rn. 45.

46 OLG Naumburg Beschl. v. 22.02.2007 – 8 UF 185/06, FamRZ 2007, 1334 (1335); *van Els*, in: Hoppenz, § 1629 Rn. 17; *Jaeger*, in: Johannsen/Henrich, § 1629 Rn. 8; *Ziegler*, in: Prüting/Wegen/Weinreich, § 1629 Rn. 16.

C) Beendigung des Alleinvertretungsrechts nach § 1629 Abs. 2 S. 2

Die Alleinvertretungsberechtigung nach § 1629 Abs. 2 S. 2 endet, sobald eine der dafür erforderlichen Voraussetzungen entfällt, etwa bei Erlass einer anderweitigen Sorgerechtsentscheidung,[47] bei Eintritt der Volljährigkeit des Kindes[48] oder bei Obhutswechsel des Kindes.[49] Soweit zum Zeitpunkt des Wegfalls einer dieser Voraussetzungen bereits ein Unterhaltsverfahren anhängig ist, wird der Antrag auf Kindesunterhalt rückwirkend unzulässig.[50] Der bislang nach § 1626 Abs. 2 S. 2 vertretende Elternteil ist in diesen Fällen nach allgemeiner Auffassung berechtigt, das anhängige Verfahren gemäß §§ 112 Nr. 1, 113 Abs. 1 S. 2 FamFG iVm § 91a ZPO für erledigt zu erklären, um der Tragung der Kostenlast als vollmachtloser Vertreter zu entgehen.[51] Anderenfalls hätte der ehemals gesetzliche Vertreter des Kindes wegen nachträglicher Unzulässigkeit als unterlegener Beteiligter die Kosten des Verfahrens gemäß §§ 112 Nr. 1, 113 Abs. 1 S. 2 FamFG iVm § 91 Abs. 1 zu tragen, obwohl der Antrag zunächst in zulässiger Weise gestellt worden war.

---

47 *Döll*, in: Erman, § 1629 Rn. 19b; *Huber*, in: MüKoBGB, § 1629 Rn. 83; *Kaiser*, in: NK-BGB FamR, § 1629 Rn. 48; *Veit*, in: Bamberger/Roth, § 1629 Rn. 47; *Völker/Clausius*, Sorge-und Umgangsrecht in der Praxis, § 1 Rn. 144.

48 *Völker/Clausius*, Sorge- und Umgangsrecht, § 1 Rn. 145.

49 OLG Köln Beschl. v. 06.06.2005 – 4 UF 88/05, FamRZ 2005, 1999; OLG Rostock Beschl. v. 14.01.2012 – 10 UF 146/11, FamRZ 2012, 890; OLG Koblenz Beschl. v. 21.05.2015 – 7 WF 353/15, FamRZ 2015, 1902; *van Els*, in: Hoppenz, § 1629 Rn. 16; *Kaiser*, in: NK-BGB FamR, § 1629 Rn. 48.

50 OLG Köln Beschl. v. 06.06.2005 – 4 UF 88/05, FamRZ 2005, 1999; OLG Rostock Beschl. v. 14.01.2012 – 10 UF 146/11, FamRZ 2012, 890; OLG Koblenz Beschl. v. 21.05.2015 – 7 WF 353/15, FamRZ 2015, 1902; *van Els*, in: Hoppenz, § 1629 Rn. 16; *Kaiser*, in: NK-BGB FamR, § 1629 Rn. 48.

51 OLG Hamm Beschl. v. 09.02.1990 – 5 UF 352/89, FamRZ 1990, 890; OLG Rostock Beschl. v. 14.01.2012 – 10 UF 146/11, FamRZ 2012, 890; OLG Koblenz Beschl. v. 21.05.2015 – 7 WF 353/15, FamRZ 2015, 1902; *Kaiser*, in: NK-BGB FamR, § 1629 Rn. 48; *Völker/Clausius*, Sorge- und Umgangsrecht, § 1 Rn. 144.

3. Teil Die gesetzliche Verfahrensstandschaft gemäß § 1629 Abs. 3 S. 1

Die Regelung in § 1629 Abs. 3 S. 1 bestimmt einen Elternteil zum gesetzlichen Verfahrensstandschafter des Kindes.[52] Ein Verfahrensstandschafter ist derjenige, der ein fremdes Recht im eigenen Namen als richtige Partei im Verfahren geltend machen kann und mithin verfahrensführungsbefugt ist.[53] Die Verfahrensführungsbefugnis, also das Recht zur Führung eines gerichtlichen Verfahrens als richtige Partei im eigenen Namen, ist eine allgemeine Verfahrensvoraussetzung und als solche von Amts wegen durch das Gericht zu prüfen.[54] Stellt das Gericht hierbei die fehlende Verfahrensführungsbefugnis auf der Antragsteller- bzw. Antragsgegnerseite fest, weist es den Antrag als unzulässig ab.[55]

Zu unterscheiden ist die Verfahrensführungsbefugnis von der sogenannten Sachbefugnis.[56] Sachbefugt ist die aktiv- bzw. passivlegitimierte Partei, demnach der Kläger, dem die eingeklagte Forderung nach dem Sachvortrag zusteht und der Beklagte, der nach dem Sachvortrag zur Erfüllung der Forderung verpflichtet ist.[57] Die Sachbefugnis steht mithin allein den Personen zu, die sich aus dem jeweiligen konkreten Rechtsverhältnis ergeben.[58] Sachbefugt ist im Kindesunterhaltsverfahren stets das Kind als Unterhaltsgläubiger, § 1601 f. Die Verfahrensführungsbefugnis kann jedoch auf eine dritte Person von Gesetzes wegen übergehen oder durch Vereinbarung übertragen werden, die das fremde Recht der sachbefugten Partei im eigenen Namen geltend machen kann.[59] In diesem Fall spricht man von einer sogenannten Prozess- bzw. Verfahrensstandschaft.

---

52 *Döll*, in: Erman, § 1629 Rn. 20; *Peschel-Gutzeit*, in: Staudinger, § 1629 Rn. 344; *Kaiser*, in: NK-BGB FamR § 1629 Rn. 49.

53 *Althammer*, in: Zöller, Vorb. § 50 Rn. 16; *Gehrlein*, in: Prütting/Gehrlein, § 50 Rn. 33; *Hüßtege*, in: Thomas/Putzo, § 51 Rn. 20.

54 *Althammer*, in: Zöller, Vorb. § 50 Rn. 17; *Hüßtege*, in: Thomas/Putzo, § 51 Rn. 20.

55 BGH Urt. v. 14.12.1959 – V ZR 197/58, NJW 1960, 523; BGH Urt. v. 10.11.1999 – VIII ZR 78/98, NJW 2000, 738 (739); *Althammer*, in: Zöller, Vorb. § 50 Rn. 17; *Hüßtege*, in: Thomas/Putzo, § 51 Rn. 22.

56 *Althammer*, in: Zöller, Vorb. § 50 Rn. 16; *Gehrlein*, in: Prütting/Gehrlein, § 50 Rn. 33; *Hüßtege*, in: Thomas/Putzo, § 51 Rn. 20.

57 *Althammer*, in: Zöller, Vorb. § 50 Rn. 16; *Gehrlein*, in: Prütting/Gehrlein, § 50 Rn. 33; *Reichold*, in: Thomas/Putzo, Vorb. § 253 Rn. 39.

58 *Althammer*, in: Zöller, Vorb. § 50 Rn. 16; *Gehrlein*, in: Prütting/Gehrlein, § 50 Rn. 33.

59 *Althammer*, in: Zöller, Vorb. § 50 Rn. 17; *Hüßtege*, in: Thomas/Putzo, § 51 Rn. 24, 31.

Bei der Prozess- bzw. Verfahrensstandschaft ist zu unterscheiden zwischen einer gewillkürten und gesetzlichen Prozessstandschaft.[60] Eine gewillkürte Prozessstandschaft ist grundsätzlich immer möglich, sofern der gewillkürte Prozessstandschafter zur Geltendmachung des fremden Rechts durch den Rechtsinhaber ermächtigt wurde, dieses Recht übertragbar ist, der Prozessstandschafter ein eigenes schutzwürdiges Interesse an der Geltendmachung des fremden Rechts hat und der Prozessgegner durch die Prozessstandschaft nicht ungerechtfertigt benachteiligt wird.[61] Eine gesetzliche Prozessstandschaft ergibt sich unmittelbar aus dem Gesetz, wie etwa im Fall der Geltendmachung von Kindesunterhalt gegenüber dem unterhaltsverpflichteten Elternteil aus § 1629 Abs. 3 S. 1 in Form der gesetzlichen Verfahrensstandschaft.[62] Da sich der Kindesunterhalt auf das Rechtsverhältnis zwischen dem unterhaltsverpflichteten Elternteil und dem Kind stützt, ist das Kind diesbezüglich sachbefugt, während der nicht barunterhaltsverpflichtete, betreuende Elternteil die Verfahrensführungsbefugnis als gesetzlicher Verfahrensstandschafter innehat.

Ferner ist zwischen der Verfahrensstandschaft nach § 1629 Abs. 3 S. 1 und der gesetzlichen Vertretung gemäß § 1629 Abs. 2 S. 2 zu differenzieren. Das verfahrensrechtliche Pendant zur materiell-rechtlichen Vertretungsmacht ist die Prozess- bzw. Verfahrensfähigkeit gemäß § 51 Abs. 1 ZPO bzw. gemäß § 9 Abs. 1, 2 FamFG. Dies ist die Fähigkeit, selbst oder durch einen Vertretungsberechtigten Prozesshandlungen wirksam vor- oder entgegenzunehmen.[63] Während sich die Frage der gesetzlichen Vertretung nach § 1629 Abs. 2 S. 2 also prozessual dergestalt auswirkt, dass der das Kind wirksam vertretende Elternteil Verfahrenshandlungen für das Kind wirksam vor- bzw. entgegennehmen kann,[64] behandelt die gesetzliche Verfahrensstandschaft nach § 1629 Abs. 3 S. 1 die Frage der Verfahrensführungsbefugnis eines Elternteils, also ob dieser den Kindesunterhalt im eigenen Namen geltend machen darf.[65] Dies hat in einem Verfahren zur Folge, dass das nach § 1629 Abs. 2 S. 2 vertretene Kind selbst Beteiligter des Verfahrens ist,[66] vertreten durch einen Elternteil, während bei der gesetzlichen

60 *Althammer*, in: Zöller, Vorb. § 50 Rn. 18; *Gehrlein*, in: Prütting/Gehrlein, § 50 Rn. 33.

61 BGH Urt. v. 03.07.1980 – IVa ZR 38/80, NJW 1980, 2461 (2462); *Althammer*, in: Zöller, Vorb. § 50 Rn. 39 ff.; *Hüßtege*, in: Thomas/Putzo, § 51 Rn. 32 ff.

62 *Althammer*, in: Zöller, Vorb. § 50 Rn. 22; *Hüßtege*, in: Thomas/Putzo, § 51 Rn. 24.

63 *Althammer*, in: Zöller, § 51 Rn. 14; *Hüßtege*, in: Thomas/Putzo, § 51 Rn. 2.

64 *Althammer*, in: Zöller, § 51 Rn. 14; *Hüßtege*, in: Thomas/Putzo, § 51 Rn. 2.

65 *Althammer*, in: Zöller, Vorb. § 50 Rn. 29; *Hüßtege*, in: Thomas/Putzo, § 51 Rn. 20.

66 *Althammer*, in: Zöller, § 51 Rn. 14; *Hüßtege*, in: Thomas/Putzo, § 51 Rn. 14.

Verfahrensstandschaft nach § 1629 Abs. 3 S. 1 nicht das Kind, sondern allein der Verfahrensstandschafter Verfahrensbeteiligter ist, da dieser den Unterhaltsanspruch des Kindes im eigenen Namen geltend macht.[67] „Wer ein fremdes Recht im eigenen Namen einklagt, wird Partei. Ob er im eigenen Namen klagen darf, ist eine Frage der Prozessführungsbefugnis. Wer ein fremdes Recht im fremden Namen einklagt, ist Vertreter. Ob er den Kläger vertreten darf, ist eine Frage der Vertretungsmacht."[68]

A) Voraussetzungen des § 1629 Abs. 3 S. 1

Der Anwendungsbereich des § 1629 Abs. 3 S. 1 ist enger gefasst als die Vertretungsregelung in § 1629 Abs. 2 S. 2, da die gesetzliche Verfahrensstandschaft nach § 1629 Abs. 3 S. 1 lediglich bei der gerichtlichen Geltendmachung von Kindesunterhalt zwischen verheirateten Eltern einschlägig ist.[69] Dennoch hat dies – entgegen einer teilweise vertretenen Auffassung[70] – nicht zur Konsequenz, dass § 1629 Abs. 3 S. 1 eine lex specialis zu § 1629 Abs. 2 S. 2 wäre. Durch die Anordnung der Verfahrensstandschaft gemäß § 1629 Abs. 3 S. 1, wird die Vertretungsregelung nicht verdrängt. Vielmehr wird durch die Verfahrensstandschaft die Ausübung der sich aus § 1629 Abs. 2 S. 2 ergebenden Vertretungsmacht hinsichtlich der prozessrechtlichen Geltendmachung des Kindesunterhalts im eigenen Namen (Verfahrensführungsbefugnis) unter zusätzlichen Voraussetzungen bestimmt.[71]

I. Eltern verheiratet

Im Gegensatz zur Vertretungsregelung in § 1629 Abs. 2 S. 2 gelangt die gesetzliche Verfahrensstandschaft nach § 1629 Abs. 3 S. 1 nur zur Anwendung, wenn die Eltern miteinander verheiratet sind oder zwischen ihnen eine Lebenspartnerschaft besteht.

---

67 *Jaeger*, in: Johannsen/Henrich, § 1629 Rn. 10; *Kaiser*, in: NK-BGB FamR, § 1629 Rn. 49; *Stockmann*, in: Grandel/Stockmann, 186 Rn. 2 f.

68 *Schellhammer*, Zivilprozess, Rn. 1205.

69 *Döll*, in: Erman, § 1629 Rn. 20a; *Jaeger*, in: Johannsen/Henrich, § 1629 Rn. 10; *Kaiser*, in: NK-BGB FamR, § 1629 Rn. 52; *Peschel-Gutzeit*, in: Staudinger, § 1629 Rn. 344, 370.

70 *Büte*, in: Büte/Poppen/Menne, § 1629 Rn. 1; *van* Els, in: Hoppenz, § 1629 Rn. 18.

71 *Jaeger*, in: Johannsen/Henrich, § 1629 Rn. 9; *Kaiser*, in: NK-BGB FamR, § 1629 Rn. 50; *Peschel-Gutzeit*, in: Staudinger, § 1629 Rn. 349.

II. Eltern getrenntlebend oder Ehesache anhängig

Zudem müssen die Eltern getrennt leben oder eine Ehesache gemäß § 121 FamFG bzw. eine Lebenspartnerschaftssache iSd § 269 Abs. 1 Nr. 1 oder 2 FamFG anhängig sein, § 1629 Abs. 3 S. 1 Nr. 1, 2. Die Eltern leben im Sinne des § 1567 Abs. 1 S. 1 getrennt, wenn keine häusliche Gemeinschaft mehr besteht und mindestens ein Elternteil diese auch nicht mehr herstellen möchte, da er die eheliche Lebensgemeinschaft ablehnt. Satz 2 dieser Vorschrift bestimmt, dass auch eine Trennung innerhalb der häuslichen Gemeinschaft möglich ist. Hierzu ist erforderlich, dass die Elternteile keinen gemeinsamen Haushalt mehr führen und zwischen ihnen keine wesentlichen persönlichen Beziehungen bestehen.[72]

Alternativ ist die Regelung des § 1629 Abs. 3 S. 1 auch einschlägig, wenn eine Ehesache anhängig ist (§ 1629 Abs. S. 1 Nr. 2 Var. 1). Was unter dem Begriff der Ehesachen zu verstehen ist, ergibt sich aus § 121 FamFG. Danach umfasst der Begriff der Ehesachen die Scheidung der Ehe, die Aufhebung der Ehe sowie die Feststellung des Bestehens oder Nichtbestehens einer Ehe zwischen den Beteiligten. Eine solche Angelegenheit muss bei Gericht anhängig sein. Eine oben bezeichnete Angelegenheit ist anhängig, wenn eine diesbezügliche Antragsschrift des Antragstellers bei Gericht eingegangen ist,[73] wobei diesbezüglich der Anwaltszwang in Ehesachen gemäß § 114 Abs. 1 zu beachten ist und daher der Antrag von einem Rechtsanwalt unterzeichnet sein muss.[74] Ebenso ist die gesetzliche Verfahrensstandschaft zwischen Lebenspartnern anwendbar, wenn ein Antrag auf Aufhebung der Lebenspartnerschaft oder Feststellung des Bestehens oder Nichtbestehens gemäß § 269 Abs. 1 Nr. 1, 2 FamFG anhängig gemacht wurde (§ 1629 Abs. 3 S. 1 Var. 2, 3).

Die gesetzliche Verfahrensstandschaft kommt auch dann zur Anwendung, wenn die Ehesache im Ausland anhängig gemacht wurde und das Kind in Deutschland von einem Elternteil betreut wird, da sich aus den Regelungen des Art. 15 EuUntVO iVm Art. 3 Abs. 1, Art. 11 lit. d) HUntProt ergibt, dass sich das für die Unterhaltspflicht geltende Recht nach dem gewöhnlichen Aufenthalt des unterhaltsberechtigten Kindes richtet und nach diesem Recht auch die Berechtigung zur Einleitung eines Unterhaltsverfahrens bestimmt wird.[75]

---

72 BGH Urt. v. 14.06.1978 – IV ZR 164/77, NJW 1978, 1810; *Brudermüller*, in: Palandt, § 1567 Rn. 3; *Blank*, in: Erman, § 1567 Rn. 2.

73 *Geisler*, in: Prütting/Gehrlein, § 253 Rn. 2; *Saenger*, in: Hk-ZPO, § 253 Rn. 1, § 261 Rn. 1.

74 *Althammer*, in: Zöller, § 78 Rn. 16; *Helms*, in: Prütting/Helms, § 114 Rn. 7.

75 *Gruber*, in: NK-BGB IPR, Art. 11 HUP Rn. 11; *Peschel-Gutzeit*, in: Staudinger, § 1629 Rn. 352a.

III. Unterhaltsanspruch des minderjährigen Kindes gegen den anderen Elternteil

Eine gesetzliche Verfahrensstandschaft im Sinne des § 1629 Abs. 3 S. 1 ist nur möglich zur Geltendmachung eines Unterhaltsanspruchs des minderjährigen Kindes gegenüber dem anderen, nicht betreuenden Elternteil.[76] Bei einer Beanspruchung einer anderen Person, etwa den Großeltern, greift die Regelung zur gesetzlichen Verfahrensstandschaft nicht ein.

IV. Vertretungsmacht und Inobhutnahme des gesetzlichen Verfahrensstandschafters

Der Elternteil, der den Kindesunterhalt geltend macht, muss diesbezüglich auch vertretungsberechtigt sein.[77] Bei gemeinsamer Sorgeberechtigung der Eltern ergibt sich das Vertretungsrecht für die Geltendmachung von Kindesunterhalt aus § 1629 Abs. 2 S. 2, der die Regelung in § 1629 Abs. 3 S. 1 ergänzt.[78] Demnach muss das Kind in der Obhut des Elternteils stehen, der den Kindesunterhalt geltend macht.[79] Der Begriff der Obhut bezieht sich auf das tatsächliche Betreuungsverhältnis, sodass das Kind in der Obhut des Elternteils steht, der schwerpunktmäßig die tatsächliche Fürsorge der elementaren Lebensbedürfnisse des Kindes ausübt.[80]

Ist lediglich ein Elternteil sorgeberechtigt, etwa weil ihm das Sorgerecht gemäß § 1671 Abs. 1, 2 übertragen wurde, so wird teilweise angenommen, dass nur dieser Elternteil wegen seines alleinigen Sorgerechts und der daraus resultierenden ausschließlichen Vertretungsmacht gemäß § 1629 Abs. 1 S. 1, 3 zur Geltendmachung des Kindesunterhalts im eigenen Namen gemäß § 1629 Abs. 3 S. 1 auch ohne Inobhutnahme des Kindes berechtigt sei.[81] Grundsätzlich wäre der allein

---

76 *Döll*, in: Erman, § 1629 Rn. 20b; *Huber*, in: MüKoBGB, § 1629 Rn. 85; *Veit*, in: Bamberger/Roth, § 1629 Rn. 49.

77 *Van Els*, in: Hoppenz, § 1629 Rn. 19; *Kaiser*, in: NK-BGB FamR, § 1629 Rn. 50; *Peschel-Gutzeit*, in: Staudinger, § 1629 Rn. 348.

78 KG Urt. v. 22.10.1997 – 3 UF 1976/97, FamRZ 1998, 378 (379); *Döll*, in: Erman, § 1629 Rn. 20b; *Jaeger*, in: Johannsen/Henrich, § 1629 Rn. 9; *Kaiser*, in: NK-BGB FamR, § 1629 Rn. 50; *Peschel-Gutzeit*, in: Staudinger, § 1629 Rn. 348 f.

79 *Döll*, in: Erman, § 1629 Rn. 20b, 19a; *Kaiser*, in: NK-BGB FamR, § 1629 Rn. 50; *Peschel-Gutzeit*, in: Staudinger, § 1629 Rn. 348 f.

80 BGH Beschl. v. 21.12.2005 – XII ZR 126/03, FamRZ 2006, 1015 (1016); *Hamdan*, in: JurisPK-BGB, § 1629 Rn. 69; *Huber*, in: MüKoBGB, § 1629 Rn. 77.

81 OLG Koblenz Urt. v. 19.09.2001 – 9 UF 164/01, FamRZ 2002, 562; *Jaeger*, in: Johannsen/Henrich, § 1629 Rn. 9; *Kaiser*, in: NK-BGB FamR, § 1629 Rn. 50; *Kemper*,

sorgeberechtigte Elternteil gemäß § 1629 Abs. 2 S. 1 iVm § 1795 Abs. 1 Nr. 3 von der Vertretung des Kindes ausgeschlossen, da es sich um einen Rechtsstreit zwischen den Ehegatten und dem Kind des sorgeberechtigten Elternteils handelt. Wegen des daraus resultierenden Interessenkonflikts ist eine Vertretung des Kindes durch den sorgeberechtigten Elternteil ausgeschlossen.[82] § 1629 Abs. 2 S. 2 enthält als lex specialis zu § 1629 Abs. 2 S. 1 eine Ausnahmeregelung und erlaubt für die Geltendmachung von Unterhaltsansprüchen dennoch die Vertretung des Kindes durch den sorgeberechtigten, betreuenden Elternteil.[83] Die Ausnahmeregelung setzt für die Geltendmachung von Kindesunterhalt nach § 1629 Abs. 2 S. 2 eine gemeinsame Sorgeberechtigung der Eltern voraus.[84] Diesen Umstand hat der Gesetzgeber erkannt und in der Gesetzesbegründung zu § 1629 Abs. 2 S. 2 ausgeführt, dass die Übertragung des Sorgerechts zur alleinigen Ausübung hinsichtlich ihrer Legitimation an die Stelle der Inobhutnahme rückt und der allein sorgeberechtigte Elternteil daher zur Vertretung des Kindes nach § 1629 Abs. 2 S. 2 berechtigt sei, auch wenn er das Kind nicht betreue.[85] Die Auffassung des Gesetzgebers zu § 1629 Abs. 2 S. 2 wird durch die aufgezeigte Ansicht auf die gesetzliche Verfahrensstandschaft übertragen, sodass eine Inobhutnahme zur Geltendmachung von Kindesunterhalt im eigenen Namen durch den allein sorgeberechtigten Elternteil nicht erforderlich sei.[86]

Es stellt sich daher die Frage, ob dieser Ansicht, dass die alleinige Sorgeberechtigung ausreichend ist, gefolgt werden kann oder ob zur Geltendmachung von Kindesunterhalt in gesetzlicher Verfahrensstand kumulativ die Inobhutnahme des Kindes erforderlich ist. Dies soll im Folgenden anhand verschiedener Betreuungskonstellationen überprüft werden.

1. Betreuung des Kindes des Alleinsorgeberechtigten

Sofern der allein sorgeberechtige Elternteil das Kind auch versorgt und betreut, das Kind mithin in dessen Obhut steht, besteht kein Zweifel daran, dass auch

---

in: NK-Hk-BGB, § 1629 Rn. 11; *Peschel-Gutzeit*, in: Staudinger, § 1629 Rn. 348 f.; *Veit*, in: Bamberger/Roth, § 1629 Rn. 49.

82 *Döll*, in: Erman, § 1629 Rn. 11; *Peschel-Gutzeit*, in: Staudinger, § 1629 Rn. 186.

83 Siehe 2. Teil A) Voraussetzungen des § 1629 Abs. 2 S. 2.

84 Siehe 2. Teil, A), I. Gemeinsames Sorgerecht.

85 BT-Drucks. 7/650, S. 175; *Peschel-Gutzeit*, in: Staudinger, § 1629 Rn. 339.

86 OLG Koblenz Urt. v. 19.09.2001 – 9 UF 164/01, FamRZ 2002, 562; *Jaeger*, in: Johannsen/Henrich, § 1629 Rn. 9; *Kaiser*, in: NK-BGB FamR, § 1629 Rn. 50; *Peschel-Gutzeit*, in: Staudinger, § 1629 Rn. 348 f.; *Veit*, in: Bamberger/Roth, § 1629 Rn. 49.

nur dieser Elternteil den Kindesunterhalt als gesetzlicher Verfahrensstandschafter im eigenen Namen geltend machen darf.

2. Betreuung des Kindes durch einen der Sorgeberechtigten

Ebenso ist bei gemeinsamer elterlicher Sorge eine gesetzliche Verfahrensstandschaft nach § 1629 Abs. 3 S. 1 desjenigen Elternteils gegeben, der nach der Trennung der Eltern das Kind in seiner Obhut hat, da dieser aufgrund der Inobhutnahme gemäß § 1629 Abs. 2 S. 2 alleine zur Geltendmachung des Kindesunterhalts vertretungsberechtigt ist.

3. Betreuung des Kindes durch Nicht-Sorgeberechtigten

Die Frage der Verfahrensstandschaftsberechtigung stellt sich jedoch in Fallkonstellationen, in denen nicht der allein sorgeberechtigte, sondern der andere, nicht sorgeberechtigte Elternteil das Kind in seiner Obhut hat.

Wie im Folgenden aufgezeigt wird, ist den Regelungen der gesetzlichen Prozess- bzw. Verfahrensstandschaft gemein, dass dem gesetzlichen Verfahrens- bzw. Prozessstandschafter ein eigenes Interesse an der erfolgreichen Geltendmachung des jeweiligen Anspruchs unterstellt wird, während bei der gewillkürten Prozessstandschaft ein eigenes Interesse des Verfahrensstandschafters von diesem nachzuweisen ist.[87] Ein solches Interesse an der Geltendmachung von Kindesunterhalt würde bei einem allein sorgeberechtigten Elternteil, der das Kind nicht betreut, fehlen, da er selbst gegenüber dem Kind barunterhaltsverpflichtet wäre (§ 1603 Abs. 3 S. 2). Würde man in diesem Fall nur auf die Sorgeberechtigung des barunterhaltsverpflichteten Elternteils abstellen, so könnte der Kindesunterhalt nicht geltend gemacht werden, da der sorgeberechtigte Elternteil als gesetzlicher Verfahrensstandschafter nach § 1629 Abs. 3 S. 1 den Kindesunterhalt nur im eigenen Namen als Antragsteller geltend machen kann, jedoch als barunterhaltsverpflichteter Elternteil zugleich Antragsgegner wäre. Der sorgeberechtigte Elternteil wird daher von einer Geltendmachung des Kindesunterhalts absehen, während der andere Elternteil keine Möglichkeit hätte, den Kindesunterhalt im eigenen Namen oder im Namen des Kindes geltend zu machen.

a) Prozessstandschaft kraft Amtes

Eine Prozessstandschaft kraft Amtes erfolgt durch Bestellung des Gerichts, etwa bei einem Insolvenzverwalter (§§ 56, 80 Abs. 1 InsO), einem Zwangsverwalter

87 *Althammer*, in: Zöller, Vorb. § 50 Rn. 39 ff.; *Hüßtege*, in: Thomas/Putzo, § 51 Rn. 32 ff.

(§§ 150 Abs. 1, 152 Abs. 1 HS. 2 ZVG) oder einem Nießbrauchverwalter (§ 1052 Abs. 1). Weitere gesetzliche Prozessstandschafter kraft Amtes sind der Nachlassverwalter nach Anordnung des Gerichts (§§ 1981 Abs. 1, 1985 Abs. 1, 1984 Abs. 1 S. 3) und der Testamentsvollstrecker nach Ernennung und erklärter Annahme gegenüber dem Nachlassgericht (§§ 2200 Abs. 1, 2202 Abs. 1, 2212, 2213 Abs. 1 S. 1). Allen Prozessstandschaftern kraft Amtes ist gemein, dass sie nicht nur zur Geltendmachung eines fremden Anspruchs im eigenen Namen berechtigt, sondern dass sie auch zur ordnungsgemäßen Ausübung der Verwaltung verpflichtet sind und insofern haften, wie etwa der Insolvenzverwalter nach § 60 Abs. 1 InsO oder der Testamentsvollstrecker nach § 2219. Zur ordnungsgemäßen Verwaltung gehört auch die Geltendmachung und Durchsetzung berechtigter Rechtsansprüche.[88] Insofern besteht bei einer Prozessstandschaft kraft Amtes immer auch ein Eigeninteresse des Prozessstandschafters an der Geltendmachung von berechtigten Ansprüchen.

b) Prozessstandschaft kraft gesetzlicher Ermächtigung des Prozessrechts

Der Hauptanwendungsfall für die gesetzliche Prozessstandschaft kraft gesetzlicher Ermächtigung des Prozessrechts bildet die Reglung in § 265 ZPO.[89] Hiernach können die Parteien auch noch nach Eintritt der Rechtshängigkeit eine streitgegenständliche Sache veräußern oder den geltend gemachten Anspruch abtreten. Die Regelung in § 265 Abs. 2 ZPO ordnet dabei an, dass sich durch die Veräußerung oder Abtretung an den Parteirollen des rechtshängigen Prozesses nichts ändert, sofern der Prozessgegner einer Übernahme des Rechtsnachfolgers nicht ausdrücklich zustimmt. Der Veräußerer bzw. Zedent tritt dann als gesetzlicher Prozessstandschafter im eigenen Namen für den Rechtsnachfolger auf.[90] Voraussetzung für diese gesetzliche Prozessstandschaft kraft gesetzlicher Ermächtigung des Prozessrechts ist allerdings, dass der Rechtsstreit bereits rechtshängig ist und die in Streit befangene Sache bzw. der geltend gemachte Anspruch erst nach Eintritt der Rechtshängigkeit veräußert bzw. abgetreten wurde.[91] Wenn der Rechtsstreit bereits

88 *Hoeren*, in: NK-Hk-BGB, § 2212 Rn. 6; *Stürner*, in: Jauernig, § 2216 Rn. 3; *Weidlich*, in: Palandt, § 2212 Rn. 1.

89 *Althammer*, in: Zöller, Vorb. § 50 Rn. 20; *Zimmermann*, Zivilprozessordnung, § 51 Rn. 16.

90 BGH Urt. v. 09.12.2010 – III ZR 56/10, NJW 2011, 2193 (2194); *Bendtsen*, in: Hk-ZPO, § 51 Rn. 15; *Hartmann*, in: Baumbach/Hartmann, § 265 Rn. 16.

91 *Greger*, in: Zöller, § 265 Rn. 5b; *Hartmann*, in: Baumbach/Hartmann, § 265 Rn. 15; *Saenger*, in: Hk-ZPO, § 265 Rn. 10.

rechtshängig ist, so hat der Veräußerer bzw. Zedent durch die gerichtliche Geltendmachung des Anspruchs zum Ausdruck gebracht, dass er ein eigenes Interesse an der Durchsetzung des eingeklagten Rechts hat. Dieses Interesse besteht auch nach Veräußerung bzw. Abtretung fort, da sich der Veräußerer bzw. Zedent bei Erfolglosigkeit der Klage gegenüber dem Erwerber bzw. Zessionar wegen Nichterfüllung seiner Leistungspflicht schadensersatzpflichtig machen würde.

c) Prozess- bzw. Verfahrensstandschaft kraft gesetzlicher Ermächtigung des materiellen Rechts

Die Hauptanwendungsfälle der gesetzlichen Prozess- bzw. Verfahrensstandschaft kraft Ermächtigung des materiellen Rechts stellen die Gesamthands- und Bruchteilsgemeinschaft, sowie die familienrechtlichen Regelungen in §§ 1368, 1629 Abs. 3 S. 1 dar.[92]

aa) Gesamthandsgemeinschaft

Eine Prozessstandschaft kraft gesetzlicher Ermächtigung des materiellen Rechts kann sich aus einer Gesamthandsgemeinschaft ergeben, etwa bei Ehegatten im Güterstand der Gütergemeinschaft aus §§ 1422, 1428, 1429 S. 2, 1487 Abs. 1 S. 1 oder bei der Miterbengemeinschaft gemäß § 2039. Eine Gesamthandsgemeinschaft ist eine Gemeinschaft mehrerer Personen, denen eine Vermögensmasse als gesamthänderisch gebundenes Sondervermögen zusteht.[93] Das Vermögen steht den Ehegatten oder Miterben gemeinsam zu, sodass die Geltendmachung von Ansprüchen in Prozessstandschaft zugunsten der Vermögensmasse immer auch im Interesse des Prozessstandschafters ist.

bb) Bruchteilsgemeinschaft

Eine gesetzliche Prozessstandschaft kraft gesetzlicher Ermächtigung des materiellen Rechts ist zwar gemäß § 744 Abs. 2 auch im Rahmen der Bruchteilsgemeinschaft möglich, d.h. wenn mehreren Personen voneinander unabhängige Teilrechte an dem Bruchteilsgegenstand zustehen,[94] allerdings ist dies nur bei notwendigen Erhaltungsmaßregeln möglich. Ob eine solche notwendige Erhaltungsmaßregel in Form der Einklagung von Ansprüchen der Bruchteilsgemeinschaft vorliegt, bestimmt sich danach, ob es zur Erhaltung der Substanz oder des

92 *Althammer*, in: Zöller, Vorb. § 50 Rn. 21 f.; *Bendtsen*, in: Hk-ZPO, § 51 Rn. 16.

93 *Bayer*, in: Erman, Vorb. § 2032 Rn. 3; *Weidlich*, in: Palandt, § 2032 Rn. 1.

94 *Sprau*, in: Palandt, § 741 Rn. 1; *Stürner*, in: Jauernig, § 741 Rn. 1.

wirtschaftlichen Wertes der Bruchteilsgegenstände aus Sicht eines vernünftigen Teilhabers erforderlich ist.[95] Die Erforderlichkeit einer gerichtlichen Geltendmachung bemisst sich wiederum an der Überprüfung, ob diese nicht nur im Sinne des als Prozessstandschafters auftretenden Teilhabers ist, sondern im Interesse der Bruchteilsgemeinschaft steht.[96] Abgesehen von dem Interesse des klagenden Teilhabers, welches bereits durch die Geltendmachung des Anspruchs zum Ausdruck kommt, ist eine weitere Voraussetzung der gesetzlichen Verfahrensstandschaft mithin auch das mutmaßliche Interesse der übrigen Teilhaber.

cc) Revokationsrecht des Ehegatten

Eine weitere gesetzliche Verfahrensstandschaft[97] kraft materieller Ermächtigung besteht gemäß § 1368 zu Gunsten eines Ehegatten zur Geltendmachung des sogenannten Revokationsrechts, also die Geltendmachung der Unwirksamkeit der Verfügungen des anderen Ehegatten über das Vermögen im Ganzen nach § 1365 Abs. 1 oder über Haushaltsgegenstände nach § 1369 Abs. 1 ohne Einholung der erforderlichen Zustimmung des anderen Ehegatten.[98] Die gesetzliche Verfahrensstandschaft nach § 1368 dient der Sicherung des ehelichen Vermögens und der Haushaltsgegenstände, da der verfügende Ehegatte regelmäßig nicht gegen seine bewusst getätigte Verfügung über sein Vermögen im Ganzen oder über Haushaltsgegenstände vorgehen und sich dadurch gegebenenfalls gegenüber dem Dritten schadensersatzpflichtig machen wird.[99] In beiden Fällen hat der nicht verfügende Ehegatte im gesetzlichen Güterstand der Zugewinngemeinschaft ein berechtigtes Interesse, die Verfügungen ohne Einholung der erforderlichen Zustimmung rückgängig zu machen.[100] Bei einer Verfügung über das Vermögen im Ganzen hat der nicht zustimmende Ehegatte trotz der der Zugewinngemeinschaft grundsätzlich immanenten Gütertrennung ein berechtigtes Interesse an der Verhinderung bzw. Rückgängigmachung dieser Verfügung

95 *Ehlers*, in: jurisPK-BGB, § 744 Rn. 3; *von Proff*, in: Staudinger, § 744 Rn. 21; *Sprau*, in: Palandt, § 744 Rn. 3.

96 BGH Urt. v. 10.01.1963 – II ZR 95/61, NJW 1963, 641 (644); *Sprau*, in: Palandt: § 744 Rn. 3.

97 In Familienstreitsachen wird die „gesetzliche Prozessstandschaft" als „gesetzliche Verfahrensstandschaft" bezeichnet aufgrund der Regelungen in §§ 111 Nr. 10, 112 Nr. 3, 113 Abs. 1, 5 Nr. 1, 261 Abs. 1 FamFG.

98 *Budzikiewicz*, in: Erman, § 1368 Rn. 1; *Gruber*, in: NK-BGB FamR, § 1368 Rn. 1, 2.

99 *Budzikiewicz*, in: Erman, § 1368 Rn. 1; *Koch*, in: MüKoBGB, § 1368 Rn. 1.

100 BGH Urt. v. 25.06.1980 – IVb ZR 516/80, FamRZ 1980, 765 (766); BGH Urt. v. 16.01.2013 – XII ZR 141/10, FamRZ 2013, 607 (608); *Brudermüller*, in: Palandt, § 1365 Rn. 1; *Budzikiewicz*, in: Erman, § 1365 Rn. 1.

im Hinblick der Erhaltung der wirtschaftlichen Existenzgrundlage der Familie und eines etwaigen Zugewinnausgleichsanspruchs nach Beendigung der Ehe, der nach einer Verfügung des Ehegatten über sein Vermögen im Ganzen vermindert würde.[101] Auch bei Verfügungen eines Ehegatten über ihm gehörende Haushaltsgegenstände besteht ein berechtigtes Interesse des nicht verfügenden Ehegatten an der Geltendmachung des Rückübereignungsanspruchs im eigenen Namen.[102] Denn Haushaltsgegenstände sind alle beweglichen Sachen, die dem gemeinschaftlichen Leben der Ehegatten im familiären Bereich einschließlich der Freizeitgestaltung zu dienen bestimmt sind.[103] Demnach dienen Haushaltsgegenstände per Definition beiden Ehegatten, sodass der Verfahrensstandschafter auch ein berechtigtes Interesse daran hat, einen ohne seine Zustimmung veräußerten Haushaltsgegenstand im eigenen Namen zurückzufordern.

dd) Geltendmachung des Kindesunterhalts durch einen Elternteil

Ein Eigeninteresse an der Geltendmachung des jeweiligen Anspruchs im eigenen Namen ist demnach jeder Konstellation der gesetzlichen Prozess- bzw. Verfahrensstandschaft immanent. Auch bei der gesetzlichen Verfahrensstandschaft nach § 1629 Abs. 3 S. 1 ist in der Grundkonstellation, dass das sich Kind in der Obhut des einen mitsorgeberechtigten Elternteils befindet, ein Interesse des gesetzlichen Verfahrensstandschafters an der Geltendmachung des Kindesunterhalts im eigenen Namen gegeben. Nach der unterhaltsrechtlichen Regelung des § 1606 Abs. 3 S. 2 erfüllt der betreuende Elternteil seine Unterhaltspflicht durch die Betreuung des minderjährigen Kindes. Der andere Elternteil, der das Kind nicht betreut und demnach nicht in seiner Obhut hat, ist demgegenüber barunterhaltspflichtig (§ 1606 Abs. 3 S. 2). Barunterhalt und Betreuungsunterhalt stehen sich demnach gleichwertig gegenüber.[104] Aus dieser Überlegung ergibt sich, dass der nicht betreuende Elternteil allein sorgeberechtigt sein kann. Er weist jedoch kein eigenes Interesse an der Geltendmachung von Kindesunterhalt auf, wenn nicht er, sondern der andere Elternteil das Kind betreut, da er als

---

101 BGH Urt. v. 01.07.1987 – IVb ZR 97/85, FamRZ 1987, 909 (910); BGH Urt. v. 21.03.1996 – III ZR 106/95 = FamRZ 1996, 792 (793); BGH Beschl. v. 14.06.2007 – V ZB 102/06, FamRZ 2007, 1634 (1636); *Brudermüller*, in: Palandt, § 1365 Rn. 1; *Koch*, in: MüKoBGB, § 1365 Rn. 2.

102 *Brudermüller*, in: Palandt, § 1369 Rn. 1; *Budzikiewicz*, in: Erman, § 1369 Rn. 1.

103 *Brudermüller*, in: Palandt, § 1369 Rn. 4; *Budzikiewicz*, in: Erman, § 1369 Rn. 1; *Gruber*, in: NK-BGB FamR, § 1369 Rn. 7.

104 *Brudermüller*, in: Palandt, § 1606 Rn. 7; *Graba/Maier*, in: Johannsen/Henrich, § 1606 Rn. 6; *Saathoff/Reuter*, in: NK-BGB FamR, § 1606 Rn. 5.

nicht betreuender Elternteil selbst zur Zahlung von Kindesunterhalt verpflichtet wäre. Würde man zur Geltendmachung des Kindesunterhalts in gesetzlicher Verfahrensstandschaft lediglich auf die Sorgeberechtigung abstellen, wäre eine Geltendmachung des Kindesunterhalts lediglich im Rahmen eines unzulässigen „Insichprozesses" denkbar,[105] da der gesetzliche Verfahrensstandschafter in diesem Fall als nicht betreuender Elternteil und Unterhaltsschuldner auf beiden Seiten des Verfahrens auftreten würde. Dementsprechend ist es bei der gesetzlichen Verfahrensstandschaft nach § 1629 Abs. 3 S. 1 notwendig, neben der von der Sorgeberechtigung umfassten Vertretungsmacht des Verfahrensstandschafters kumulativ auf die Inobhutnahme des Kindes abzustellen. Auf diese Weise wird ein Gleichlauf zwischen Verfahrensführungsbefugnis und materiell-rechtlicher Anspruchsberechtigung hergestellt. Zudem korrespondiert dieses Ergebnis mit der einhelligen Auffassung, dass die gesetzliche Verfahrensstandschaft allein durch einen Sorgerechtsentzug des Verfahrensstandschafters[106] oder durch einen Obhutswechsel[107] des Kindes zum anderen Elternteil beendet wird. Wenn allein der Sorgerechtrechtsentzug des gesetzlichen Verfahrensstandschafters oder der Obhutswechsel des Kindes zur Beendigung der gesetzlichen Verfahrensstandschaft führt, so folgt hieraus, dass für die Entstehung der gesetzlichen Verfahrensstandschaft beide Voraussetzungen kumulativ vorliegen müssen.

Die Frage der Geltendmachung von Kindesunterhalt in gesetzlicher Verfahrensstandschaft stellt sich hingegen bei dem betreuenden, aber nicht sorgeberechtigten Elternteil, nicht. Es gilt hierbei zu beachten, dass die gesetzliche Verfahrensstandschaft nach § 1629 Abs. 3 S. 1 lediglich bei miteinander verheirateten Eltern bzw. bei eingetragenen Lebenspartnern zur Anwendung kommt. Waren die Eltern bereits vor der Geburt des Kindes verheiratet, so steht ihnen mit Geburt des Kindes die elterliche Sorge gemeinsam zu.[108] Heiraten die Eltern nach der Geburt, steht ihnen mit Eheschließung gemäß § 1626a Abs. 1 Nr. 2 ebenfalls die elterliche Sorge gemeinsam zu. Mithin käme die vorstehende

---

105 OLG Koblenz, Beschl. v. 03.07.2006 – 11 UF 164/06, NJW 2006, 3649; *Ellenberger*, in: Palandt, § 181 Rn. 5; *Maier-Reimer*, in: Erman, § 181 Rn. 5; *Schilken*, in: Staudinger, § 181 Rn. 27; *Valenthin*, in: Bamberger/Roth, § 181 Rn. 16.

106 BGH Urt. v. 15.11.1989 – IV ZR 3/89, FamRZ 1990, 283 (284); OLG Nürnberg Beschl. v. 30.05.2001 – 10 WF 1851/01, FamRZ 2002, 407; *Jaeger*, in: Johannsen/Henrich, § 1629 Rn. 11; *Kaiser*, in: NK-BGB FamR, § 1629 Rn. 56; *Veit*, in: Bamberger/Roth, § 1629 Rn. 51.

107 OLG Köln Beschl. v. 30.07.2008 – 4 WF 88/08, FamRZ 2009, 619; *Jaeger*, in: Johannsen/Henrich, § 1629 Rn. 11; *Kaiser*, in: NK-BGB FamR, § 1629 Rn. 56; *Peschel-Gutzeit*, in: Staudinger, § 1629 Rn. 359, 364; *Veit*, in: Bamberger/Roth, § 1629 Rn. 51.

108 *Seebach*, in: Grandel/Stockmann, 87 Rn. 1; *Veit*, in: Bamberger/Roth, § 1629 Rn. 10.

Konstellation nur in Betracht, wenn die aufgrund der Heirat vormals gemeinsame elterliche Sorge aufgehoben und allein auf den nicht betreuenden Elternteil übertragen wurde, weil dies gemäß § 1671 Abs. 1 dem Kindeswohl am besten entspricht oder die Mitsorgeberechtigung gar gemäß § 1666 Abs. 1, 3 Nr. 6 das Kindeswohl gefährdet. Eine weitere Betreuung dieses Elternteils stünde der vorhergehenden Entscheidung des Gerichts auf Entziehung der elterlichen Sorge entgegen. Die gesetzliche Verfahrensstandschaft nach § 1629 Abs. 3 S. 1 setzt daher unstreitig die elterliche Sorge des Verfahrensstandschafters voraus.

4. *Betreuung des Kindes durch Dritte*

Wird das Kind durch Dritte betreut, so kommt eine Verfahrensstandschaft nach § 1629 Abs. 3 S. 1 ebenfalls nicht in Betracht. Dies ergibt sich ausdrücklich aus dem Gesetz für den Fall, dass beide Elternteile auch nicht sorgeberechtigt sind, da sodann von Amts wegen eine Vormundschaft angeordnet wird gemäß §§ 1773–1895 und der Vormund das Kind in diesen Fällen bei der gerichtlichen Geltendmachung von Kindesunterhalt gemäß § 1793 Abs. 1 S. 1 vertritt.[109]

Eine Betreuung durch Dritte kann allerdings auch auf dem Willen beider sorgeberechtigter Elternteile oder des allein sorgeberechtigten Elternteils beruhen, etwa bei einer einvernehmlichen Betreuung des Kindes durch die Großeltern.[110] Wird das Kind vollumfänglich von den Großeltern betreut, so kann sich kein Elternteil auf die der Barunterhaltspflicht gleichwertige Betreuung berufen, sodass in diesem Fall beide Elternteile gegenüber dem Kind barunterhaltspflichtig sind.[111] Etwas anderes gilt nur dann, wenn sich der sorgeberechtigte Elternteil organisierend und überwachend um die Betreuung durch Dritte kümmert und Umgangskontakte zu dem Kind aufrechterhält.[112] Verbleibt bei keinem der Elternteile ein nennenswerter Rest an Betreuungsleistung gegenüber dem Kind, kommt weder die Vertretungsregelung nach § 1629 Abs. 2 S. 2[113]

---

109 *Fritsche*, in: NK-BGB FamR, § 1793 Rn. 5; *Spickhoff*, in: MüKoBGB, § 1793 Rn. 23.

110 OLG Hamm Urt. v. 06.09.1989 – 5 UF 94/89, FamRZ 1990, 307; *Müting*, in: Weinreich/Klein, § 1606 Rn. 35.

111 OLG Hamm Urt. v. 06.09.1989 – 5 UF 94/89, FamRZ 1990, 307; *Graba/Maier*, in: Johannsen/Henrich, § 1606 Rn. 8.

112 OLG Bamberg Beschl. v. 12.12.1984 – 2 UF 250/84, FamRZ 1985, 632 (633); *Huber*, in: MüKoBGB, § 1629 Rn. 77; *Kaiser*, in: NK-BGB FamR, § 1629 Rn. 43; *Peschel-Gutzeit*, in: § 1629 Rn. 334.

113 OLG Stuttgart Beschl. v. 26.04.2005 – 16 UF 65/05, NJW-RR 2005, 1382 (1383); OLG Dresden Beschl. v. 12.03.2010 – 24 UF 157/10, NJW-RR 2010, 1588; *Götz*, in: Palandt, § 1629 Rn. 23, 25; *Peschel-Gutzeit*, in: Staudinger, § 1629 Rn. 334.

noch die Befreiung der Barunterhaltsverpflichtung nach § 1606 Abs. 3 S. 2 zur Anwendung.[114] Vielmehr sind dann beide Elternteile barunterhaltspflichtig und haften diesbezüglich als Teilschuldner gemäß § 1606 Abs. 3 S. 1.[115] Die Haftungsquote bestimmt sich nach der individuellen Leistungsfähigkeit der Eltern.[116] Die Höhe der anteiligen Barunterhaltsverpflichtung des einen Elternteils kann daher nur bei Kenntnis der Leistungsfähigkeit des anderen Elternteils ermittelt werden.[117] Es kommt mithin zu einer potentiellen Interessenkollision des sorgeberechtigten Elternteils mit dem Interesse des Kindes, was zur Folge hat, dass bei der Geltendmachung von Kindesunterhalt bei einer ausschließlichen Betreuung durch Dritte eine Ergänzungspflegschaft gemäß § 1629 Abs. 2 S. 1, 3 iVm §§ 1795 Abs. 2, 1796, 1909 Abs. 1 anzuordnen ist.[118] Macht das Kind seinen vollen Unterhaltsanspruch gegen beide Elternteile geltend, ist der Interessenwiderspruch zu dem allein sorgeberechtigten Elternteil offensichtlich, da der anteilig unterhaltsverpflichtete Elternteil nicht den Unterhaltsberechtigten vertreten kann. Selbst wenn das Kind nur den anteiligen Unterhaltsanspruch gegen den Nichtsorgeberechtigten geltend macht, kommt es zu einer Interessenskollision mit dem sorgeberechtigten Elternteil, da das Kind für die zur Berechnung des Kindesunterhalts notwendigen wirtschaftlichen Verhältnisse beider Elternteile beweispflichtig ist und insofern die Haftungsquote des sorgeberechtigten Elternteils ermitteln und gegebenenfalls gemäß § 1605 Abs. 1 S. 1, 2 Auskunft über die Einkünfte und das Vermögen verlangen muss.[119] Daher wird es bei einer ausschließlichen Fremdbetreuung durch Dritte und der Geltendmachung des Kindesunterhalts nach § 1606 Abs. 3 S. 1 regelmäßig zu einer Interessenskollision kommen, sodass es der Anordnung einer Ergänzungspflegschaft bedarf und der allein sorgeberechtigte Elternteil den Kindesunterhalt nicht im eigenen Namen geltend machen kann.

---

114 OLG Hamm Urt. v. 06.09.1989 – 5 UF 94/89, FamRZ 1990, 307; *Graba/Maier*, in: Johannsen/Henrich, § 1606 Rn. 8.

115 *Born*, in: MüKoBGB, § 1606 Rn. 32; *Brudermüller*, in: Palandt, § 1606 Rn. 13.

116 *Brudermüller*, in: Palandt, § 1606 Rn. 13; *Saathoff/Reuter*, in: NK-BGB FamR, § 1606 Rn. 10.

117 BGH Urt. v. 09.12.1987 – IV ZR 5/87, NJW 1988, 1906 (1906 f.).

118 OLG Stuttgart Beschl. v. 26.04.2005 – 16 UF 65/05, NJW-RR 2005, 1382 (1383); OLG Dresden Beschl. v. 12.03.2010 – 24 UF 157/10, NJW-RR 2010, 1588; *Götz*, in: Palandt, § 1629 Rn. 23, 25; *Peschel-Gutzeit*, in: Staudinger, § 1629 Rn. 334.

119 BGH Urt. v. 09.12.1987 – IV ZR 5/87, NJW 1988, 1906 (1906 f.); *Brudermüller*, in: Palandt, § 1606 Rn. 20; *Graba/Maier*, in: Johannsen/Henrich, § 1606 Rn. 13.

5. *Ergebnis zum Erfordernis der Inobhutnahme neben der Sorgeberechtigung*

Die gesetzliche Verfahrensstandschaft nach § 1629 Abs. 3 S. 1 setzt entgegen der teilweise vertretenen Auffassung[120] nicht lediglich die Sorgeberechtigung des antragstellenden Elternteils voraus, sondern erfordert kumulativ, dass sich das Kind in der Obhut dieses Elternteils befindet. Die alleinige Vertretungsmacht eines Elternteils aus § 1629 Abs. 1 S. 1, 3 ist maßgebend und ausreichend für die Verfahrensfähigkeit des Kindes. Zur Verfahrensführungsbefugnis, die durch § 1629 Abs. 3 S. 1 geregelt wird, bedarf es neben der aus der Sorgeberechtigung resultierenden Vertretungsmacht weiterhin noch der Inobhutnahme des Kindes. Da die gesetzliche Verfahrensstandschaft allein durch einen Sorgerechtsentzug des Verfahrensstandschafters[121] oder durch einen Obhutswechsel[122] des Kindes zum anderen Elternteil beendet wird, kann diese auch nur entstehen, wenn beide Voraussetzungen kumulativ vorliegen.

V. Rechtsfolge des § 1629 Abs. 3 S. 1

Liegen die genannten Voraussetzungen allesamt vor, so kann der Kindesunterhalt nur durch den Verfahrensstandschafter im eigenen Namen geltend gemacht werden.[123] Die gesetzliche Verfahrensstandschaft ist zwingend, sodass der Kindesunterhalt bei Vorliegen aller Voraussetzungen nicht gemäß § 1629 Abs. 2 S. 2 im Namen des Kindes geltend gemacht werden kann.[124] Beteiligte des Verfahrens sind ausschließlich die Elternteile und nicht das Kind.[125] Wird trotz Vorliegens der Voraussetzungen der gesetzlichen Verfahrensstandschaft im Namen des Kindes ein Antrag auf Kindesunterhalt gestellt, so ist dieser durch das Gericht als

---

120 OLG Koblenz Urt. v. 19.09.2001 – 9 UF 164/01, FamRZ 2002, 562; *Jaeger*, in: Johannsen/Henrich, § 1629 Rn. 9; *Kaiser*, in: NK-BGB FamR, § 1629 Rn. 50; *Peschel-Gutzeit*, in: Staudinger, § 1629 Rn. 348 f.

121 BGH Urt. v. 15.11.1989 – IV ZR 3/89, FamRZ 1990, 283 (284); OLG Nürnberg Beschl. v. 30.05.2001 – 10 WF 1851/01, FamRZ 2002, 407; *Jaeger*, in: Johannsen/Henrich, § 1629 Rn. 11; *Kaiser*, in: NK-BGB FamR, § 1629 Rn. 56; *Veit*, in: Bamberger/Roth, § 1629 Rn. 51.

122 OLG Köln Beschl. v. 30.07.2008 – 4 WF 88/08, FamRZ 2009, 619; *Jaeger*, in: Johannsen/Henrich, § 1629 Rn. 11; *Kaiser*, in: NK-BGB FamR, § 1629 Rn. 56; *Peschel-Gutzeit*, in: Staudinger, § 1629 Rn. 359, 364; *Veit*, in: Bamberger/Roth, § 1629 Rn. 51.

123 *Huber*, in: MüKoBGB, § 1629 Rn. 94; *Jaeger*, in: Johannsen/Henrich, § 1629 Rn. 10; *Peschel-Gutzeit*, in: Staudinger, § 1629 Rn. 369.

124 *Huber*, in: MüKoBGB, § 1629 Rn. 94; *Kaiser*, in: NK-BGB FamR, § 1629 Rn. 51.

125 *Jaeger*, in: Johannsen/Henrich, § 1629 Rn. 10; *Kaiser*, in: NK-BGB FamR, § 1629 Rn. 49; *Stockmann*, in: Grandel/Stockmann, 186 Rn. 2 f.

unzulässig abzuweisen.[126] Ebenso wie die Vertretungsregelung in § 1629 Abs. 2 S. 2 ist auch die gesetzliche Verfahrensstandschaft nach § 1629 Abs. 3 S. 1 über den Wortlaut der Norm hinaus auf Passivverfahren anwendbar, sodass Abänderungsanträge des Unterhaltsschuldners ebenfalls ausschließlich gegen den gesetzlichen Verfahrensstandschafter zulässig sind.[127]

Die Regelung in § 1629 Abs. 3 S. 2 stellt klar, dass eine von dem als gesetzlicher Verfahrensstandschafter auftretenden Elternteil erwirkte gerichtliche Entscheidung oder ein gerichtlicher Vergleich für und gegen das Kind wirkt. Dies bedeutet, dass das unterhaltsberechtigte Kind diese gerichtliche Entscheidung oder den gerichtlichen Vergleich auch nach Eintritt der Volljährigkeit gegen sich gelten lassen muss, sodass es als Volljähriger keinen Erstantrag auf Kindesunterhalt stellen kann, sondern auf die Antragstellung auf Abänderung gerichtlicher Entscheidungen nach § 238 FamFG oder auf Abänderung von Vergleichen nach § 239 FamFG zu verweisen ist.[128] Die Wirkung zu Gunsten und zu Lasten des Kindes erstreckt sich jedoch lediglich auf gerichtliche Entscheidungen und Vergleiche.[129] Die Wirkung eines außergerichtlichen Vergleichs des Kindes bestimmt sich nach den allgemeinen zivilrechtlichen Regelungen, etwa bei Vertretung des Kindes gemäß § 1629 Abs. 2 S. 2 oder bei einem Vertrag zu Gunsten des Kindes gemäß § 328 Abs. 1.[130]

B) Sinn und Zweck des § 1629 Abs. 3 S. 1

Hinsichtlich des Sinn und Zwecks der Regelung in § 1629 Abs. 3 S. 1 werden unterschiedliche Auffassungen vertreten, die zum Verständnis des Regelungsgehalts der Norm im Folgenden dargestellt und sodann auf Ihre Plausibilität überprüft werden sollen.

I. Ausnahme zum Vertretungsausschluss nach § 1629 Abs. 2 S. 1

Nach einer Ansicht besteht der Sinn und Zweck der Regelung des § 1629 Abs. 3 S. 1 darin, den Ausschluss beider Eltern von der Stellvertretung nach § 1629

126 *Peschel-Gutzeit*, in: Staudinger, § 1629 Rn. 369.

127 *Döll*, in: Erman, § 1629 Rn. 20a; *Jaeger*, in: Johannsen/Henrich, § 1629 Rn. 10; *Kaiser*, in: NK-BGB FamR, § 1629 Rn. 52; *Peschel-Gutzeit*, in: Staudinger, § 1629 Rn. 344, 370.

128 *Peschel-Gutzeit*, in: Staudinger, § 1629 Rn. 374.

129 *Van Els*, in: Hoppenz: § 1629 Rn. 23; *Jaeger*, in: Johannsen/Henrich, § 1629 Rn. 10; *Peschel-Gutzeit*, in: Staudinger, § 1629 Rn. 376.

130 *Huber*, in: MüKoBGB, § 1629 Rn. 97; *Kaiser*, in: NK-BGB FamR, § 1629 Rn. 53; *Michalski*, in: Erman, § 1629 Rn. 20g.

Abs. 2 S. 1 iVm § 1795 Abs. 1 Nr. 1, 3 zu verhindern, der ohne die gesetzliche Verfahrensstandschaft eingreifen würde.[131]

Gemäß § 1629 Abs. 2 S. 1 können die Eltern das Kind bei solchen Rechtsgeschäften nicht vertreten, bei denen auch ein Vormund den Mündel gemäß § 1795 nicht vertreten kann.[132] Die Vertretung des Vormunds ist in bestimmen Fällen gemäß § 1795 ausgeschlossen, um den Mündel vor potentiellen Interessenkollisionen zu schützen.[133] Zur Gewährleistung eines umfassenden Schutzes des Mündels vor möglichen Interessenkollisionen ist eine konkrete Gefährdungslage des Kindesinteresses nicht erforderlich, sondern lediglich das Vorliegen einer der in § 1795 genannten Fallkonstellationen.[134] Nach § 1629 Abs. 2 S. 1 iVm § 1795 Abs. 1 Nr. 1 Var. 1, 3 sind beide Elternteile sowohl bei einem Rechtsgeschäft als auch bei einem Rechtsstreit zwischen einem Elternteil und dem Kind von der Vertretung des Kindes ausgeschlossen.

Nach dieser Ansicht würde der Vertretungsausschluss nach § 1629 Abs. 2 S. 1 iVm § 1795 Abs. 1 Nr. 1 Var. 1, 3 ebenfalls in einem Kindesunterhaltsverfahren eingreifen, sodass ohne die Regelung in § 1629 Abs. 3 S. 1 ein Ergänzungspfleger zur Geltendmachung des Kindesunterhalts zu bestellen wäre.[135]

II. Schutz des Kindes vor Streitigkeiten der Eltern

Nach teilweise vertretener Auffassung in Rechtsprechung[136] und Literatur[137] besteht der Sinn und Zweck der gesetzlichen Verfahrensstandschaft hingegen

---

131 *Kaiser*, in: NK-BGB FamR, § 1629 Rn. 50.

132 *Döll*, in: Erman, § 1629 Rn. 11; *Peschel-Gutzeit*, in: Staudinger, § 1629 Rn. 186.

133 *Fritsche*, in: NK-BGB FamR, § 1795 Rn. 1; *Kemper*, in: Schulz/Hauß, § 1795 Rn. 1; *Spickhoff*, in: MüKoBGB, § 1795 Rn. 1; *Völker/Clausius*, Sorge- und Umgangsrecht, § 1 Rn. 134.

134 *Fritsche*, in: NK-BGB FamR, § 1795 Rn. 1; *Völker/Clausius*, Sorge- und Umgangsrecht, § 1 Rn. 134.

135 *Kaiser*, in: NK-BGB FamR, § 1629 Rn. 50.

136 BGH Urt. v. 23.02.1983 – IVb ZR 359/81, FamRZ 1983, 474 (475); BGH Beschl. v. 11.05.2005 – XII ZB 242/03, FamRZ 2005, 1164 (1166); BGH Beschl. v. 19.06.2013 – XII ZB 39/11, NJW 2013, 2595 (2596); BGH Beschl. v. 12.03.2014 – XII ZB 234/13, FamRZ 2014, 917 (918); OLG Karlsruhe, Beschl. v. 16.07.1987 – 2 WF 73/87, FamRZ 1987, 1062; OLG Köln Beschl. v. 27.12.2000 – 27 WF 231/00, FamRZ 2001, 1535; OLG Karlsruhe Urt. v. 08.01.2001 – 5 WF 168/00, FamRZ 2001, 1080; OLG Celle Beschl. v. 10.04.2012 – 10 UF 65/12, FamRZ 2013, 53 (54).

137 *Jaeger*, in: Johannsen/Henrich, § 1629 Rn. 9; *Kemper*, in: NK-Hk-BGB, § 1629 Rn. 11; *Peschel-Gutzeit*, in: Staudinger, § 1629 Rn. 344; *Schellhammer*, Familienrecht nach Anspruchsgrundlagen, Rn. 1458; *Schmitz*, in: Wendl/Dose, § 10 Rn. 47; *Völker/Clausius*, Sorge- und Umgangsrecht, § 1 Rn. 146.

darin, das Kind aus den Streitigkeiten zwischen den Eltern herauszuhalten. Die Konfliktlage der Eltern in der Trennungs- und Scheidungsphase gebiete einen Schutz der Kinder vor diesen elterlichen Auseinandersetzungen, der durch die gesetzliche Verfahrensstandschaft erreicht werde.[138] Diese Ansicht stützt sich teilweise[139] auf die Gesetzesbegründung des Ersten Ehe- und Familienrechtsreformgesetzes (1. EheRG),[140] mit dem die gesetzliche Verfahrensstandschaft nach § 1629 Abs. 3 S. 1 eingeführt und worin ausgeführt wurde, dass der Gesetzesentwurf davon ausgehe, „dass die Prozessstandschaft[141] der Weg ist, auf dem sich das angestrebte Ziel, das Kind aus dem Ehescheidungsverfahren herauszuhalten, am einfachsten erreichen lässt." [142]

III. Verhinderung einer Beteiligtenstellung des Kindes

Eine weitere Ansicht sieht den Sinn und Zweck der gesetzlichen Verfahrensstandschaft darin, dass eine Beteiligtenstellung des ehelichen Kindes verhindert und das Kind somit nicht in das Ehesachenverfahren einbezogen werden soll.[143] Diese Ansicht stützt sich ebenfalls auf die Begründung des Gesetzgebers zum 1. EheRG,[144] die angibt, dass die gesetzliche Verfahrensstandschaft ausschließe, dass „das Kind in einer Folgesache förmlich als Partei am Scheidungsverbundverfahren seiner Eltern beteiligt wird."[145]

---

138 *Jaeger*, in: Johannsen/Henrich, § 1629 Rn. 9; *Peschel-Gutzeit*, in: Staudinger, § 1629 Rn. 344.

139 BGH Urt. v. 23.02.1983 – IVb ZR 359/81, FamRZ 1983, 474 (475); BGH Beschl. v. 11.05.2005 – XII ZB 242/03, FamRZ 2005, 1164 (1166); OLG Karlsruhe, Beschl. v. 16.07.1987 – 2 WF 73/87, FamRZ 1987, 1062;

140 BGBl. 1976 I 1432 (1463).

141 Nunmehr seit Inkrafttreten des FamFG am 01.09.2009 (BGBl. 2008 I 2586 [2743]) „gesetzliche Verfahrensstandschaft" aufgrund der Regelungen in §§ 111 Nr. 1, 113 Abs. 1, 5 Nr. 1 FamFG.

142 BT-Drucks. 7/650, S. 176.

143 BGH Urt. v. 30.01.1985 – IVb ZR 70/83, FamRZ 1985, 471 (473); BGH Beschl. v. 11.05.2005 – XII ZB 242/03, FamRZ 2005, 1164 (1166); BGH Beschl. v. 12.03.2014 – XII ZB 234/13, FamRZ 2014, 917 (918); BGH Beschl. v. 29.10.2014 – XII ZB 250/14, FamRZ 2015, 130 (131); *van Els*, in: Hoppenz, § 1629 Rn. 19; *Gernhuber/Coester-Waltjen*, Familienrecht, § 58 Rn. 41; *Rogner*, in: FamRefK, § 1629 Rn. 6; *Schmitz*, in: Wendl/Dose, § 10 Rn. 47; *Wellenhofer*, Familienrecht, § 35 Rn. 37.

144 BGH Urt. v. 30.01.1985 – IVb ZR 70/83, FamRZ 1985, 471 (473); BGH Beschl. v. 12.03.2014 – XII ZB 234/13, FamRZ 2014, 917 (918); *Schmitz*, in: Wendl/Dose, § 10 Rn. 55.

145 BT-Drucks. 7/650, S. 176; BT-Drucks. 13/4899, S. 96.

IV. Geltendmachung des Kindesunterhalts im Verbundverfahren

Eine weitere Ansicht geht davon aus, dass die Verhinderung einer Beteiligtenstellung des ehelichen Kindes in dem Scheidungsverfahren lediglich das Mittel sei, um den Sinn und Zweck der Norm zu erreichen, der darin bestehe, den Kindesunterhalt zusammen mit der Scheidungssache aufgrund der Beteiligtenidentität gerichtlich im Verbund geltend machen zu können.[146] Ohne die Regelung der gesetzlichen Verfahrensstandschaft würde das Kind in einem Verbundverfahren beteiligt werden.[147] Die Kindesunterhaltsfolgesache müsse jedoch nach § 140 Abs. 1 FamFG zwingend abgetrennt werden, wenn außer den Ehegatten eine weitere Person Beteiligter des Verfahrens wird.[148] Das gemeinsame Kind der verheirateten Eltern, welches ohne die gesetzliche Verfahrensstandschaft ebenfalls über § 1629 Abs. 2 S. 2 Beteiligter des Verfahrens wäre, vertreten durch einen Elternteil, stelle eine solche „weitere Person" im Sinne des § 140 Abs. 1 FamFG dar.[149] Durch die Geltendmachung des Kindesunterhalts im Namen des Verfahrensstandschafters werde eine Abtrennung der Kindesunterhaltsfolgesache verhindert und somit die Durchführung eines Verbundverfahrens ermöglicht.[150]

V. Stellungnahme zum Sinn und Zweck des § 1629 Abs. 3 S. 1

Es ist der letztgenannten Ansicht zu folgen, wonach der Sinn und Zweck der gesetzlichen Verfahrensstandschaft darin zu sehen ist, die Geltendmachung des Kindesunterhalts als Folgesache im Verbund mit der Scheidungssache zu ermöglichen.

---

146 teilw. BGH, Beschl. v. 11.05.2005 – XII ZB 242/03, FamRZ 2005, 1165 (1166); *Gießler* FamRZ 1994, 800 (801); *Götz*, in: Palandt, § 1629 Rn. 27; *Stockmann* FamRB 2015, 393 (396); *Stockmann*, in: Finke/Ebert, § 1 Rn. 206; *Stockmann*, in: Grandel/Stockmann, 186 Rn. 4.

147 *Gießler* FamRZ 1994, 800 (801); *Stockmann* FamRB 2015, 393 (396); *Stockmann*, in: Grandel/Stockmann, 186 Rn. 4.

148 *Gießler* FamRZ 1994, 800 (801); *Stockmann* FamRB 2015, 393 (396); *Stockmann*, in: Grandel/Stockmann, 186 Rn. 4.

149 *Borth/Grandel*, in: Musielak-FamFG, § 140 Rn. 3; *Kroiß/Seiler*, Das neue FamFG, § 3 Rn. 213; *Roßmann*, in: Schulte-Bunert/Weinreich, § 140 Rn. 12.

150 teilw. BGH, Beschl. v. 11.05.2005 – XII ZB 242/03, FamRZ 2005, 1165 (1166); *Gießler* FamRZ 1994, 800 (801); *Götz*, in: Palandt, § 1629 Rn. 27; *Stockmann* FamRB 2015, 393 (396); *Stockmann*, in: Finke/Ebert, § 1 Rn. 206; *Stockmann*, in: Grandel/Stockmann, 186 Rn. 4.

1. Stellungnahme zur Ausnahme zum Vertretungsausschluss nach § 1629 Abs. 2 S. 1

Der Ansicht, wonach der Sinn und Zweck der gesetzlichen Verfahrensstandschaft in der Verhinderung eines Vertretungsausschlusses nach § 1629 Abs. 2 S. 1 liegen solle, ist insoweit zuzustimmen, als dass Elternteile grundsätzlich gemäß § 1629 Abs. 2 S. 1 iVm § 1795 Abs. 1 Nr. 1, 3 von der Vertretung des Kindes bei einem Rechtsstreit gegen den jeweils anderen Elternteil ausgeschlossen sind.[151] Jedoch ist dieser Ansicht dahingehend zu widersprechen, dass die gesetzliche Verfahrensstandschaft nach § 1629 Abs. 3 S. 1 eine Verhinderung der Einschlägigkeit dieses Vertretungsausschlusses bezwecken würde. Denn bereits die Vertretungsregelung in § 1629 Abs. 2 S. 2 bildet eine Ausnahme zu dem Vertretungsausschluss in § 1629 Abs. 2 S. 1, indem sie anordnet, dass der Elternteil, der das Kind in seiner Obhut hat, die Unterhaltsansprüche des Kindes gegen den anderen Elternteil geltend machen kann.[152] Wenn daher angenommen wird, dass der Sinn und Zweck der Regelung der gesetzlichen Verfahrensstandschaft in der Verhinderung des Vertretungsausschlusses nach § 1629 Abs. 2 S. 1 iVm § 1795 Abs. 1 Nr. 1, 3 bestehe, so wird hierbei übersehen, dass dieser Sinn und Zweck bereits durch die Ausnahmeregelung in § 1629 Abs. 2 S. 2 erfüllt wird, sodass dieser Ansicht nicht zugestimmt werden kann. Da der gesetzlichen Verfahrensstandschaft in diesem Fall kein eigenständiger Sinn und Zweck zuzuschreiben wäre, ist diese Ansicht abzulehnen.

2. Stellungnahme zum Schutz des Kindes vor Streitigkeiten der Eltern

Ob der Sinn und Zweck der gesetzlichen Verfahrensstandschaft in dem Schutz ehelicher Kinder vor Streitigkeiten der Eltern gesehen werden kann, hängt von der Beantwortung zweier Fragestellungen ab. Zunächst stellt sich die Frage, ob die gesetzliche Verfahrensstandstandschaft überhaupt geeignet ist, dem Kind einen erhöhten Schutz vor Streitigkeiten der Eltern zukommen zu lassen. Hieran schließt sich die Frage an, ob die gesetzliche Verfahrensstandschaft, die lediglich bei ehelichen Kindern Anwendung findet, gegen das verfassungsrechtlich verankerte Gleichstellungsgebot von ehelichen und unehelichen Kindern gemäß Art. 6 Abs. 5 GG verstößt.

---

151 *Döll*, in: Erman, § 1629 Rn. 11; *Peschel-Gutzeit*, in: Staudinger, § 1629 Rn. 186.

152 BT-Drucks. 18/5901, S. 23; *Huber*, in: MüKoBGB, § 1629 Rn. 73; *Peschel-Gutzeit*, in: Staudinger, § 1629 Rn. 340.

a) Erhöhter Schutz durch gesetzliche Verfahrensstandschaft

Fraglich ist, ob einem Kind bei Vorliegen der Voraussetzungen der gesetzlichen Verfahrensstandschaft ein erhöhter Schutz zuteilwird. Sofern Kindern bei Vorliegen der Voraussetzungen der gesetzlichen Verfahrensstandschaft kein erhöhter Schutz im Vergleich zu Kindern, bei denen diese Voraussetzungen nicht vorliegen, zukommt, so kann der Sinn und Zweck auch nicht im Schutz des Kindes vor einer solchen Situation liegen und die Regelung der gesetzlichen Verfahrensstandschaft hierdurch nicht gerechtfertigt werden. Zur Überprüfung eines etwaig erhöhten Schutzes des Kindes vor Streitigkeiten der Eltern ist die gegenwärtige Rechtslage der gerichtlichen Geltendmachung des Kindesunterhaltsanspruchs mit der hypothetischen Rechtslage zu vergleichen, die bestehen würde, wenn § 1629 Abs. 3 S. 1 nicht existieren würde.

aa) Gegenwärtige Rechtslage

Nach § 1629 Abs. 3 S. 1 kann der gesetzliche Verfahrensstandschafter den Kindesunterhalt ausschließlich nur im eigenen Namen gegen den unterhaltsverpflichteten Elternteil geltend machen.[153] Dies hat zur Folge, dass das Kind im Kindesunterhaltsverfahren nicht als Beteiligter auftritt und aus dem Verfahren ausgeschlossen ist.[154]

bb) Hypothetische Rechtslage

Geht man hypothetisch davon aus, dass die Regelung der gesetzlichen Verfahrensstandschaft nach § 1629 Abs. 3 S. 1 nicht existieren würde, so wäre unabhängig des Familienstands der Eltern stets § 1629 Abs. 2 S. 2 anzuwenden mit der Konsequenz, dass der Elternteil, der das Kind in seiner Obhut hat, den Kindesunterhaltsanspruch im Namen des Kindes geltend machen müsste.[155] Das Kind würde dann bei einem gerichtlichen Kindesunterhaltsverfahren im Rubrum als Beteiligter auf Antragsteller- bzw. Antragsgegnerseite auftreten und würde von dem ihn betreuenden Elternteil vertreten werden.[156] In einem solchen Verfahren und einem entsprechenden Gerichtstermin würden daher lediglich die Eltern des Kindes auftreten und verhandeln. Der betreuende Elternteil wäre als

---

153 *Jaeger*, in: Johannsen/Henrich, § 1629 Rn. 11; *Kaiser*, in: NK-BGB FamR, § 1629 Rn. 56; *Veit*, in: Bamberger/Roth, § 1629 Rn. 51.

154 AG Backnang Urt. v. 18.05.1999 – 3 F 37/99, FamRZ 2000, 975 (976); *Peschel-Gutzeit*, in: Staudinger, § 1629 Rn. 344.

155 *Götz*, in: Palandt, § 1629 Rn. 23; *Jaeger*, in: Johannsen/Henrich, § 1629 Rn. 8; *Kaiser*, in: NK-BGB FamR, § 1629 Rn. 44.

156 Siehe 3. Teil A) Die gesetzliche Verfahrensstandschaft gemäß § 1629 Abs. 3 S. 1.

gesetzlicher Vertreter auch alleine für die Beauftragung eines Rechtsanwalts und die Entgegennahme des das Unterhaltsverfahren betreffenden Schriftverkehrs bevollmächtigt.

cc) Zwischenergebnis zum Schutz des Kindes durch die gesetzliche Verfahrensstandschaft

Mithin besteht der einzige Unterschied der aufgezeigten Rechtslagen darin, dass der Name des Kindes durch die gesetzliche Verfahrensstandschaft im Rubrum verschwindet. Auf die faktische Beteiligung des Kindes am Kindesunterhaltsverfahren hat die gesetzliche Verfahrensstandschaft letztlich keine unmittelbare Auswirkung, da dieses durch die Vertretung des betreuenden Elternteils auch ohne eine gesetzliche Verfahrensstandschaft aus dem streitigen Verfahren herausgehalten werden würde. Es kann daher festgehalten werden, dass dem Kind im Kindesunterhaltsverfahren durch die Regelung in § 1629 Abs. 3 S. 1 kein erhöhter Schutz vor Streitigkeiten der Eltern im Vergleich zu der Vertretungsregelung in § 1629 Abs. 2 S. 2 zukommt.

b) Verstoß gegen Art. 6 Abs. 5 GG

Zudem drängt sich bei dem behaupteten Sinn und Zweck des § 1629 Abs. 3 S. 1 in Form des Schutzes des Kindes vor allgemeinen Streitigkeiten der Kindeseltern die Frage auf, warum lediglich ehelichen Kindern ein solcher Schutz zukommen sollte. Zwar ist bei nicht miteinander verheirateten Eltern eine Ehescheidung entbehrlich, im Übrigen birgt die Trennungsphase – auf die sich die gesetzliche Verfahrensstandschaft unter anderem bezieht – jedoch ein mit verheirateten Eltern vergleichbares Konfliktpotential, sodass es einen Verstoß gegen den Gleichberechtigungsgrundsatz gemäß Art. 6 Abs. 5 GG darstellen könnte, wenn lediglich die ehelichen Kinder nach dem behaupteten Sinn und Zweck vor etwaigen Konfliktsituationen geschützt werden würden. Ist eine Schutzbedürftigkeit ehelicher Kinder nicht geeignet, eine Ungleichbehandlung von ehelichen und unehelichen Kinder zu rechtfertigen, so wäre die Regelung in diesem Fall verfassungswidrig und diese Ansicht abzulehnen.

Die verfassungsrechtliche Regelung des Art. 6 Abs. 5 GG ist eine spezielle Ausprägung des allgemeinen Gleichheitssatzes nach Art. 3 GG zu Gunsten des Kindes von nicht miteinander verheirateten Eltern[157] und stellt insofern einen

157 BVerfG Beschl. v. 07.05.1991 – 1 BvL 32/88, FamRZ 1991, 913 (917); *Hofmann*, in: Schmidt-Bleibtreu/Hofmann/Henneke, Art. 6 Rn. 72; *Lebsanft*, Die gemeinsame elterliche Sorge für Kinder in nichtehelichen Lebensgemeinschaften, S. 158.

bindenden Verfassungsauftrag an den Gesetzgeber dar.[158] Sie verpflichtet den Gesetzgeber, den nichtehelichen Kindern die gleichen Bedingungen für ihre leibliche und seelische Entwicklung und ihre Stellung in der Gesellschaft zu verschaffen wie den ehelichen Kindern.[159] Hierbei muss eine Gleichstellung der unehelichen mit den ehelichen Kindern nicht dergestalt erfolgen, dass alle Differenzierungen aufgehoben werden müssten.[160] Die faktische Lebenssituation aufgrund der abweichenden familiären Umstände kann dazu führen, dass eine schematische Übertragung aller für eheliche Kinder geltenden Vorschriften auf Kinder von nicht miteinander verheirateten Eltern deren Kindeswohl widersprechen würde.[161] Jedoch erfordert jede Differenzierung der Regelungen von ehelichen und nichtehelichen Kindern einen überzeugenden, rechtfertigenden Grund,[162] der lediglich angenommen werden kann, wenn eine Gleichstellung in die ebenso geschützte Rechtsposition von Dritten eingreifen würde oder eine Gleichbehandlung von nichtehelichen Kindern aufgrund der familiären Lebenssituation nicht gerecht wäre.[163]

Bei der gesetzlichen Verfahrensstandschaft wird wesentlich Gleiches, nämlich Kinder von verheirateten und Kinder von nicht miteinander verheirateten

158 BVerfG Beschl. v. 07.05.1991 – 1 BvL 32/88, FamRZ 1991, 913 (917); *von Coelln*, in: Sachs, Art. 6 Rn. 98; *Hofmann*, in: Schmidt-Bleibtreu/Hofmann/Henneke, Art. 6 Rn. 71; *Sodan*, Grundgesetz, Art. 6 Rn. 20.

159 BVerfG Beschl. v. 07.05.1991 – 1 BvL 32/88, FamRZ 1991, 913 (917); BVerfG Beschl. v. 05.11.1991 – 1 BvR 1256/89, NJW 1992, 1747; BVerfG Beschl. v. 28.02.2007 – 1 BvL 9/04, FamRZ 2007, 965 (968); *Brosius-Gersdorf*, in: Dreier, Art. 6 Rn. 230; *Hofmann*, in: Schmidt-Bleibtreu/Hofmann/Henneke, Art. 6 Rn. 71; *Ipsen*, Staatsrecht II, § 7 Rn. 348; *Jarass*, in: Jarass/Pieroth, Art. 6 Rn. 83; *Uhle*, in: Epping/Hillgruber, Art. 6 Rn. 77.

160 *Von Coelln*, in: Sachs, Art. 6 Rn. 99; *Robbers*, in: v. Mangoldt/Klein/Starck, Art. 6 Rn. 314.

161 BVerfG Beschl. v. 05.11.1991 – 1 BvR 1256/89, FamRZ 1992, 157 (159); *Jarass*, in: Jarass/Pieroth, Art. 6 Rn. 85; *Lebsanft*, Die gemeinsame elterliche Sorge für Kinder in nichtehelichen Lebensgemeinschaften, S. 160; *Robbers*, in: v. Mangoldt/Klein/Stark, Art. 6 Rn. 314; *Uhle*, in: Epping/Hillgruber, Art. 6 Rn. 77.

162 BVerfG Beschl. v. 05.11.1991 – 1 BvR 1256/89, FamRZ 1992, 157 (159); *von Coelln*, in: Sachs, Art. 6 Rn. 99; *Hofmann*, in: Schmidt-Bleibtreu/Hofmann/Henneke, Art. 6 Rn. 71; *Uhle*, in: Epping/Hillgruber, Art. 6 Rn. 77.

163 BVerfG Beschl. v. 07.05.1991 – 1 BvL 32/88, FamRZ 1991, 913 (917); BVerfG Beschl. v. 05.11.1991 – 1 BvR 1256/89, FamRZ 1992, 157 (159); *Lebsanft*, Die gemeinsame elterliche Sorge für Kinder in nichtehelichen Lebensgemeinschaften, S. 180; *Robbers*, in: v. Mangoldt/Klein/Starck, Art. 6 Rn. 314.

Eltern, ungleich behandelt, da § 1629 Abs. 3 S. 1 ausschließlich bei Kindern von miteinander verheirateten Eltern Anwendung findet. Für diese Ungleichbehandlung bedarf es eines überzeugenden Rechtfertigungsgrundes.[164] Die aufgezeigte Ansicht, dass § 1629 Abs. 3 S. 1 dem Schutz des Kindes vor Streitigkeiten der Eltern dienen solle, kann keine Rechtfertigung für die Ungleichbehandlung darstellen. Es ist nicht ersichtlich, warum lediglich Kinder verheirateter Eltern in den Genuss des behaupteten Schutzzwecks kommen sollten. Aufgrund einer Gleichstellung durch Ausweitung des Anwendungsbereichs der gesetzlichen Verfahrensstandschaft auf Kinder von nicht miteinander verheirateter Eltern, wird weder in die ebenso geschützte Rechtsposition von Dritten eingegriffen noch wäre eine Gleichstellung, unter Bezugnahme auf den behaupteten Sinn und Zweck, aufgrund der besonderen sozialen Situation der Kinder von nicht miteinander verheirateten Eltern ungerecht. Denn abgesehen von der Ehescheidung und der damit gegebenenfalls durchzuführenden Vermögensauseinandersetzung in Form des Zugewinnausgleichs sowie der Durchführung des Versorgungsausgleichs, besteht bei nicht miteinander verheirateten Eltern ein mit verheirateten Eltern vergleichbares Konfliktpotential. Auch wenn etwa Regelungen wie §§ 1361a, b, 1568a, b nach ihrem Wortlaut nur auf Ehegatten und nach allgemeiner Ansicht auch nicht analog auf die nichteheliche Lebensgemeinschaft Anwendung finden,[165] so ändert dies nichts an einer möglichen streitigen Auseinandersetzung bezüglich der Zuteilung der gemeinsamen Wohnung und des Hausrats der nicht miteinander verheirateten Eltern. Auch bezüglich der Unterhaltspflicht der Eltern untereinander können gemäß § 1615l Abs. 2 ebenso Streitigkeiten entstehen wie bei dem nachehelichen Ehegattenunterhalt nach §§ 1569 ff. Insbesondere ist nicht ersichtlich, warum in Kindschaftssachen zwischen verheirateten Eltern ein höheres Konfliktpotential bestehen soll als bei unverheirateten Eltern, die aufgrund der Regelungen in § 1626a Abs. 1 Nr. 1, 3 die gemeinsame elterliche Sorge ausüben.

Wäre der Sinn und Zweck der gesetzlichen Verfahrensstandschaft darin zu sehen, das eheliche Kind allgemein aus Streitigkeiten zwischen den Eltern herauszuhalten, so würde dies eine nicht gerechtfertigte Ungleichbehandlung der

---

164 BVerfG Beschl. v. 05.11.1991 – 1 BvR 1256/89, FamRZ 1992, 157 (159); *von Coelln*, in: Sachs, Art. 6 Rn. 99; *Hofmann*, in: Schmidt-Bleibtreu/Hofmann/Henneke, Art. 6 Rn. 71.

165 *Boden/Cremer/Federici*, in: NK-BGB FamR, § 1361 a Rn. 2, § 1361b Rn. 1; *Brudermüller*, in: Palandt, § 1361a Rn. 1, Einf. v. § 1568a Rn. 3; *Götz*, in: Johannsen/Henrich, § 1361 a Rn. 4, § 1361b Rn. 3, § 1568a Rn. 3.

Kinder von nicht miteinander verheirateten Eltern darstellen und mithin gegen Art. 6 Abs. 5 GG verstoßen.

c) Zusammenfassung der Stellungnahme zum Schutz des Kindes vor Streitigkeiten der Eltern

Es ist demnach festzuhalten, dass Kindern durch die gesetzliche Verfahrensstandschaft kein erhöhter Schutz im Vergleich zu Kindern zukommt, die durch einen Elternteil im Unterhaltsverfahren gemäß § 1629 Abs. 2 S. gesetzlich vertreten werden. Ungeachtet dessen wäre in dem Schutz der ehelichen Kinder vor Streitigkeiten ihrer Eltern kein hinreichender Rechtfertigungsgrund für eine Ungleichbehandlung von ehelichen und unehelichen Kindern zu sehen, sodass die Norm gegen Art. 6 Abs. 5 GG verstoßen würde. Aus diesen Gründen ist diese Ansicht abzulehnen.

3. Stellungnahme zur Verhinderung einer Beteiligtenstellung des Kindes

Die Ansicht, die den Sinn und Zweck der gesetzlichen Verfahrensstandschaft in der Verhinderung einer Beteiligtenstellung des Kindes sieht, stützt ihre Auffassung auf die Gesetzesbegründung.[166] Hierin stellt der Gesetzgeber klar, dass die gesetzliche Verfahrensstandschaft eine Beteiligtenstellung des Kindes im Scheidungsverfahren verhindert.[167] Dieser Feststellung in der Gesetzesbegründung kann nicht widersprochen werden. Es fragt sich jedoch, ob der Gesetzgeber hierbei den Sinn und Zweck der Norm wiedergeben wollte oder ob er lediglich die Wirkung der Norm feststellte. Es ist unstreitig, dass § 1629 Abs. 3 S. 1 eine gesetzliche Verfahrensstandschaft anordnet. Dass der gesetzliche Verfahrensstandschafter den Kindesunterhalt nur im eigenen Namen geltend machen kann und somit eine Beteiligtenstellung des Kindes in dem Unterhaltsverfahren ausgeschlossen wird, ist die Rechtsfolge des § 1629 Abs. 3 S. 1.[168] Zur Erforschung des Sinn und Zwecks einer Norm ist zu erfragen und zu erörtern, warum der Gesetzgeber bei einem einschlägigen Sachverhalt eine bestimmte Rechtsfolge herbeiführen möchte.[169]

---

166 BGH Urt. v. 30.01.1985 – IVb ZR 70/83, FamRZ 1985, 471 (473); BGH Beschl. v. 12.03.2014 – XII ZB 234/13, FamRZ 2014, 917 (918); *Schmitz*, in: Wendl/Dose, § 10 Rn. 55.

167 BT-Drucks. 7/650, S. 176; BT-Drucks. 13/4899, S. 96.

168 Siehe 3. Teil A) V. Rechtsfolge des § 1629 Abs. 3 S. 1.

169 *Reimer*, Juristische Methodenlehre, Rn. 366; *Rüthers/Fischer/Birk*, Rechtstheorie, Rn. 719 f.

Ein Vergleich mit den übrigen gesetzlichen Verfahrens- bzw. Prozessstandschaftern zeigt, dass diese keinen Selbstzweck verfolgen. Vielmehr dient die Rechtsfolge jeder gesetzlichen Verfahrens- bzw. Prozessstandschaft in Form des Verfahrensausschlusses der sachbefugten Person der Erreichung eines bestimmten Zwecks. So wird etwa durch die gesetzliche Prozessstandschaft des Insolvenzverwalters das Ziel des Insolvenzverfahrens gesichert, welches in einer gleichmäßigen Befriedigung der Gläubiger liegt.[170] Durch die gesetzliche Prozessstandschaft des Testamentsvollstreckers wird der Erblasserwille durch Geltendmachung gerichtlicher Ansprüche zu Gunsten der Erbmasse über den Tod des Erblassers hinaus gewahrt.[171] Die gesetzliche Prozessstandschaft nach § 265 Abs. 2 S. 1 ZPO verfolgt einen prozessökonomischen Zweck, indem hierdurch sichergestellt wird, dass ein laufender Prozess durch Veräußerung oder Abtretung des streitbefangenen Gegenstands bzw. Rechtes durch eine Partei nicht beeinträchtigt wird, sondern durch den gesetzlichen Prozessstandschafter fortgeführt werden kann.[172] Durch die gesetzliche Verfahrensstandschaft nach § 1368 wird das Interesse des nicht einwilligenden Ehegatten an der Erhaltung der wirtschaftlichen Existenzgrundlage[173] und der Gegenstände des häuslichen Zusammenlebens[174] sowie an der Sicherung eines etwaigen Zugewinnausgleichsanspruchs geschützt.[175] Die gesetzlichen Verfahrens- bzw. Prozessstandschaften bezwecken mithin nicht den Ausschluss der sachbefugten Person von der Verfahrens- bzw. Prozessführung, sondern ordnen diese Rechtsfolge an, um einen weitergehenden Zweck zu erfüllen.

Die Frage, warum eine Beteiligtenstellung des Kindes im Unterhaltsverfahren durch § 1629 Abs. 3 S. 1 verhindert werden und eine gesetzliche Vertretung bei Kindern verheirateter Eltern im Gegensatz zu Kindern von nicht miteinander

---

170 *Kroth*, in: Braun, § 80 Rn. 1; *Kuleisa*, in: HambKomm, § 80 Rn. 1.

171 *Mayer*, in: Mayer/Bonefeld, § 2 Rn. 2, § 11 Rn. 2; *Schmidt*, in: Weidlich, Vor § 2197, Rn. 1; *Weidlich*, in: Palandt, Einf. v. § 2197 Rn. 1.

172 *Geisler*, in: Prütting/Gehrlein. § 265 Rn. 1; *Greger*, in: Zöller, § 265 Rn. 1; *Reichold*, in: Thomas/Putzo, § 265 Rn. 1.

173 *Brudermüller*, in: Palandt, § 1365 Rn. 1, § 1368 Rn. 1; *Budzikiewicz*, in: Erman, § 1365 Rn. 1, § 1368 Rn. 1; *Gruber*, in: NK-BGB FamR, § 1365 Rn. 1, § 1368 Rn. 1; *Mayer*, in: Bamberger/Roth, § 1365 Rn. 1, § 1368 Rn. 1.

174 *Brudermüller*, in: Palandt, § 1368 Rn. 1, § 1369 Rn. 1; *Budzikiewicz*, in: Erman, § 1368 Rn. 1, § 1369 Rn. 1; *Gruber*, in: NK-BGB FamR, § 1368 Rn. 1, § 1369 Rn. 1; *Mayer*, in: Bamberger/Roth, § 1368 Rn. 1, § 1369 Rn. 1.

175 *Brudermüller*, in: Palandt, § 1365 Rn. 1, § 1368 Rn. 1, § 1369 Rn. 1; *Budzikiewicz*, in: Erman, § 1365 Rn. 1, § 1368 Rn. 1, § 1369 Rn. 1; *Gruber*, in: NK-BGB FamR, § 1365 Rn. 1, § 1368 Rn. 1, § 1369 Rn. 1; *Mayer*, in: Bamberger/Roth, § 1365 Rn. 1, § 1368 Rn. 1, § 1369 Rn. 1.

verheirateten Eltern nicht ausreichen soll, lässt die vertretene Ansicht unbeantwortet[176] oder verweist zusätzlich auf den Schutz des Kindes vor Streitigkeiten der Eltern.[177] Dass Letzteres nicht dem Sinn und Zweck der Norm entsprechen kann, wurde bereits dargelegt.[178]

Es bleibt demnach festzuhalten, dass diese Ansicht lediglich die Rechtsfolge der Norm aufzeigt und eine einschlägige Begründung der Sinnhaftigkeit vermissen lässt, sodass dieser Auffassung ebenfalls nicht gefolgt werden kann.

4. *Stellungnahme zur Geltendmachung des Kindesunterhalts im Verbundverfahren*

Die zuletzt aufgezeigte Ansicht begründet, warum eine Beteiligtenstellung des Kindes in dem Kindesunterhaltsverfahren verhindert werden soll, indem sie anführt, dass der Kindesunterhalt nur bei einem Verfahrensausschluss des Kindes in einem Verbundverfahren geltend gemacht werden kann.[179]

Die gesetzliche Verfahrensstandschaft ist unter anderem für den Zeitraum anwendbar, in dem eine Ehesache bzw. Lebenspartnerschaftssache bei einem Familiengericht anhängig ist. Handelt es sich dabei um eine Scheidungssache im Sinne des § 121 Nr. 1 FamFG oder um eine Lebenspartnerschaftssache gemäß § 269 Abs. 1 Nr. 1 FamFG, ist es möglich, die Scheidungssache zusammen mit Folgesachen anhängig zu machen, sodass hierüber zusammen verhandelt und entschieden wird, § 137 Abs. 1 FamFG. Das Verbundverfahren dient insbesondere dem Schutz des wirtschaftlich schwächeren Ehegatten und enthält eine Warnfunktion vor übereilten Scheidungsentschlüssen, indem durch die Zusammenfassung über alle mit der Scheidung zusammenhängenden Regelungsbereiche entschieden und die Auswirkungen aufgezeigt werden.[180] Des Weiteren dient

---

176 BGH Urt. v. 30.01.1985 – IVb ZR 70/83, FamRZ 1985, 471 (473); *van Els*, in: Hoppenz, § 1629 Rn. 19; *Gernhuber/Coester-Waltjen*, Familienrecht, § 58 Rn. 41.

177 BGH Beschl. v. 11.05.2005 – XII ZB 242/03, FamRZ 2005, 1164 (1166); BGH Beschl. v. 12.03.2014 – XII ZB 234/13, FamRZ 2014, 917 (918); BGH Beschl. v. 29.10.2014 – XII ZB 250/14, FamRZ 2015, 130 (131); *Rogner*, in: FamRefK, § 1629 Rn. 6; *Schmitz*, in: Wendl/Dose, § 10 Rn. 47.

178 Siehe 3. Teil B) V. 2. Stellungnahme zum Schutz des Kindes vor Streitigkeiten der Eltern.

179 teilw. BGH, Beschl. v. 11.05.2005 – XII ZB 242/03, FamRZ 2005, 1165 (1166); *Gießler* FamRZ 1994, 800 (801); *Götz*, in: Palandt, § 1629 Rn. 27; *Helms*, in: Prütting/Helm, § 137 Rn. 33; *Stockmann* FamRB 2015, 393 (396); *Stockmann*, in: Finke/Ebert, § 1 Rn. 206; *Stockmann*, in: Grandel/Stockmann, 186 Rn. 4.

180 BT-Drucks. 16/6308, S. 509; *Borth/Grandel*, in: Musielak-FamFG, § 137 Rn. 1; *Kemper*, in: Kemper/Schreiber, § 137 Rn. 2.

das Verbundverfahren der Verfahrensökonomie, da in einem oder mehreren Terminen über die Scheidungs- und Folgesache zusammen verhandelt und entschieden werden kann.[181] Der Kindesunterhalt, der nach § 1629 Abs. 3 S. 1 im Namen des Verfahrensstandschafters geltend gemacht werden kann, ist eine Folgesache im Sinne des § 137 Abs. 2 S. 1 Nr. 2 Alt. 1 FamFG. Daher kann der Kindesunterhalt bis spätestens zwei Wochen vor der mündlichen Verhandlung in der Scheidungssache zusammen mit dieser anhängig gemacht werden (§ 137 Abs. 2 S. 1 HS. 2), woraus sich auch die Rechtfertigung für die Ungleichbehandlung zu den Kindern von nicht miteinander verheirateten Eltern herleiten lässt, da es bei nicht miteinander verheirateten Eltern nicht zu einer Anhängigkeit einer Scheidungssache und demzufolge nicht zu einem Verbundverfahren kommen kann. Die Kindesunterhaltsfolgesache muss jedoch nach § 140 Abs. 1 FamFG zwingend abgetrennt werden, wenn außer den Ehegatten eine weitere Person Beteiligter des Verfahrens wird. Das gemeinsame Kind der verheirateten Eltern, welches ohne die gesetzliche Verfahrensstandschaft ebenfalls über § 1629 Abs. 2 S. 2 Beteiligter des Verfahrens wäre, vertreten durch einen Elternteil, stellt eine solche „weitere Person" im Sinne des § 140 Abs. 1 FamFG dar.[182] Eine Geltendmachung des Kindesunterhalts im Verbundverfahren wäre daher ohne die gesetzliche Verfahrensstandschaft nicht möglich, sodass hierin der Sinn und Zweck zu sehen ist.

Diese Ansicht kann ebenfalls auf die Begründung des 1. EheRG gestützt werden, in der ausgeführt wird, dass durch die gesetzliche Verfahrensstandschaft ausgeschlossen werden solle, „daß das Kind in einer Folgesache förmlich als Partei am Scheidungsverfahren seiner Eltern beteiligt wird."[183] Der Gesetzgeber nimmt ausdrücklich Bezug auf die Verhinderung einer Beteiligtenstellung des Kindes in einer Folgesache und somit auf das Verbundverfahren. Zudem verweist der Gesetzgeber in seiner Begründung zu den ebenfalls mit dem 1. EheRG eingeführten Regelungen zum Verbundverfahren ausdrücklich auf die gesetzliche Verfahrensstandschaft nach § 1629 Abs. 3 S. 1.[184]

Fraglich ist, warum die gesetzliche Verfahrensstandschaft nach § 1629 Abs. 3 S. 1 auch für den Zeitraum des Getrenntlebens der Ehegatten Anwendung findet, obwohl zu diesem Zeitpunkt noch keine Scheidungssache bzw. Lebenspartnerschaftssache gemäß § 269 Abs. 1 Nr. 1 FamFG anhängig gemacht und

---

181 *Kemper*, in: Kemper/Schreiber, § 137 Rn. 2; *Roßmann*, in: Schulte-Bunert/Weinreich, § 137 Rn. 1.

182 *Borth/Grandel*, in: Musielak-FamFG, § 140 Rn. 3; *Kroiß/Seiler*, Das neue FamFG, § 3 Rn. 213; *Roßmann*, in: Schulte-Bunert/Weinreich, § 140 Rn. 12.

183 BT-Drucks. 7/650, S. 176.

184 BT-Drucks. 7/650, S. 208 f.

demzufolge der Sinn und Zweck in Form der Geltendmachung des Kindesunterhalts im Verbundverfahren nicht erreicht werden kann. Eine Ansicht begründet diesen Umstand damit, dass der Zeitraum des Getrenntlebens üblicherweise in die Anhängigkeit der Scheidung übergeht und somit eine Gleichbehandlung dieser Zeiträume erfolgen könne.[185] Hierbei ist jedoch zu bedenken, dass nach derzeitiger Rechtslage die gesetzliche Verfahrensstandschaft ebenfalls zur Anwendung kommt, wenn innerhalb der Trennungsphase der Kindesunterhalt isoliert geltend gemacht wird. Ein Verbundverfahren ist hingegen nur möglich bei Anhängigkeit einer Scheidungssache als Hauptsache, § 137 Abs. 1 FamFG. Ist diese nicht anhängig, so kann der Kindesunterhalt auch nicht im Verbund geltend gemacht werden. Da das Verbundverfahren die prozessuale Verbindung der Scheidungssache mit den sich aus der Scheidung ergebenden Folgesachen ermöglicht,[186] kann der herausgearbeitete Sinn und Zweck in der Trennungsphase nicht erreicht werden.

Dieser Sinnwiderspruch des Anwendungsbereichs der Norm durch Erstreckung auf den Zeitraum der Trennungsphase sowie auf die Anhängigkeit sonstiger Ehe- oder Lebenspartnerschaftssachensachen kann anhand der historischen Entwicklung der gesetzlichen Verfahrensstandschaft nach § 1629 Abs. 3 S. 1 und der Fehlinterpretation des Gesetzgebers erläutert und dargestellt werden.

a) Erstes Ehe- und Familienrechtsreformgesetz

Mit Inkrafttreten des 1. EheRG am 01.07.1977[187] erhielt die gesetzliche Verfahrensstandschaft erstmals Einzug in das BGB.[188] Hiernach konnte ein Elternteil das Kind bezüglich dessen Unterhaltsansprüchen im eigenen Namen vertreten, solange die Scheidungssache der Eltern anhängig war.[189] Mithin erstreckte sich der zeitliche Anwendungsbereich lediglich über den Zeitraum der Anhängigkeit der Scheidungssache.[190] Des Weiteren wurde mit dem 1. EheRG das Verbundverfahren eingeführt.[191] Verbundfähig waren nach § 623 Abs. 1 S. 1 ZPO

185 *Stockmann*, in: Grandel/Stockmann, 186 Rn. 4.

186 *Roßmann*, in: Schulte-Bunert/Weinreich, § 137 Rn. 1.

187 BGBl. 1976 I 1421 (1463).

188 BGBl. 1976 I 1421 (1432).

189 § 1629 Abs. 3 S. 1 BGB in der Fassung vom 01.07.1977: „Ist die Scheidung der Ehe der Eltern beantragt, so kann ein Elternteil, solange die Scheidungssache anhängig ist, Unterhaltsansprüche des Kindes gegen den anderen Elternteil nur im eigenen Namen geltend machen.“ BGBl. 1976 I 1421 (1432).

190 BGBl. 1976 I 1421 (1432).

191 BGBl. 1976 I 1421 (1450).

a.F. sämtliche Familiensachen gemäß § 621 Abs. 1 ZPO a.F., unter anderem die gesetzliche Unterhaltspflicht gegenüber einem ehelichen Kind, § 621 Abs. 1 Nr. 4 ZPO a.F.[192] Durch die Begrenzung auf die Familiensachen nach § 621 Abs. 1 ZPO a.F. wurde das Verbundverfahren auf Angelegenheiten beschränkt, die die Ehegatten als Scheidungsfolgeregelung betreiben konnten.[193] Beteiligte des Verbundverfahrens sollten ausschließlich die Ehegatten sein.[194] Dies ergibt sich auch aus der Regelung in § 623 Abs. 1 S. 2 ZPO a.F., die anordnete, dass eine Güterrechtssache, die als Folgesache anhängig gemacht wurde, abzutrennen ist, wenn ein Dritter als weiterer Beteiligter zum Verfahren hinzustößt.[195]

b) Unterhaltsänderungsgesetz

Hinsichtlich des von der Bundesregierung eingebrachten Gesetzesentwurfs zur Änderung unterhaltsrechtlicher, verfahrensrechtlicher und anderer Vorschriften (UÄndG)[196] gab der Rechtsausschuss des Bundestags eine Beschlussempfehlung dergestalt ab, dass man den Anwendungsbereich der gesetzlichen Verfahrensstandschaft in zeitlicher Hinsicht erweitern sollte, indem man diese bereits bei einem Getrenntleben der Elternteile eingreifen lassen solle und nicht erst mit Anhängigkeit der Scheidungssache.[197] Der Gesetzgeber ist dieser Empfehlung gefolgt, sodass die gesetzliche Verfahrensstandschaft seit Inkrafttreten des UÄndG am 01.04.1986[198] bereits bei Getrenntleben der Elternteile Anwendung findet.[199] Zudem wurde der Anwendungsbereich insoweit eröffnet, als dass er nicht mehr lediglich bei Anhängigkeit einer Scheidungssache, sondern bei Anhängigkeit einer Ehesache, also auch etwa bei Verfahren auf Aufhebung oder Feststellung des Nichtbestehens einer Ehe gemäß § 121 Nr. 2 und 3 FamFG, eingreift.[200] Mit dieser Anpassung des Wortlauts des § 1629 Abs. 3 S. 1 an denjenigen des § 1629 Abs. 2 S. 2 und der Vereinheitlichung der jeweiligen

192 BGBl. 1976 I 1421 (1449 f.).
193 BT-Drucks. 7/650, S. 208.
194 BT-Drucks. 7/650, S. 208.
195 BGBl. 1976 I 1421 (1449 f.).
196 BT-Drucks. 10/2888.
197 BT-Drucks. 10/4514, S. 7, 23.
198 BGBl. 1986 I 301 (307).
199 § 1629 Abs. 3 S. 1 BGB in der Fassung vom 01.04.1986: „Solange die Eltern getrennt leben oder eine Ehesache zwischen ihnen anhängig ist, kann ein Elternteil Unterhaltsansprüche des Kindes gegen den anderen Elternteil nur im eigenen Namen geltend machen." BGBl. 1986 I 301 (302).
200 BT-Drucks. 10/4514, S. 23.

Anwendungsbereiche sollte eine Vereinfachung der komplizierten Rechtslage bezweckt werden.[201] Der Gesetzgeber legte der Gesetzesbegründung die Annahme zugrunde, dass der Sinn und Zweck der gesetzlichen Verfahrensstandschaft in dem Schutz des Kindes vor Streitigkeiten der Eltern bestehe.[202] Ebenso verkannte der Gesetzgeber bei der Beratung und Verabschiedung des UÄndG, dass § 1629 Abs. 2 S. 2 und § 1629 Abs. 3 S. 1 einen unterschiedlichen Regelungsgehalt aufweisen.[203] Da beide Regelungen der Durchsetzung des Kindesunterhalts dienen, glich der Gesetzgeber den Wortlaut der gesetzlichen Verfahrensstandschaft aus Vereinfachungsgründen demjenigen des § 1629 Abs. 2 S. 2 an und dehnte den Anwendungsbereich auf die Trennungsphase der Eltern aus.[204] Da eine Konfliktlage, die ein Alleinvertretungsrecht eines Ehegatten nach § 1629 Abs. 2 S. 2 rechtfertigt, auch dann bestehe, wenn zwischen den Eltern keine Scheidungssache, sondern eine andere Ehesache anhängig ist, sei eine entsprechende Ausdehnung des Anwendungsbereichs auch für die gesetzliche Verfahrensstandschaft geboten.[205] Zwar ist dem Gesetzgeber dahingehend zuzustimmen, dass eine Anwendung der Vertretungsregel in § 1629 Abs. 2 S. 2 auch während der Trennungsphase gerechtfertigt ist, allerdings ist diese Begründung nicht auf die gesetzliche Verfahrensstandschaft gemäß § 1629 Abs. 3 S. 1 übertragbar, da diese mit der Ermöglichung der Geltendmachung des Kindesunterhalts im Verbundverfahren einen anderen Sinn und Zweck verfolgt. Aufgrund des Umstands, dass ein Verbundverfahren nach § 137 Abs. 1 FamFG lediglich bei Scheidungssachen möglich ist,[206] ist die Erstreckung des Anwendungsbereichs auf die Trennungsphase oder den Zeitraum der Anhängigkeit einer sonstigen Ehesache nicht nur unnötig, sondern steht im Widerspruch zu dem erstrebten Sinn und Zweck.

Mit Inkrafttreten des UÄndG am 01.04.1986 wurde zudem die Verweisung in § 623 Abs. 1 S. 2 ZPO a.F. auf Kindesunterhaltsverfahren nach § 621 Abs. 1 Nr. 4 ZPO a.F. erweitert, da der Gesetzgeber feststellte, dass Dritte ebenfalls an Unterhaltsverfahren beteiligt werden können.[207] Die Erweiterung der zwingenden Abtrennung bei Hinzutreten eines Dritten auf Kindesunterhaltsverfahren

201 BT-Drucks. 10/4514, S. 23.
202 BT-Drucks. 10/4514, S. 23.
203 *Schellhammer*, Zivilprozess, Rn. 1205.
204 BT-Drucks. 10/4515, S. 23.
205 BT-Drucks. 10/4515, S. 23.
206 *Borth/Grandel*, in: Musielak-FamFG, § 137 Rn. 3; *Kemper*, in: Kemper/Schreiber, § 137 Rn. 3.
207 BT-Drucks. 10/2888, S. 28.

bestätigt den Willen des Gesetzgebers, dass an einem Verbundverfahren ausschließlich die Ehegatten beteiligt werden sollen. Die gesetzliche Verfahrensstandschaft ermöglicht diese Beteiligtenidentität zwischen Scheidungs- und Kindesunterhaltssache, sodass der Kindesunterhalt im Verbund zusammen mit der Scheidungssache anhängig gemacht und verhandelt werden kann. Die Regelungen zum Verbundverfahren gemäß § 623 Abs. 1 iVm § 621 Abs. 1 Nr. 4 ZPO a.F. wurden durch Inkrafttreten des Gesetzes über das Verfahren in Familiensachen und in den Angelegenheiten der freiwilligen Gerichtsbarkeit am 01.09.2009[208] in die Regelungen der §§ 137 Abs. 1, 2 Nr. 2, 140 Abs. 1 FamFG übertragen.[209]

c) *Kindschaftsreformgesetz*

Die Norm der gesetzlichen Verfahrensstandschaft in § 1629 Abs. 3 S. 1 erhielt eine klarstellende Ergänzung durch das Gesetz zur Reform des Kindschaftsrechts (KindRG), welches am 01.07.1998 in Kraft trat.[210] Grund für den neu im Gesetz aufgenommenen ausdrücklichen Hinweis, dass die gesetzliche Verfahrensstandschaft nur bei verheirateten Eltern eingreifen kann,[211] war die Abgrenzung zu der Vertretungsvorschrift des § 1629 Abs. 2 S. 2, dessen Anwendungsbereich mit diesem Gesetz auf nicht miteinander verheiratete Eltern erweitert wurde.[212] Mit dem UÄndG wurde der Anwendungsbereich der gesetzlichen Verfahrensstandschaft dem der Vertretungsregelung nach § 1629 Abs. 2 S. 2 angepasst, sodass beide Vorschriften nur bei verheirateten Eltern eingriffen, die getrennt leben oder eine Ehesache anhängig gemacht haben.[213] Der Gesetzgeber reagierte mit der Änderung des § 1629 Abs. 2 S. 2 auf Gerichtsentscheidungen, die die Anwendbarkeit dieser Vertretungsregel ablehnten, wenn die elterliche Sorge beiden Eltern nach der Scheidung gemeinsam zugesprochen wurde.[214] Dies hatte

---

208 BGBl. 2008 I 2586 (2743).

209 *Kemper*, in: Kemper/Schreiber, § 137 Rn. 1, § 140 Rn. 1; *Kroiß/Seiler*, Das neue FamFG, § 3 Rn. 208, 212 f.

210 BGBl. 1997 I 2942 (2967).

211 § 1629 Abs. 3 S. 1 BGB in der Fassung vom 01.07.1998: „Sind die Eltern des Kindes miteinander verheiratet, so kann ein Elternteil, solange die Eltern getrennt leben oder eine Ehesache zwischen Ihnen anhängig ist, Unterhaltsansprüche des Kindes gegen den anderen Elternteil nur im eigenen Namen geltend machen." BGBl. 1997 I 2942 (2946).

212 BT-Drucks. 13/4899, S. 96.

213 BT-Drucks. 10/4514, S. 23.

214 BT-Drucks. 13/4899, S. 96.

zur Konsequenz, dass der Elternteil, in dessen Obhut sich das Kind befand, nicht imstande war, den Kindesunterhalt gegenüber dem Unterhaltsschuldner geltend zu machen. Stattdessen musste dieser Elternteil zunächst die gerichtliche Übertragung der alleinigen elterlichen Sorge beantragen, um sodann den Kindesunterhalt gegen den anderen Elternteil geltend machen zu können.[215] Zur Vermeidung dieses dem Kindeswohl widersprechenden Umstands öffnete der Gesetzgeber den Anwendungsbereich der Vertretungsregelung des § 1629 Abs. 2 S. 2 dahingehend, dass sie bei Eltern, denen die elterliche Sorge gemeinsam zustand, unabhängig davon, ob sie verheiratet, geschieden sind oder in nichtehelicher Lebensgemeinschaft lebten, Anwendung findet.[216] Um die gesetzliche Verfahrensstandschaft nach §1629 Abs. 3 S. 1 hiervon abzugrenzen und klarzustellen, dass der Anwendungsbereich dieser Norm nicht ebenfalls erweitert wurde, wurde die Norm durch den ausdrücklichen Hinweis ergänzt, sodass sie lediglich bei miteinander verheirateten Eltern einschlägig ist.[217] Diese Eingrenzung begründete der Gesetzgeber damit, dass die gesetzliche Verfahrensstandschaft dem Schutz des Kindes vor Streitigkeiten der Eltern zum Zeitpunkt der Trennung oder der Verhinderung der förmlichen Beteiligtenstellung im Scheidungsverfahren diene.[218] Die Unanwendbarkeit der gesetzlichen Verfahrensstandschaft auf nicht verheiratete oder bereits geschiedene Eltern begründet der Gesetzgeber damit, dass eine gesetzliche Verfahrensstandschaft nicht notwendig sei, da es in diesen Fällen nicht zu einem Zusammentreffen von Scheidungs- oder Ehesachen kommen könne.[219] Der Gesetzgeber begründet zutreffend die Ungleichbehandlung von Kindern verheirateter Eltern mit Kindern unverheirateter Eltern, verkennt hierbei jedoch, dass ein Zusammentreffen der Kindesunterhaltssache mit der Scheidungssache während des Trennungszeitraums ebenso wenig möglich ist wie ein Zusammentreffen mit einer sonstigen Ehesache nach § 121 Nr. 1, 2 FamFG.

d) Gesetz zur Bereinigung des Rechts der Lebenspartner

Die letzte Modifikation des § 1629 Abs. 3 S. 1 geht auf das Gesetz zur Bereinigung des Rechts der Lebenspartner zurück,[220] welches am 25.11.2015 in Kraft

215 BT-Drucks. 13/4899, S. 96.
216 BT-Drucks. 13/4899, S. 96.
217 BT-Drucks. 13/4899, S. 96.
218 BT-Drucks. 13/4899, S. 96.
219 BT-Drucks. 13/4899, S. 96.
220 § 1629 Abs. 3 S. 1 in der Fassung seit 25.11.2015: „Sind die Eltern miteinander verheiratet oder besteht zwischen ihnen eine Lebenspartnerschaft, so kann ein Elternteil

trat.[221] Hierdurch soll die Ungleichbehandlung von Ehe und Lebenspartnerschaft gemäß § 1 Abs. 1 LPartG beseitigt werden, soweit kein sachlich überzeugender Grund für eine Ungleichbehandlung ersichtlich ist.[222] Da auch zwei Personen gleichen Geschlechts, die in einer Lebenspartnerschaft leben, nach einer Stiefkindadoption rechtliche Eltern eines Kindes werden können, sei es nach Auffassung des Gesetzgebers nicht gerechtfertigt, die gesetzliche Verfahrensstandschaft lediglich auf Ehegatten zu beschränken.[223] Daher wurde § 1629 Abs. 3 S. 1 dahingehend geändert, dass die gesetzliche Verfahrensstandschaft nicht nur bei Trennung der Eltern (Nr. 1) und Anhängigkeit der Ehesache (Nr. 2 Var. 1) Anwendung findet, sondern auch, wenn eine Lebenspartnerschaftssache in Form der Aufhebung oder Feststellung des Bestehens oder Nichtbestehens einer Lebenspartnerschaft (Nr. 2 Var. 2, 3) anhängig ist.[224]

Die Erstreckung des Anwendungsbereichs auf die eingetragene Lebenspartnerschaft nach § 1629 Abs. 3 S. 1 Nr. 2 Var. 2 durch das Gesetz zur Bereinigung des Rechts der Lebenspartner ist nur teilweise gerechtfertigt. Auch wenn eine Lebenspartnerschaft lediglich „aufgehoben" und nicht „geschieden" werden kann nach § 15 LPartG, so entspricht die Lebenspartnerschaftssache nach § 269 Abs. 1 Nr. 1 FamFG einer Scheidungssache gemäß § 121 Nr. 1 FamFG.[225] Demnach sind auch die Vorschriften über das Verfahren in Scheidungs- und Folgesachen (§§ 133–150 FamFG) bei der Aufhebung der Lebenspartnerschaft über § 270 Abs. 1 S. 1 anwendbar. Um die Kindesunterhaltssache mit der Aufhebung der Lebenspartnerschaft im Verbundverfahren nach §§ 270 Abs. 1 S. 1, 137 Abs. 1, 2 Nr. 2 FamFG geltend machen zu können, ist daher eine gesetzliche Verfahrensstandschaft auch bei Lebenspartnern zwingend notwendig und somit die diesbezügliche Erweiterung des Anwendungsbereichs gerechtfertigt.

Unterhaltsansprüche des Kindes gegen den anderen Elternteil nur im eigenen Namen geltend machen, solange

1. die Eltern getrennt leben oder
2. eine Ehesache oder eine Lebenspartnerschaftssache im Sinne von § 269 Absatz 1 Nummer 1 oder 2 des Gesetzes über das Verfahren in Familiensachen und in den Angelegenheiten der freiwilligen Gerichtsbarkeit zwischen ihnen anhängig ist." BGBl. 2015 I 2010 (2013).

221 BGBl. 2015 I 2010 (2016).

222 BT-Drucks. 18/5901, S. 1.

223 BT-Drucks. 18/5901, S. 23.

224 Sämtliche Ausführungen zur gesetzlichen Verfahrensstandschaft gelten daher auch für die eingetragene Lebenspartnerschaft.

225 *Giers*, in: Keidel, § 269 Rn. 3; *Kemper*, in: Kemper/Schreiber, § 269 Rn. 6.

Anders verhält es sich hingegen mit der Verweisung der gesetzlichen Verfahrensstandschaft auf die Lebenspartnerschaftssache gemäß § 269 Abs. 1 Nr. 2 FamFG, also die Feststellung des Bestehens oder Nichtbestehens einer Lebenspartnerschaft, auf die gemäß § 270 Abs. 1 S. 1 FamFG die Regelungen für die Feststellung des Bestehens oder Nichtbestehens einer Ehe Anwendung finden. Die Vorschriften über Scheidungs- und Folgesachen sind demnach nicht anwendbar, sodass auch kein Verbundverfahren gemäß § 137 Abs. 1, 2 Nr. 2 Alt. 1 FamFG möglich ist. Nach dem dargelegten Sinn und Zweck in Form der Ermöglichung eines Verbundverfahrens der Scheidungs- und Kindesunterhaltssache unter Beachtung des § 140 Abs. 1 FamFG, ist daher diese Erweiterung des Anwendungsbereichs nicht gerechtfertigt und sinnwidrig.

e) Zwischenergebnis

Der weite Anwendungsbereich des § 1629 Abs. 3 S. 1, der nicht von dem Sinn und Zweck der Regelung gedeckt ist, ist demnach auf die Fehlinterpretation des Gesetzgebers zurückzuführen, der den Sinn und Zweck der Norm in dem Schutz des Kindes vor Streitigkeiten der Eltern sah und die Ausdehnung dieses Schutzes auch für den Zeitraum der Trennung und bei Anhängigkeit anderer Ehesachen als erforderlich annahm.[226] Die ursprüngliche Fassung des § 1629 Abs. 3 S. 1 nach dem 1. EheRG, wonach die gesetzliche Verfahrensstandschaft ausschließlich bei Anhängigkeit der Scheidungssache Anwendung fand,[227] stand im Einklang mit dem Sinn und Zweck in Form der Ermöglichung eines Verbundverfahrens. Mit Ausnahme der Erstreckung des Anwendungsbereichs der gesetzlichen Verfahrensstandschaft während Anhängigkeit einer Lebenspartnerschaftssache nach § 269 Abs. 1 Nr. 1,[228] stehen sämtliche Erweiterungen seit Einführung der Regelung dem erstrebten Sinn und Zweck des § 1629 Abs. 3 S. 1 entgegen.

5. *Zusammenfassung der Stellungnahme zum Sinn und Zweck des § 1629 Abs. 3 S. 1*

Nach alledem bleibt festzuhalten, dass die Regelung der gesetzlichen Verfahrensstandschaft in § 1629 Abs. 3 S. 1, die seit Einführung am 01.07.1977[229] einige Veränderungen durch den Gesetzgeber erfuhr, in ihrer aktuellen Form zumindest reformbedürftig ist.

226 BT-Drucks. 10/4514, S. 23.
227 BGBl. 1976 I 1421 (1463).
228 BGBl. 2015 I 2010 (2016).
229 BGBl. 1976 I 1432 (1463).

Der Gesetzgeber hat es bei Einführung der gesetzlichen Verfahrensstandschaft nach § 1629 Abs. 3 S. 1 verpasst, den Sinn und Zweck dieser Regelung mit einer ausdrücklichen Begründung zu konkretisieren. Hierdurch kam es zu etlichen Fehlinterpretationen, die sich insbesondere auf die Gesetzesbegründung des 1. EheRG stützen.[230] Dies hatte zur Folge, dass die Norm Veränderungen erfuhr, die dem Sinn und Zweck zuwiderlaufen. So wurde der Wortlaut durch das Unterhaltsänderungsgesetz der Regelung in § 1629 Abs. 2 S. 2 aus Vereinfachungsgründen angepasst, obwohl diese Norm einen anderen Regelungsgehalt aufweist.[231] Aufgrund dieses Umstands und der Systematik wird teilweise irrtümlich angenommen, dass es sich bei § 1629 Abs. 3 S. 1 um eine lex specialis zu § 1629 Abs. 2 S. 2 handelt[232] oder dass die gesetzliche Verfahrensstandschaft ebenso wie die Vertretungsregelung auch bei außergerichtlichen Verhandlungen Anwendung finde.[233]

Der mehrdeutigen Gesetzesbegründung des 1. EheRG ist es zuzuschreiben, dass der Sinn und Zweck der gesetzlichen Verfahrensstandschaft nur teilweise erfasst wird. Mehrheitlich wird vertreten, dass die gesetzliche Verfahrensstandschaft den Schutz des Kindes vor Streitigkeiten der Eltern bezwecke und die Verhinderung der förmlichen Beteiligtenstellung des Kindes in dem Unterhaltsverfahren durch die gesetzliche Verfahrensstandschaft diesem Schutz diene.[234] Die gesetzliche Verfahrensstandschaft bietet jedoch keinen erhöhten Schutz von ehelichen Kindern vor Streitigkeiten der Eltern im Vergleich zu der gesetzlichen Vertretungsregelung gemäß § 1629 Abs. 2 S. 2.[235] Zudem kann die durch § 1629 Abs. 3 S. 1 hervorgerufene Ungleichbehandlung von Kindern verheirateter Eltern mit solchen unverheirateter Eltern mit dieser Begründung nicht gerechtfertigt werden, da auch Kinder von unverheirateten Eltern deren Streitigkeiten im Rahmen der Trennung ausgesetzt sein können.[236] Sofern angeführt wird, dass Sinn und Zweck des § 1629 Abs. 3 S. 1 ausschließlich in der Verhinderung einer förmlichen Beteiligtenstellung des Kindes im Unterhaltsverfahren zu sehen sei, so ist dem unter Bezugnahme des Vergleichs mit den übrigen gesetzlichen

230 Siehe 3. Teil B) II. Schutz des Kindes vor Streitigkeiten der Eltern; 3. Teil B) III. Verhinderung einer Beteiligtenstellung des Kindes.

231 Siehe 3. Teil B) V. 4. b) Unterhaltsänderungsgesetz.

232 *Büte*, in: Büte/Poppen/Menne, § 1629 Rn. 1; *van Els*, in: Hoppenz, § 1629 Rn. 18.

233 *Jaeger*, in: Johannsen/Henrich, § 1629 Rn. 9; *Stockmann*, in: Grandel/Stockmann, 186 Rn. 6.

234 Siehe 3. Teil B) II. Schutz des Kindes vor Streitigkeiten der Eltern; 3. Teil B) III. Verhinderung einer Beteiligtenstellung des Kindes.

235 Siehe 3. Teil B) V. 2. a) Erhöhter Schutz durch gesetzliche Verfahrensstandschaft.

236 Siehe 3. Teil B) V. 2. b) Verstoß gegen Art. 6 Abs. 5 GG.

Verfahrens- bzw. Prozessstandschaften entgegenzuhalten, dass diese keinen Selbstzweck verfolgen.[237] Die sachlegitimierte Person wird nicht willkürlich von der Verfahrens- bzw. Prozessführung ausgeschlossen, sondern weil dieser Ausschluss zur Erreichung eines weitergehenden Zwecks erforderlich ist.[238] Das Kind am Scheidungsverfahren nicht zu beteiligen, ist daher lediglich das Mittel, um den Sinn und Zweck der gesetzlichen Verfahrensstandschaft, nämlich die Ermöglichung eines Verbundverfahrens der Scheidungs- und Kindesunterhaltssache, zu erreichen.[239] Dass der Anwendungsbereich über diesen eigentlichen Sinn und Zweck hinausgeht, indem die gesetzliche Verfahrensstandschaft auch bei Trennung und Anhängigkeit der übrigen Ehesachen möglich ist, ist auf die Säumnis des Gesetzgebers bezüglich der Klarstellung des eigentlichen Sinn und Zwecks bei Einführung der Norm und der dadurch bedingten Fehlinterpretationen des Gesetzgebers sowie der Rechtsprechung zurückzuführen.

C) Beendigung der gesetzlichen Verfahrensstandschaft

Nachdem die Voraussetzungen und der Sinn und Zweck der gesetzlichen Verfahrensstandschaft nach § 1629 Abs. 3 S. 1 herausgearbeitet wurden, soll nunmehr erläutert werden, welche Auswirkungen das Wegfallen einer der aufgezeigten Voraussetzungen auf das laufende Kindesunterhaltsverfahren hat.

Grundsätzlich gilt die gesetzliche Verfahrensstandschaft als beendet, sobald eine ihrer Voraussetzungen wegfällt. Hierauf verweist bereits der Wortlaut des § 1629 Abs. 3 S. 1, der angibt, dass eine Geltendmachung im eigenen Namen des Verfahrensstandschafters nur stattfindet, „solange" die Voraussetzungen der gesetzlichen Verfahrensstandschaft vorliegen. Die gesetzliche Verfahrensstandschaft regelt die Verfahrensführungsbefugnis gemäß §§ 113 Abs. 1, Abs. 5 Nr. 1 FamFG iVm § 51 ZPO und somit eine Verfahrensvoraussetzung, deren Vorliegen bis zum Schluss der mündlichen Verhandlung von Amts wegen zu überprüfen ist.[240] Fällt die Verfahrensvoraussetzung in Form der Verfahrensführungsbefugnis während des Verfahrens weg, so ist das Verfahren grundsätzlich als unzulässig abzuweisen.[241]

---

237 Siehe 3. Teil B) V. 3. Verhinderung einer Beteiligtenstellung des Kindes.

238 Siehe 3. Teil B) V. 3. Verhinderung einer Beteiligtenstellung des Kindes.

239 Siehe 3. Teil B) V. 4. Geltendmachung des Kindesunterhalts im Verbundverfahren.

240 BGH Urt. v. 08.03.1979 – VII ZR 48/7, NJW 1988, 520; *Gießler* FamRZ 1994, 800 (801); *Hartmann*, in: Baumbach/Hartmann, Grdz. § 253, Rn. 16, 22; *Reichold*, in: Thomas/Putzo, Vorb. § 253 Rn. 11 f., 22.

241 *Greger*, in: Zöller, Vorb. § 253 Rn. 9, 11a; *Reichold*, in: Thomas/Putzo, Vorb. § 253 Rn. 10.

I. Beendigung durch Rechtskraft der Scheidung

Von diesem Grundsatz macht die Rechtsprechung für den Fall eine Ausnahme, in dem die Ehescheidung der Eltern in Rechtskraft erwächst und das isoliert in gesetzlicher Verfahrensstandschaft eingeleitete Kindesunterhaltsverfahren noch fortdauert, sofern die elterliche Sorge nach Rechtskraft der Scheidung (zumindest auch) bei dem gesetzlichen Verfahrensstandschafter verbleibt.[242]

1. Entwicklung der höchstrichterlichen Rechtsprechung

Nach Einführung der gesetzlichen Verfahrensstandschaft durch das 1. EheRG,[243] wonach diese zunächst nur während der Anhängigkeit der Scheidungssache möglich war, war streitig, ob sich der Anwendungsbereich der gesetzlichen Verfahrensstandschaft lediglich auf das Verbundverfahren[244] oder auch auf das isolierte Kindesunterhaltsverfahren erstreckt.[245]

Diese Meinungsstreitigkeit entschied der BGH mit Urteil vom 23.02.1983[246] zu Gunsten der letzteren Ansicht, sodass der Anwendungsbereich der gesetzlichen Verfahrensstandschaft nach höchstrichterlicher Rechtsprechung auf das isolierte Kindesunterhaltsverfahren ausgedehnt wurde, soweit gleichzeitig die Scheidungssache anhängig war.[247] Als Begründung führt der BGH an, dass der Wortlaut der Norm nicht unterscheide, ob der Kindesunterhalt isoliert oder im Verbund geltend gemacht werde.[248] Die bloße Anhängigkeit einer Scheidungssache reiche nach dem klaren Wortlaut des Gesetzes aus.[249] Zudem führe die gesetzliche Verfahrensstandschaft denselben Wortlaut wie die Vertretungsregelung in § 1629 Abs. 2 S. 2, die ebenfalls nicht auf das Verbundverfahren beschränkt sei.[250] Etwas anderes ergebe

---

242 BGH Urt. v. 15.11.1989 – IVb ZR 3/89, FamRZ 1990, 283 (284); BGH Beschl. v. 12.03.2014 – XII ZB 234/13, NJW 2014, 1958 (1960).

243 BGBl. 1976 I 1432 (1463).

244 so OLG Bamberg Urt. v. 02.04.1979 – 2 WF 38/79, FamRZ 1979, 1059 (1060); Köln Urt. v. 20.01.1981 – 21 UF 211/80, FamRZ 1981, 489; OLG Düsseldorf Urt. v. 10.03.1981 – 6 UF 211/80, FamRZ 1981, 697.

245 so OLG Hamm Urt. v. 26.03.1980 – 6 UF 401/79, FamRZ 1980, 1060 (1061); OLG Frankfurt a. M., Urt. v. 02.10.1981 – 3 UF 278/80, FamRZ 1982, 528 (529); OLG Saarbrücken Beschl. v. 01.06.1982 – 6 WF 41/82 FamRZ 1982, 952 (952 f.).

246 BGH Urt. v. 23.02.1983 – IVb ZR 359/81, NJW 1983, 2084 (2085).

247 BGH Urt. v. 23.02.1983 – IVb ZR 359/81, NJW 1983, 2084 (2085).

248 BGH Urt. v. 23.02.1983 – IVb ZR 359/81, NJW 1983, 2084 (2085).

249 BGH Urt. v. 23.02.1983 – IVb ZR 359/81, NJW 1983, 2084 (2085).

250 BGH Urt. v. 23.02.1983 – IVb ZR 359/81, NJW 1983, 2084 (2085).

sich auch nicht aus dem Sinn und Zweck.[251] Zwar werde in der Gesetzesbegründung ausgeführt, dass die gesetzliche Verfahrensstandschaft eine förmliche Beteiligtenstellung in einer Folgesache ausschließen solle,[252] allerdings sei hierdurch keine Begrenzung des Anwendungsbereichs auf das Verbundverfahren veranlasst.[253] Denn auch außerhalb des Verbundes sei das Kind während der konfliktträchtigen Scheidungsphase aus Streitigkeiten der Eltern herauszuhalten und „eine prozessuale Frontstellung des Kindes gegen den einen oder anderen Elternteil zu vermeiden.“[254]

In seinem Urteil vom 15.11.1989[255] hat der BGH den Anwendungsbereich der gesetzlichen Verfahrensstandschaft wiederum erweitert, indem er ausführt, dass § 1629 Abs. 3 S. 1 nicht nur greife, wenn die Scheidungssache noch anhängig ist, sondern auch dann fortbestehe, wenn der Kindesunterhalt außerhalb des Verbundes, aber während der Anhängigkeit der Scheidungssache geltend gemacht und die Scheidung zwischenzeitlich rechtskräftig wurde, soweit die elterliche Sorge (zumindest auch) beim Verfahrensstandschafter verbleibt.[256] Diese Erweiterung über den Wortlaut des § 1629 Abs. 3 S. 1 hinaus begründet er zum einen mit dem Rechtsgedanken des § 265 Abs. 2 S. 1 ZPO, wobei er diesen Rechtsgedanken, auf den er sich bezieht, nicht näher ausführt.[257] Die Regelung in § 265 Abs. 2 S. 1 ZPO besagt, dass eine Veräußerung oder Abtretung auf den laufenden Prozess keinen Einfluss hat. Zum anderen argumentiert der BGH mit einem „unabweisbaren praktischen Bedürfnis“,[258] dass ein in berechtigter Weise in gesetzlicher Verfahrensstandschaft eingeleitetes Unterhaltsverfahren auch im Namen des gesetzlichen Verfahrensstandschafters beendet werden können muss. Dieser Ansicht hat sich auch ein Großteil der Lehre angeschlossen.[259]

---

251 BGH Urt. v. 23.02.1983 – IVb ZR 359/81, NJW 1983, 2084 (2085).

252 BT-Drucks. 7/650, S. 176.

253 BGH Urt. v. 23.02.1983 – IVb ZR 359/81, NJW 1983, 2084 (2085).

254 BGH Urt. v. 23.02.1983 – IVb ZR 359/81, NJW 1983, 2084 (2085).

255 BGH Urt. v. 15.11.1989 – IVb ZR 3/89, FamRZ 1990, 283.

256 BGH Urt. v. 15.11.1989 – IVb ZR 3/89, FamRZ 1990, 283 (284); so auch OLG Celle Urt. v. 08.03.1979 – 12 UF 172/78, FamRZ 1979, 629 (629 f.); OLG Hamburg Urt. v. 21.03.1984 – 12 UF 1/84, FamRZ 1984, 706 (708); OLG Düsseldorf Urt. v. 25.02.1987 – 5 UF 58/86, FamRZ 1987, 1183 (1183 f.).

257 Vgl. BGH Urt. v. 15.11.1989 – IVb ZR 3/89, FamRZ 1990, 283 (284).

258 BGH Urt. v. 15.11.1989 – IVb ZR 3/89, FamRZ 1990, 283 (284).

259 Van *Els*, in: Hoppenz: § 1629 Rn. 21; *Gernhuber/Coester-Waltjen*, Familienrecht § 58 Rn. 41; *Gießler*, FamRZ 1994, 800 (801); *Huber*, in: MüKoBGB, § 1629 Rn. 91; *Schmid*, in: Schulz/Hauß, § 1629 Rn. 5; *Stockmann*, in: Grandel/Stockmann, 186 Rn. 9; *Schellhammer*, Familienrecht nach Anspruchsgrundlagen, Rn. 1461; *Völker/Clausius*, Sorge- und Umgangsrecht, § 1 Rn. 146.

Wird ein Unterhaltsverfahren hingegen erst nach Rechtskraft der Scheidung[260] bzw. nach einem Verbundverfahren ein Abänderungsantrag hinsichtlich der Kindesunterhaltssache anhängig gemacht,[261] so ist das Verfahren unstreitig im Namen des Kindes nach § 1629 Abs. 2 S. 2 zu führen. Die gesetzliche Verfahrensstandschaft findet dann keine Anwendung.[262]

2. *Stellungnahme zur höchstrichterlichen Rechtsprechung*

Die Begründung dieser herrschenden Ansicht soll im Folgenden im Hinblick auf den herausgearbeiteten Sinn und Zweck der Norm auf ihre Plausibilität überprüft werden. Hierbei wird zunächst auf die Fortgeltung der gesetzlichen Verfahrensstandschaft nach Rechtskraft der Scheidung eingegangen[263] und sodann auf die Frage, ob eine Anwendung der gesetzlichen Verfahrensstandschaft auf das isolierte Kindesunterhaltsverfahren während Anhängigkeit der Scheidungssache gerechtfertigt werden kann.[264]

a) Fortgeltung der Verfahrensstandschaft

Nach der herrschenden Meinung gilt die gesetzliche Verfahrensstandschaft auch nach Rechtskraft der Scheidung fort, soweit das Kindesunterhaltsverfahren in zulässiger Weise, also während des Scheidungsverfahrens, in Verfahrensstandschaft anhängig gemacht wurde und die elterliche Sorge (zumindest auch) beim Verfahrensstandschafter verbleibt.[265] Diese Ansicht kommt demnach nur zum Tragen, wenn der Kindesunterhalt, trotz Anhängigkeit der Scheidungssache, isoliert geltend gemacht wird. Eine Geltendmachung des Kindesunterhalts im Verbund hätte nämlich zur Folge, dass über Scheidungs- und Folgesache gemeinsam in einem Beschluss entschieden werden würde (§ 137 Abs. 1 FamFG). Es ist daher im Folgenden zu erörtern, ob der Argumentation gefolgt werden kann, dass eine Erweiterung des Anwendungsbereichs der gesetzlichen

---

260 OLG Brandenburg Beschl. v. 25.05.2001 – 15 WF 51/01, FamRZ 2001, 1712; *Gernhuber/Coester-Waltjen*, Familienrecht, § 58 Rn. 41; *Peschel-Gutzeit*, in: Staudinger, § 1629 Rn. 355.

261 OLG Frankfurt 16.06.1980 – 5 WF 85/80, FamRZ 1980, 1059; OLG Brandenburg Beschl. v. 21.12.2000 – 10 WF 9/00, FamRZ 2002, 1270.

262 *Huber*, in: MüKoBGB, § 1629 Rn. 91.

263 BGH Urt. v. 15.11.1989 – IVb ZR 3/89, FamRZ 1990, 283 (284).

264 BGH Urt. v. 23.02.1983 – IVb ZR 359/81, NJW 1983, 2084 (2085).

265 BGH Urt. v. 15.11.1989 – IVb ZR 3/89, FamRZ 1990, 283 (284); BGH Beschl. v. 12.03.2014 – XII ZB 234/13, FamRZ 2014, 1958; *van Els*, in: Hoppenz: § 1629 Rn. 21; *Schmid*, in: Schulz/Hauß, § 1629 Rn. 5; *Stockmann*, in: Grandel/Stockmann, 186 Rn. 9.

Verfahrensstandschaft über den Wortlaut des § 1629 Abs. 3 S. 1 hinaus geboten ist aufgrund des Rechtsgedankens aus § 265 Abs. 2 S. 1 ZPO und einem unabwendbaren praktischen Bedürfnis.[266]

aa) Analoge Anwendung des § 265 Abs. 2 S. 1 ZPO

Auffallend ist, dass der BGH in seinem wegweisenden Urteil eine nähere Begründung zur Fortgeltung der Verfahrensstandschaft über die Rechtskraft der Scheidung der Eheleute hinaus vermissen lässt.[267] Er verweist lediglich darauf, dass dies dem „Rechtsgedanken des § 265 Abs. 2 S. 1 ZPO"[268] entspreche. Dem ist zu entnehmen, dass von einer analogen Anwendbarkeit des § 265 Abs. 2 S. 1 ZPO ausgegangen wird. Eine analoge Anwendung kommt jedoch nur dann in Betracht, wenn eine planwidrige Regelungslücke des Gesetzgebers in Form der unbewussten Nichtregelung eines Sachverhalts anzunehmen ist.[269] Zudem muss zwischen dem planwidrig nicht subsumierbaren Sachverhalt und der gesetzlichen, analog anwendbaren Regelung eine vergleichbare Interessenlage bestehen.[270] Mithin muss der nach dem Rechtsgedanken der analog anzuwendenden Vorschrift verfolgte Sinn und Zweck eine Wertungsgleichheit mit dem gesetzlich nicht geregelten Sachverhalt aufweisen.[271] Es ist daher zu prüfen, ob diese Analogievoraussetzungen vorliegend angenommen werden können.

(1.) Planwidrige Regelungslücke

Zunächst ist zu erörtern, ob hinsichtlich des Wegfalls einer Voraussetzung der gesetzlichen Verfahrensstandschaft durch Rechtskraft der Scheidung eine planwidrige Regelungslücke des Gesetzgebers besteht. Von einer planwidrigen Regelungslücke ist auszugehen, wenn der Gesetzgeber bei der Regelung eines Sachkomplexes schlicht übersehen hat, eine für einen bestimmten Sachverhalt geeignete Regelung zu treffen.[272]

(a) Regelungslücke

Es erscheint bereits fraglich, ob in dieser Konstellation überhaupt eine Regelungslücke besteht. Durch die Rechtskraft der Scheidung leben die Eltern weder

266 so BGH Urt. v. 15.11.1989 - IVb ZR 3/89, FamRZ 1990, 283 (284).

267 Vgl. BGH Urt. v. 15.11.1989 - IVb ZR 3/89, FamRZ 1990, 283 (284).

268 BGH Urt. v. 15.11.1989 – IVb ZR 3/89, FamRZ 1990, 283 (284).

269 *Reimer*, Juristische Methodenlehre, Rn. 568.

270 *Reimer*, Juristische Methodenlehre, 577 f.; *Rüthers/Fischer/Birk*, Rechtstheorie, Rn. 889.

271 *Reimer*, Juristische Methodenlehre, Rn. 577 f.; *Rüthers/Fischer/Birk*, Rechtstheorie, Rn. 889.

272 *Reimer*, Juristische Methodenlehre, Rn. 568.

getrennt im Sinne des § 1567 noch ist eine Ehesache weiterhin anhängig. Mithin entfällt eine Voraussetzung der gesetzlichen Verfahrensstandschaft durch die rechtskräftige Scheidung der Eltern. In der Regelung des § 1629 Abs. 3 S. 1 heißt es seit ihrer Einführung mit Inkrafttreten des Ersten Ehe- und Familienrechtsreformgesetzes am 01.07.1977,[273] dass ein Elternteil den Kindesunterhalt gegen den anderen Elternteil im eigenen Namen geltend machen kann, „solange“[274] die Voraussetzungen der gesetzlichen Verfahrensstandschaft vorliegen. Die Voraussetzungen wurden durch mehrere Gesetzesänderungen erweitert,[275] jedoch blieb der Passus erhalten, dass eine gesetzliche Verfahrensstandschaft lediglich zur Anwendung kommt, „solange“ deren Voraussetzungen vorliegen. Zu einer ausdrücklichen Normierung des Ausnahmetatbestands sah sich der Gesetzgeber trotz mehrfacher Auseinandersetzung mit dieser Regelung nicht veranlasst. Mithin ergibt sich aus dem eindeutigen Wortlaut, dass die gesetzliche Verfahrensstandschaft mit Rechtskraft der Scheidung endet. Der Sinn und Zweck der Norm gibt ebenfalls keinen Anlass, eine Ausnahme für den Fall der Rechtskraft der Scheidung zuzulassen. Der verfolgte Sinn und Zweck der Norm steht einer solchen Ausnahme vielmehr entgegen, da die gesetzliche Verfahrensstandschaft die Geltendmachung des Kindesunterhalts im Verbundverfahren bezweckt.[276] Eine Regelungslücke kann nicht angenommen werden, da im Falle der Beendigung der gesetzlichen Verfahrensstandschaft die Vertretungsregelung des § 1629 Abs. 2 S. 2 einschlägig ist, die dem Kind einen hinreichenden Schutz bietet.[277] Gleichwohl setzt sich die höchstrichterliche Rechtsprechung über den eindeutigen Wortlaut und den Sinn und Zweck der Norm hinweg.[278]

(b) Planwidrigkeit

Selbst wenn man – entgegen des verfolgten Sinn und Zwecks – eine Regelungslücke annehmen wollte, fehlt es des Weiteren an einer erforderlichen Planwidrigkeit.

Dass dem Gesetzgeber das Problem des Wegfalls einer Prozessvoraussetzung nach Rechtshängigkeit der Klage bekannt war, zeigt die Rechtshängigkeitssperre in § 261 Abs. 3 Nr. 2 ZPO, wonach die Zuständigkeit des Gerichts nach

---

273 BGBl. 1976 I 1432 (1463).

274 BGBl. 1976 I 1432 (1463).

275 Zuletzt: BGBl. 2015 I 2010 (2016).

276 Siehe 3. Teil B) V. 4. Stellungnahme zur Geltendmachung des Kindesunterhalts im Verbundverfahren.

277 Siehe 3. Teil B), V. 2. a) cc) Zwischenergebnis zum Schutz des Kindes durch die gesetzliche Verfahrensstandschaft.

278 Vgl. BGH Urt. v. 15.11.1989 – IVb ZR 3/89, FamRZ 1990, 283 (284).

Rechtshängigkeit durch eine Veränderung der sie begründenden Umstände nicht beeinflusst wird. Diese Vorschrift bezweckt den Schutz derjenigen Partei, die auf die Veränderung der sie begründenden Umstände keinen Einfluss hat, vor Verzögerung und Verteuerung des Prozesses und dient einem prozessökonomischen Ablauf.[279] Anderenfalls könnte etwa ein Beklagter, sofern die Zuständigkeit des Gerichts auf der allgemeinen Zuständigkeitsregel nach § 13 ZPO beruht, durch Wohnsitzwechsel Einfluss auf die Zuständigkeit und somit auf die Zulässigkeit der gegen ihn gerichteten Klage ausüben. Dies wird durch die Rechtshängigkeitssperre verhindert.[280] Eine solche Rechtshängigkeitssperre fehlt für den Wegfall der Prozess- bzw. Verfahrensführungsbefugnis nach Rechtshängigkeit, trotz Kenntnis des Gesetzgebers von dem Problem des Wegfalls einer Prozessvoraussetzung, deren Vorliegen bis zum Schluss der mündlichen Verhandlung von Amts wegen zu überprüfen ist,[281] sodass – selbst bei Annahme einer Regelungslücke – nicht von einer Planwidrigkeit ausgegangen werden kann.

(2.) Vergleichbare Interessenlage

Darüber hinaus fehlt es bei einem Vergleich zwischen dem in § 265 Abs. 2 S. 1 ZPO geregelten Fall und dem Fall der Fortgeltung der Verfahrensstandschaft trotz rechtswirksamer Scheidung an einer vergleichbaren Interessenlage.

In § 265 Abs. 2 S. 1 ZPO ist geregelt, dass eine Veräußerung oder Abtretung nach Rechtshängigkeit des streitbefangenen Gegenstands keinen Einfluss auf den Prozess hat. Die bei Rechtshängigkeit bestehende Prozessführungsbefugnis bleibt daher unabhängig der weiteren Rechtsbeziehungen der Parteien zum streitbefangenen Gegenstand und eines Übergangs der Sachlegitimation bestehen.[282] Der Rechtsvorgänger einer Partei führt den Prozess im eigenen Namen als gesetzlicher Prozessstandschafter seines Rechtsnachfolgers weiter, soweit die Gegenseite nicht in einen Parteiwechsel einwilligt.[283] Der Prozessstandschafter

279 BGH, Urt. v. 26.04.2001 – IX ZR 53/00, NJW 2001, 2477 (2478); *Foerste*, in: Musielak-ZPO, § 261 Rn. 13; *Greger*, in: Zöller, § 261 Rn. 12.

280 BGH, Urt. v. 26.04.2001 – IX ZR 53/00, NJW 2001, 2477 (2478); *Foerste*, in: Musielak-ZPO, § 261 Rn. 13; *Greger*, in: Zöller, § 261 Rn. 12.

281 BGH Urt. v. 08.03.1979 – VII ZR 48/7, NJW 1988, 520; *Gießler* FamRZ 1994, 800 (801); *Hartmann*, in: Baumbach/Hartmann, Grdz. § 253, Rn. 16, 22; *Reichold*, in: Thomas/Putzo, Vorb. § 253 Rn. 11 f.

282 *Geisler*, in: Prütting/Gehrlein, § 265 Rn. 10; *Greger*, in: Zöller, § 265 Rn. 6; *Hartmann*, in: Baumbach/Hartmann, § 265 Rn. 16, 22; *Reichold*, in: Thomas/Putzo, § 265 Rn. 12.

283 BGH Urt. v. 09.12.2010 – III ZR 56/10, NJW 2011, 2193 (2194); *Hartmann*, in: Baumbach/Hartmann, § 265 Rn. 16; *Reichold*, in: Thomas/Putzo, § 265 Rn. 12; *Roth*, in: Stein/Jonas, § 265 Rn. 1.

auf Klägerseite muss seinen Antrag dann dahingehend umstellen, dass er die Leistung an seinen Rechtsnachfolger verlangt, anderenfalls ist die Klage mangels Aktivlegitimation als unbegründet abzuweisen.[284] Bei einer Veräußerung des streitbefangenen Gegenstands oder Abtretung des streitbefangenen Rechts auf Beklagtenseite kann der Kläger wählen, ob er seinen Antrag entweder gemäß § 264 Nr. 3 ZPO auf den Interessenersatz umstellen oder an seinem ursprünglichen Antrag festhalten und im Vollstreckungsverfahren gemäß §§ 727, 731 ZPO aus dem Urteil gegen den Rechtsnachfolger vollstrecken möchte.[285]

Im Gegensatz dazu besteht die gesetzliche Verfahrensstandschaft nach dem eindeutigen Wortlaut des § 1629 Abs. 3 S. 1 nur, „solange" die Voraussetzungen dieser Regelung vorliegen. Sobald die Ehescheidung in Rechtskraft erwächst, leben die Eltern weder getrennt im Sinne des § 1567 noch ist eine Ehesache zwischen ihnen anhängig, sodass eine Voraussetzung der gesetzlichen Verfahrensstandschaft wegfällt.

Eine Ansicht geht davon aus, dass eine vergleichbare Interessenlage anhand eines Erst-Recht-Schlusses herzuleiten sei.[286] Denn wenn der Gesetzgeber einem gewichtigen Umstand wie eines Wechsels der Rechtsinhaberschaft nach Rechtshängigkeit keine Bedeutung für den Prozess beimesse, so müsse erst recht das Erlöschen der Prozessführungsbefugnis als unbeachtlich angesehen werden, wenn der Verfahrensstandschafter die gesetzliche Vertretungsmacht nach Rechtskraft der Scheidung weiterhin innehat und aus dem gesetzlichen Verfahrensstandschafter ein gesetzlicher Vertreter des Kindes gemäß § 1629 Abs. 2 S. 2 wird.[287]

Diese Auffassung ist abzulehnen. Die Regelung des § 265 Abs. 2 S. 1 ZPO dient dem Schutz derjenigen Partei, die einer Veräußerung oder Abtretung des streitgegenständlichen Gegenstands gegenübersteht.[288] Ohne diese Regelung würde mit jeder Veräußerung oder Abtretung nach Rechtshängigkeit die Verfahrensführungsbefugnis entfallen, was die Klage unzulässig werden lassen würde.[289] Die der Veräußerung oder Abtretung gegenüberstehende klägerische Partei hätte

284 BGH Urt. v. 12.03.1986 – VIII ZR 64/85, NJW 1986, 3206 (3207); *Geisler*, in: Prütting/Gehrlein, § 265 Rn. 11; *Greger*, in: Zöller, § 265 Rn. 6a.

285 *Geisler*, in: Prütting/Gehrlein, § 265 Rn. 12; *Greger*, in: Zöller, § 265 Rn. 6b.

286 *Gießler* FamRZ 1994, 800 ff.

287 *Gießler* FamRZ 1994, 800 (801).

288 BGH Urt. v. 12.07.1973 – VII ZR 170/71, NJW 1973, 1700 (1701); *Foerste*, in: Musielak-ZPO, § 265 Rn. 1; *Hartmann*, in: Baumbach/Hartmann, § 265 Rn. 2; *Reichold*, in: Thomas/Putzo, § 265 Rn. 1; *Roth*, in: Jonas/Stein, § 265 Rn. 1.

289 *Geisler*, in: Prütting/Gehrlein, § 265 Rn. 1; *Hartmann*, in: Baumbach/Hartmann, § 265 Rn. 2; *Roth*, in: Stein/Jonas, § 265 Rn. 1.

ohne die Regelung in § 265 Abs. 2 S. 1 ZPO lediglich die Möglichkeit, den Rechtsstreit unter Verweisung der Kostenlast für erledigt zu erklären. Sodann müsste sie erneut gegen den nunmehrigen Rechtsinhaber klagen. Dies hätte etwa zur Folge, dass zwei kollusiv zusammenwirkende Personen auf Beklagtenseite ein positives Urteil für den Kläger durch wiederholende Veräußerungen bzw. Abtretungen verhindern könnten. Eine Veräußerung bzw. Abtretung des Klägers hätte ohne die Regelung des § 265 Abs. 2 S. 1 ZPO zur Folge, dass der Beklagte durch den Rechtsnachfolger des Klägers in einen neuen Prozess gezogen werden würde.[290] Daher ist diejenige Partei vor einer einseitigen Abänderung des Prozessrechtsverhältnisses zu schützen, die einer Veräußerung und Abtretung gegenübersteht.[291] Schließlich dient die Regelung des § 265 Abs. 2 S. 1 ZPO auch der Prozessökonomie,[292] indem an dem bestehenden Prozessrechtsverhältnis festgehalten und somit aufgrund der Einrede der entgegenstehenden Rechtshängigkeit gemäß § 261 Abs. 3 S. 1 ZPO ein neuer Prozess verhindert werden kann.[293]

Das Kind ist hinsichtlich des Unterhaltsanspruchs, der durch den gesetzlichen Verfahrensstandschafter im eigenen Namen geltend gemacht wird, sachlegitimiert, §§ 1601 f. Diese Sachlegitimation des Kindes bleibt auch bei Erlöschen der gesetzlichen Verfahrensstandschaft erhalten. Lediglich die Verfahrensführungsbefugnis des gesetzlichen Verfahrensstandschafters entfällt, sodass dessen Antrag unzulässig wird.[294] Die Verfahrensführungsbefugnis ist eine Verfahrensvoraussetzung.[295] Entfällt eine Verfahrensvoraussetzung, deren Vorliegen bis zum Schluss der letzten mündlichen Verhandlung von Amts wegen zu prüfen ist,[296] so sind die Beteiligten hierauf durch das Gericht gemäß § 113 Abs. 1 FamFG iVm § 139 Abs. 3 ZPO hinzuweisen.[297] Eine Abweisung des Antrags als unzulässig kann in diesem

---

290 *Hartmann*, in: Baumbach/Hartmann, § 265 Rn. 2; *Roth*, in: Stein/Jonas, § 265 Rn. 1.

291 BGH Urt. v. 15.06.1992 – II ZR 88/91, NJW 1992, 2894 (2895); *Roth*, in: Stein/Jonas, § 265 Rn. 1.

292 BGH Urt. v. 23.08.2001 – V ZB 10/01, NJW 2001, 3339 (3340); *Geisler*, in: Prütting/Gehrlein, § 265 Rn. 1; *Greger*, in: Zöller, § 265 Rn. 1; *Roth*, in: Stein/Jonas, § 265 Rn. 1.

293 BGH Urt. v. 03.07.1980 – IVa ZR 38/80, NJW 1980, 2461 (2463); BGH Urt. v. 07.07.1993 – IV ZR 190/92, NJW 1993, 3072 (3073); *Greger*, in: Zöller, § 261 Rn. 8a; *Reichold*, in: Thomas/Putzo, § 261 Rn. 11.

294 *Greger*, in: Zöller, Vorb. § 253 Rn. 9, 11a; *Reichold*, in: Thomas/Putzo, Vorb. § 253 Rn. 10.

295 Vgl. § 113 Abs. 5 Nr. 1 FamFG; *Foerste*, in: Musielak-ZPO, Vorb. § 253 Rn. 4b.

296 *Hartmann*, in: Baumbach/Hartmann, Grdz. § 253 Rn. 16; *Reichold*: in Thomas/Putzo, Vorb. § 253 Rn. 12.

297 BGH Beschl. v. 15.03.2006 – IV ZR 32/05, FamRZ 2006, 942 (943); *Hartmann*, in: Baumbach/Hartmann, § 139 Rn. 47, 70; *Prütting*, in: Prütting/Gehrlein, § 139 Rn. 17.

Fall durch einen gewillkürten Beteiligtenwechsel nach § 113 Abs. 1 iVm § 263 ZPO verhindert werden.[298] Die dafür erforderliche Sachdienlichkeit liegt vor, da der ehemalige gesetzliche Verfahrensstandschafter das Kind nunmehr gesetzlich vertritt gemäß § 1629 Abs. 2 S. 2, sodass der bisherige Verfahrensstoff als Entscheidungsgrundlage erhalten bleibt und durch den Beteiligtenwechsel ein neues Verfahren bezüglich des Kindesunterhalts vermieden wird.[299] Daher führen der Wegfall der Sachlegitimation und der Wegfall der Prozess- bzw. Verfahrensführungsbefugnis zu unterschiedlichen Ergebnissen. Während die Regelung § 265 Abs. 2 S. 1 ZPO erforderlich ist, um einen neuen Prozess nach Veräußerung oder Abtretung zu vermeiden, kann das in gesetzlicher Verfahrensstandschaft nach § 1629 Abs. 3 S. 1 eingeleitete Verfahren durch einen sachdienlichen Beteiligtenwechsel fortgeführt werden. Zudem ist die Gegenseite, die nicht in gesetzlicher Verfahrensstandschaft im Kindesunterhaltsverfahren auftrat, im Gegensatz zu der der Veräußerung oder Abtretung gegenüberstehende Partei nicht schutzbedürftig. Dem gesetzlichen Verfahrensstandschafter tritt im Falle des § 1629 Abs. 3 S. 1 immer der potentielle Unterhaltsschuldner gegenüber. Dieser bedarf keines Schutzes dahingehend, dass die gesetzliche Verfahrensstandschaft trotz Rechtskraft der Scheidung fortwirkt, da es ihm aus objektiver Sicht gleichgültig sein kann, ob der das Kind betreuende Elternteil im eigenen Namen oder im Namen des Kindes dessen Unterhaltsanspruch geltend macht.

Schließlich ist auch der Sinn und Zweck des § 265 Abs. 2 S. 1 ZPO hinsichtlich der Prozessökonomie nicht auf die Fallkonstellation des Wegfalls einer Voraussetzung der gesetzlichen Verfahrensstandschaft nach § 1629 Abs. 3 S. 1 durch Rechtskraft der Scheidung übertragbar. Denn bei einem Übergang der gesetzlichen Verfahrensstandschaft auf die gesetzliche Vertretungsregelung des § 1629 Abs. 2 S. 2 nach Rechtskraft der Scheidung wäre eine Sachdienlichkeit des Beteiligtenwechsels stets anzunehmen. Anstatt des gesetzlichen Verfahrensstandschafters wird dann das Kind Beteiligter des Unterhaltsverfahrens, wobei es durch den ehemaligen gesetzlichen Verfahrensstandschafter vertreten wird. Hierdurch kann der bisherige Verfahrensstoff verwertet und ein erneutes Verfahren vermieden werden. Würde in dieser Konstellation des isolierten

---

298 BGH Urt. v. 13.11.1975 – VII ZR 186/73, NJW 1976, 239 (240); BGH Urt. v. 07.07.1993 – IV ZR 190/92, NJW 1993, 3072 (3073); *Greger*, in: Zöller, § 263 Rn. 19; a.A. *Gießler* FamRZ 1994, 800 (801), der eine bloße Rubrumsberichtigung für ausreichend erachtet.

299 BGH Urt. v. 30.11.1999 – VI ZR 219/98, NJW 2000, 800 (803); BGH Urt. v. 15.01.2001 – II ZR 48/99, NJW 2001, 1210 (1211); *Geisler*, in: Prütting/Gehrlein, § 263 Rn. 15; *Reichold*, in: Thomas/Putzo, § 263 Rn. 8.

Kindesunterhaltsverfahrens der Gedanke der Verfahrensökonomie eingreifen, so könnte ihm ohne analoge Anwendung durch einen einfachen Beteiligtenwechsel genüge getan werden. Daher kann die Fortgeltung der gesetzlichen Verfahrensstandschaft gemäß § 1629 Abs. 3 S. 1 in einem – entgegen dem Sinn und Zweck der Norm und dem Grundsatz der Verfahrensökonomie – isolierten Kindesunterhaltsverfahren nach Rechtskraft der Scheidung nicht mit einer analogen Anwendung des § 265 Abs. 2 S. 1 ZPO begründet werden.

(3.) Zwischenergebnis
Die Voraussetzungen für eine analoge Anwendung des § 265 Abs. 2 S. 1 ZPO auf den Fall der Fortgeltung der gesetzlichen Verfahrensstandschaft gemäß § 1629 Abs. 3 S. 1 im isolierten Kindesunterhaltsverfahren trotz Rechtskraft der Scheidung der Eltern liegen nicht vor.

bb) Unabweisbares praktisches Bedürfnis

Auch das behauptete unabweisbare praktische Bedürfnis für eine Fortgeltung der gesetzlichen Verfahrensstandschaft über die Rechtskraft der Scheidung hinaus, auf welches sich der BGH beruft,[300] wird nicht näher dargelegt. Ein solches kann auch nicht angenommen werden, da das isoliert und in gesetzlicher Verfahrensstandschaft eingeleitete Kindesunterhaltsverfahren nicht als unzulässig abgewiesen und ein neues Verfahren somit nicht eingeleitet werden muss.[301] Vielmehr kann das eingeleitete Kindesunterhaltsverfahren durch einen gewillkürten Beteiligtenwechsel weitergeführt werden, da dieser als sachdienlich iSd §§ 112 Nr. 1, 113 Abs. 1 S. 2 FamFG iVm § 263 Alt. 2 ZPO zu bewerten ist.[302] Eine Sachdienlichkeit ist stets anzunehmen, wenn der Verfahrensstandschafter nach § 1629 Abs. 3 S. 1 als Beteiligter ausscheidet und dieser aufgrund seiner elterlichen Sorge dann das in das Verfahren eintretende minderjährige Kind nach § 1629 Abs. 2 S. 2 vertritt, da hierdurch der bisherige Verfahrensstoff als Entscheidungsgrundlage erhalten bleibt und ein neues Verfahren bezüglich des Kindesunterhalts vermieden wird.[303] Der BGH hält zwar mit seinem Urteil vom 12.03.2014[304] weiterhin an seiner Ansicht bezüglich der Fortgeltung der gesetzlichen Verfahrensstandschaft über die Rechtskraft der Scheidung hinaus fest, erweitert die höchstrichterliche Rechtsprechung jedoch dahingehend, dass

300 BGH Urt. v. 15.11.1989 – IVb ZR 3/89, FamRZ 1990, 283 (284).
301 Siehe 3. Teil C) I. 2. a) aa) (2) Vergleichbare Interessenlage.
302 OLG Brandenburg Beschl. v. 25.05.2001 – 15 WF 51/01, FamRZ 2001, 1712.
303 Siehe 3. Teil C) I. 2. a) aa) (2) Vergleichbare Interessenlage.
304 BGH Beschl. v. 12.03.2014 – XII ZB 234/13, FamRZ 2014, 917.

das minderjährige Kind alternativ „grundsätzlich im Wege des gewillkürten Beteiligtenwechsels in das Unterhaltsverfahren eintreten“[305] könne. In seinem Beschluss hatte sich der BGH aufgrund der unwiderlegbar vermuteten Einwilligung des Antragsgegners nach § 267 ZPO nicht mit der Sachdienlichkeit des Beteiligtenwechsels zu befassen.[306] Nimmt man jedoch mit der aufgezeigten Argumentation stets eine Sachdienlichkeit bei Übergang des gesetzlichen Verfahrensstandschafter nach § 1629 Abs. 3 S. 1 zum gesetzlichen Vertreter des Kindes nach § 1629 Abs. 2 S. 2 an, so kann der Ansicht des BGH nicht gefolgt werden. Denn wenn ein Verfahren durch einen sachdienlichen Beteiligtenwechsel fortgeführt werden kann, besteht weder ein prozessökonomisches noch ein anderweitiges „unabweisbares praktisches Bedürfnis“[307] für die Fortgeltung der gesetzlichen Verfahrensstandschaft nach Rechtskraft der Scheidung.

b) Gesetzliche Verfahrensstandschaft bei isolierten Unterhaltsverfahren

Ungeachtet dieser fehlerhaften Begründung des BGH ist festzustellen, dass er durch die Bezugnahme auf seine frühere Rechtsprechung,[308] wonach die gesetzliche Verfahrensstandschaft auch außerhalb des Verbundverfahrens für anwendbar erklärt wurde,[309] den Sinn und Zweck des § 1629 Abs. 3 S. 1 fehldeutete. In dem bezuggenommenen Urteil hatte der BGH über die Anwendbarkeit der gesetzlichen Verfahrensstandschaft in einem isolierten Kindesunterhaltsverfahren während andauernder Anhängigkeit der Scheidungssache und mithin über den praxisrelevanten Streit zu entscheiden, ob die gesetzliche Verfahrensstandschaft auch außerhalb des Verbundverfahrens Anwendung findet, solange die Scheidungssache noch anhängig ist.[310]

aa) Begründung des BGH für die Anwendbarkeit im isolierten Unterhaltsverfahren

Die Frage der Anwendbarkeit der gesetzlichen Verfahrensstandschaft auch außerhalb des Verbundverfahrens während Anhängigkeit einer Scheidungssache bejahte er und begründet dies mit dem Wortlaut und dem Sinn und Zwecks des § 1629 Abs. 3 S. 1.

305 BGH Beschl. v. 12.03.2014 – XII ZB 234/13, FamRZ 2014, 917 (919).
306 BGH Beschl. v. 12.03.2014 – XII ZB 234/13, FamRZ 2014, 917 (919).
307 BGH Urt. v. 15.11.1989 – IVb ZR 3/89, FamRZ 1990, 283 (284).
308 BGH Urt. v. 23.02.1983 – IVb ZR 359/81, NJW 1983, 2084 (2085); BGH Urt. v. 15.11.1989 – IVb ZR 3/89, FamRZ 1990, 283 (284).
309 BGH Urt. v. 23.02.1983 – IVb ZR 359/81, NJW 1983, 2084 (2085).
310 BGH Urt. v. 23.02.1983 – IVb ZR 359/81, NJW 1983, 2084 (2085).

Der Wortlaut unterscheide nicht danach, ob das Unterhaltsverfahren im Verbund anhängig gemacht wurde oder nicht.[311] Zudem spreche der mit § 1629 Abs. 2 S. 2 identische Wortlaut („Unterhaltsansprüche des Kindes gegen den anderen Elternteil") für eine Anwendbarkeit außerhalb des Verbundverfahrens, da die Vertretungsregelung ebenfalls außerhalb des Verbundverfahrens anwendbar sei.[312]

Ebenso gebiete es der Sinn und Zweck der Norm – der in dem Schutz des Kindes vor Scheidungsauseinandersetzungen der Kindeseltern liege – diese auch außerhalb des Verbundverfahrens zur Anwendung gelangen zu lassen, da das Kind ebenso in einem isolierten Kindesunterhaltsverfahren vor Auseinandersetzungen der Kindeseltern im Zuge der Scheidung zu schützen sei.[313] Zwar wird angeführt, dass die gesetzliche Verfahrensstandschaft gemäß § 1629 Abs. 3 S. 1 nach der Gesetzesbegründung zum 1. EheRG ausschließen solle, dass „das Kind in einer Folgesache förmlich als Partei am Scheidungsverfahren seiner Eltern beteiligt wird",[314] allerdings ergebe sich hierdurch noch nicht, dass die gesetzliche Verfahrensstandschaft nur innerhalb eines Verbundverfahrens Anwendung finden solle.[315] Schließlich sei auch nach der Gesetzbegründung eine zwingende Anwendbarkeit außerhalb des Verbundverfahrens geboten, da der dort rechtspolitisch angestrebte Zweck darin beschrieben werde, dass einem zur Geltendmachung in Verfahrensstandschaft berechtigten Elternteil bei anhängiger Scheidungssache keine Wahlmöglichkeit verbleiben solle, ob er den Kindesunterhalt im eigenen oder im Namen des Kindes geltend mache.[316] Daher könne die Frage der Geltendmachung im Namen des gesetzlichen Verfahrensstandschafters (§ 1629 Abs. 3 S. 1) oder im Namen des Kindes (§ 1629 Abs. 2 S. 2) nicht davon abhängig gemacht werden, ob der Kindesunterhalt im Verbund anhängig gemacht werde oder nicht.[317]

bb) Stellungnahme zur Begründung des BGH für die Anwendbarkeit im isolierten Unterhaltsverfahren

Dieser Begründung zur Anwendbarkeit der gesetzlichen Verfahrensstandschaft außerhalb des Verbundverfahrens kann nicht zugestimmt werden. Zum Zeitpunkt

---

311 BGH Urt. v. 23.02.1983 – IVb ZR 359/81, NJW 1983, 2084 (2085).
312 BGH Urt. v. 23.02.1983 – IVb ZR 359/81, NJW 1983, 2084 (2085).
313 BGH Urt. v. 23.02.1983 – IVb ZR 359/81, NJW 1983, 2084 (2085).
314 BT-Drucks. 7/650.
315 BGH Urt. v. 23.02.1983 – IVb ZR 359/81, NJW 1983, 2084 (2085).
316 BT-Drucks. 7/650; BGH Urt. v. 23.02.1983 – IVb ZR 359/81, NJW 1983, 2084 (2085).
317 BGH Urt. v. 23.02.1983 – IVb ZR 359/81, NJW 1983, 2084 (2085).

der Entscheidung des BGH am 23.02.1983 war der Wortlaut des § 1629 Abs. 3 S. 1 nicht mit dem des § 1629 Abs. 2 S. 2 identisch.[318] Zwar waren beide Normen bei Unterhaltsansprüchen des Kindes gegen den anderen Elternteil anwendbar. Allerdings unterschied sich der Anwendungsbereich dahingehend, dass die Vertretungsregelung nach § 1629 Abs. 2 S. 2 auch während der Trennungsphase der Kindeseltern zur Anwendung kam, während die gesetzliche Verfahrensstandschaft nach § 1629 Abs. 3 S. 1 auf den Zeitraum der Anhängigkeit der Scheidungssache beschränkt war.[319] Der Rückschluss, dass die gesetzliche Verfahrensstandschaft auch außerhalb des Verbundverfahrens Anwendung finden muss, weil die Vertretungsregelung aus § 1629 Abs. 2 S. 2 ebenfalls außerhalb des Verbundverfahrens eingreift, kann daher nicht aus dem Vergleich des Wortlauts der Normen hergeleitet werden, da dieser nicht gleichlautend war, sondern sich dahingehend unterschied, dass die gesetzliche Verfahrensstandschaft lediglich bei Anhängigkeit der Scheidungssache zur Anwendung kam.[320] Der abweichende Wortlaut spricht vielmehr für die gegenteilige Auffassung, dass die gesetzliche Verfahrensstandschaft, die auf die Anhängigkeit der Scheidungssache beschränkt war, lediglich innerhalb des Verbundverfahrens gelten solle. Die sinnwidrige Angleichung des Wortlauts der Regelung in § 1629 Abs. 3 S. 2 an die Vertretungsregelung in § 1629 Abs. 2 S. 2 erfolgte erst mit Inkrafttreten des UÄndG am 01.04.1986.[321]

Zudem besteht der Sinn und Zweck der gesetzlichen Verfahrensstandschaft nicht im Schutz des Kindes vor Auseinandersetzungen der Kindeseltern während der Scheidung, sondern in der Ermöglichung eines Verbundverfahrens der Ehescheidungs- und Kindesunterhaltssache nach §§§ 137 Abs. 1, 2 Nr. 2, 140 Abs. 1 FamFG.[322] Da der Sinn und Zweck der Norm gerade in der Ermöglichung eines Verbundverfahrens liegt, kann diese nicht zur Anwendung kommen, wenn das Kindesunterhaltsverfahren nicht als Folgesache im Verbund, sondern isoliert geltend gemacht wird.

Hieran ändert auch der in der Gesetzesbegründung vorgebrachte rechtspolitische angestrebte Zweck nichts, dass dem zur Geltendmachung des

---

318 Vgl. BGBl. 1976 I 1421 (1432).

319 Vgl. BGBl. 1976 I 1421 (1432).

320 § 1629 Abs. 3 S. 1 BGB in der Fassung vom 01.07.1977: „Ist die Scheidung der Ehe der Eltern beantragt, so kann ein Elternteil, solange die Scheidungssache anhängig ist, Unterhaltsansprüche des Kindes gegen den anderen Elternteil nur im eigenen Namen geltend machen."

321 BGBl. 1986 I 302 (307).

322 Siehe 3. Teil B) V. 5. Zusammenfassung der Stellungnahme zum Sinn und Zweck des § 1629 Abs. 3 S. 1.

Kindesunterhalts befugte Elternteil während der Anhängigkeit der Scheidung ein Wahlrecht verwehrt bleiben soll, ob er den Kindesunterhalt im eigenen Namen oder im Namen des Kindes anhängig macht. In der Gesetzesbegründung heißt es nämlich weiter: „Die vorgesehene Prozeßstandschaft soll daher die für die Geltendmachung von Kindesunterhalt im Ehescheidungsverfahren zwingend vorgeschriebene Form sein."[323] Mithin soll dem zur Geltendmachung von Kindesunterhalt berechtigten Elternteil lediglich dann ein Wahlrecht verwehrt werden, wenn er den Kindesunterhalt innerhalb des Ehescheidungsverfahrens als Folgesache geltend macht. Der Kindesunterhalt kann nur dann als Folgesache in den Verbund eingebracht werden, wenn der Unterhalt des Kindes lediglich für den Zeitpunkt ab Rechtskraft der Scheidung beansprucht wird, da Folgesachen nur solche sind, über die im Zuge der Scheidung entschieden werden können (§ 137 Abs. 2 S. 1 FamFG).[324] Macht ein Elternteil Kindesunterhalt für den Zeitraum vor Rechtskraft der Scheidung geltend, ist das Verfahren über den Kindesunterhalt isoliert zu verhandeln.[325] Das Wahlrecht, ob er den Kindesunterhalt im Verbund für den Zeitraum ab Rechtskraft der Scheidung oder isoliert außerhalb des Verbundes für einen Zeitpunkt vor Rechtskraft der Scheidung geltend macht, bleibt ihm erhalten. Die zwingend vorgeschriebene Form der Geltendmachung des Kindesunterhalts im Namen des Verfahrensstandschafters ist daher zur Verhinderung einer Abtrennung des Kindesunterhaltsverfahrens gemäß § 140 Abs. 1 FamFG notwendig, soweit sich der Verfahrensstandschafter zur Geltendmachung im Verbund als Folgesache entschieden hat.

Dementsprechend greift keines der vom BGH angeführten Argumente durch, sodass der Ansicht bezüglich der Anwendbarkeit der gesetzlichen Verfahrensstandschaft außerhalb des Verbundverfahrens nicht gefolgt werden kann.

II. Beendigung durch Volljährigkeit des Kindes

Wird das Kind während des Unterhaltsverfahrens volljährig, so endet die gesetzliche Verfahrensstandschaft gemäß § 1629 Abs. 3 S. 1.[326] Zwar ist der

---

323 BT-Drucks. 7/650, S. 176.

324 BT-Drucks. 7/650, S. 208; OLG Koblenz, Urt. v. 19.09.2001 – 9 UF 62/01, FamRZ 2002, 965 (966); *Kemper*, in: Kemper/Schreiber, § 137 Rn. 23; *Roßmann*, in: Schulte-Bunert/Weinreich, § 137 Rn. 15, 29.

325 OLG Koblenz, Urt. v. 19.09.2001 – 9 UF 62/01, FamRZ 2002, 965 (966); *Kemper*, in: Kemper/Schreiber, § 137 Rn. 23.

326 BGH Beschl. v. 23.02.1983 – IVb ZR 359/81, NJW 1983, 2984 (2985); *van Els*, in: Hoppenz, § 1629 Rn. 21; *Jaeger*, in: Johannsen/Henrich, § 1629 Rn. 12; *Schellhammer*, Familienrecht nach Anspruchsgrundlagen, Rn. 1462.

Unterhaltsanspruch des minderjährigen mit dem des privilegiert volljährigen Kindes identisch,[327] allerdings endet mit Eintritt der Volljährigkeit die gesetzliche Vertretung der Eltern und mithin auch die hierauf aufbauende gesetzliche Verfahrensstandschaft.[328] Die Beendigung der gesetzlichen Verfahrensstandschaft wegen Eintritt der Volljährigkeit des Kindes wirkt auch auf die bereits fälligen, in gesetzlicher Verfahrensstandschaft geltend gemachten Unterhaltsbeträge zurück, sodass der Antrag des gesetzlichen Verfahrensstandschafters insgesamt unzulässig wird.[329] Es stellt sich die Frage, wie das schwebende Verfahren bei Eintritt der Volljährigkeit des Kindes fortgeführt werden kann.

1. Gesetzlicher Beteiligtenwechsel

Nach einer Ansicht tritt das Kind mit seiner Volljährigkeit in die Beteiligtenrolle des gesetzlichen Verfahrensstandschafters kraft Gesetzes ein.[330] Mithin wird das Kind automatisch durch einen gesetzlichen Beteiligtenwechsel in das Unterhaltsverfahren hineingezogen, während der gesetzliche Verfahrensstandschafter gleichzeitig austritt.[331] Begründet wird dies mit der Vergleichbarkeit der Beendigung der gesetzlichen Verfahrensstandschaft durch Eintritt der Volljährigkeit des Kindes und der Beendigung der gesetzlichen Prozessstandschaft eines Insolvenzverwalters, bei der der Insolvenzschuldner ebenfalls in den laufenden

---

327 BGH Urt. v. 21.03.1984 – IVb ZR 72/82, FamRZ 1984, 682; BGH Urt. v. 02.03.1994 – XII ZR 215/92, FamRZ 1994, 696 (697); *Klinkhammer*, in: Wendl/Dose, § 2 Rn. 28; *Schausten*, in: Grandel/Stockmann, 144 Rn. 3; *Soyka*, in: Prütting/Wegen/Weinreich, § 1601 Rn. 1; *Viefhues* FF 2008, 294 (295).

328 *Gießler* FamRZ 1994, 800 (802); *Stockmann*, FamRB 2015, 393; *Stockmann*, in: Grandel/Stockmann, 186 Rn. 11.

329 BGH Beschl. v. 23.02.1983 – IVb ZR 359/81, NJW 1983, 2984 (2985); BGH Beschl. v. 19.06.2013 – XII ZB 39/11, NJW 2013, 2595; *Huber*, in: MüKoBGB, § 1629 Rn. 93; *Jaeger*, in: Johannsen/Henrich, § 1629 Rn. 12.

330 BGH Beschl. v. 23.02.1983 – IVb ZR 359/81, FamRZ 1983, 474 (475); BGH Urt. v. 30.01.1985 – IVb ZR 70/83, FamRZ 1985, 471 (473); *van Els*, in: Hoppenz, § 1629 Rn. 21; *Gernhuber/Coester-Waltjen*, Familienrecht, § 58 Rn. 42; *Gießler* FamRZ 1994, 800 (802); *Peschel-Gutzeit*, in: Staudinger, § 1629 Rn. 361; Rn. 42; *Schellhammer*, Familienrecht nach Anspruchsgrundlagen, Rn. 1462.

331 BGH Beschl. v. 23.02.1983 – IVb ZR 359/81, FamRZ 1983, 474 (475); BGH Urt. v. 30.01.1985 – IVb ZR 70/83, FamRZ 1985, 471 (473); *van Els*, in: Hoppenz, § 1629 Rn. 21; *Gernhuber/Coester-Waltjen*, Familienrecht, § 58 Rn. 42; *Gießler* FamRZ 1994, 800 (802); *Peschel-Gutzeit*, in: Staudinger, § 1629 Rn. 361; *Schellhammer*, Familienrecht nach Anspruchsgrundlagen, Rn. 1462.

Prozess eintrete.[332] Nach dem Verfahrenseintritt kraft Gesetzes obliege es dann dem volljährigen Kind, ob es das Verfahren weiterbetreibt oder den Antrag zurücknimmt.[333]

2. *Gewillkürter Beteiligtenwechsel*

Der BGH[334] geht unter Aufhebung seiner früheren Rechtsprechung nunmehr davon aus, dass im Falle der Beendigung der gesetzlichen Verfahrensstandschaft wegen Volljährigkeit des Kindes eine Fortführung des Verfahrens nur aufgrund eines gewillkürten Beteiligtenwechsels möglich sei.[335] Dem vom BGH angenommenen Sinn und Zweck der Norm, das Kind aus dem Streit der Eltern herauszuhalten, widerspräche es, wenn das Kind ohne Rücksicht auf dessen Willen in das Verfahren als Beteiligter hineingezogen werden würde.[336] Diesem Sinn und Zweck könne man nur gerecht werden, wenn man einen gewillkürten Beteiligtenwechsel annehme, sodass der Eintritt des Kindes in das Verfahren von einer entsprechenden Verfahrenserklärung abhänge.[337]

3. *Stellungnahme zum Beteiligtenwechsel*

Obwohl die neuere Rechtsprechung des BGH den Sinn und Zweck der gesetzlichen Verfahrensstandschaft nach § 1629 Abs. 3 S. 1 verkennt,[338] ist ihr im Ergebnis zuzustimmen. Durch die Volljährigkeit endet die gesetzliche Verfahrensstandschaft, sodass der laufende und bereits fällige Kindesunterhalt nur noch durch das volljährige Kind geltend gemacht werden kann, wenn es in das Verfahren als Beteiligter eintreten möchte.

Für die gegenteilige Auffassung eines gesetzlichen Beteiligtenwechsels besteht kein Bedarf. Der früheren Rechtsprechung des BGH, wonach der Wegfall der Verfahrensführungsbefugnis durch Eintritt der Volljährigkeit mit

---

332 BGH Urt. v. 19.06.1958 – VII ZR 158/57, NJW 1958, 1683; BGH Beschl. v. 23.02.1983 IVb ZR 359/81, FamRZ 1983, 474 (475).

333 *Gießler* FamRZ 1994, 800 (802).

334 BGH Beschl. v. 19.06.2013 – XII ZB 39/11, NJW 2013, 2595.

335 so auch: *Jaeger*, in: Johannsen/Henrich, § 1629 Rn. 12; *Kaiser*, in: NK-BGB FamR, § 1629 Rn. 57; *Stockmann*, in: Grandel/Stockmann, 186 Rn. 11; *Völker/Clausius*, Sorge- und Umgangsrecht, § 1 Rn. 146.

336 BGH Beschl. v. 19.06.2013 – XII ZB 39/11, NJW 2013, 2595.

337 *Jaeger*, in: Johannsen/Henrich, § 1629 Rn. 12; *Stockmann*, in: Grandel/Stockmann, 186 Rn. 11.

338 Vgl. BGH Beschl. v. 19.06.2013 – XII ZB 39/11, NJW 2013, 2595; Siehe 3. Teil B) V. 5. Zusammenfassung.

der Beendigung der gesetzlichen Prozessstandschaft eines Insolvenzverwalters durch Beendigung des Insolvenzverfahrens vergleichbar sei,[339] kann nicht gefolgt werden. Nach Eröffnung eines Insolvenzverfahrens über das Vermögen des Betroffenen geht die Prozessführungsbefugnis mit Bestellung des Insolvenzverwalters gemäß §§ 56, 80 Abs. 1 InsO auf diesen über. Endet das Insolvenzverfahren, so gelangt die Prozessführungsbefugnis zum Rechtsinhaber zurück, der dann kraft Gesetzes in einen laufenden Prozess über sein Vermögen eintritt.[340] Dies entspricht auch regelmäßig dem Interesse des Rechtsinhabers, der je nach Prozessstellung auf Kläger- oder Beklagtenseite ebenso wie der Insolvenzverwalter einen vermögensrechtlichen Anspruch geltend machen oder sein Vermögen gegen einen solchen verteidigen möchte.

Ein solches Interesse kann dem volljährig gewordenen Kind als Rechtsinhaber hingegen nicht generell unterstellt werden. Mit Eintritt der Volljährigkeit fällt die Verfahrensführungsbefugnis des gesetzlichen Verfahrensstandschafters rückwirkend auch für den bereits fällig gewordenen Kindesunterhalt weg, sodass das volljährige Kind als Rechtsinhaber nunmehr auch für die Geltendmachung des rückständigen Unterhalts verfahrensfähig und verfahrensführungsbefugt ist.[341] So kann zwischen dem Unterhaltsschuldner und dem Kind trotz unterlassener Unterhaltsleistung ein intaktes Eltern-Kind-Verhältnis bestehen, sodass das Kind kein Interesse an einer eigenen Geltendmachung des Kindesunterhalts hat. Der Kindesunterhalt wurde in diesen Fällen vollumfänglich durch den betreuenden Elternteil geleistet, wodurch ein eigenes Interesse des Kindes bei Bestehen einer sozialen Bindung zum Unterhaltsschuldner fehlt. Ein gesetzlicher Beteiligtenwechsel erscheint auch bei Annahme des durch diese Rechtsprechung behaupteten Sinn und Zwecks des § 1629 Abs. 3 S. 1 in Form des Schutzes des Kindes vor Streitigkeiten der Eltern inkonsequent. Es ist nicht nachvollziehbar, warum etwa das 17-jährige Kind in jedem Fall zum Schutz vor Streitigkeiten der Eltern aus dem Kindesunterhaltsverfahren herausgehalten und bei Eintritt der Volljährigkeit kraft Gesetzes in ein streitiges Verfahren hineingezwungen werden sollte. Die Annahme eines gesetzlichen Beteiligtenwechsels könnte auch negative Folgen für das volljährige Kind nach sich ziehen. So hätte

339 BGH Urt. v. 19.06.1958 – VII ZR 158/57, NJW 1958, 1683; BGH Beschl. v. 23.02.1983 IVb ZR 359/81, FamRZ 1983, 474 (475).

340 BGH Urt. v. 19.06.1958 – VII ZR 158/57, NJW 1958, 1683; BGH Beschl. v. 23.02.1983 IVb ZR 359/81, FamRZ 1983, 474 (475).

341 BGH Beschl. v. 23.02.1983 – IVb ZR 359/81, NJW 1983, 2984 (2985); BGH Beschl. v. 19.06.2013 – XII ZB 39/11, NJW 2013, 2595; *Huber*, in: MüKoBGB, § 1629 Rn. 93; *Jaeger*, in: Johannsen/Henrich, § 1629 Rn. 12.

das volljährige Kind als Beteiligter die Kosten des Verfahrens zu tragen, wenn es aus Desinteresse das Verfahren nicht betreibt und ein entsprechender Versäumnisbeschluss in der Kindesunterhaltssache ergeht.

Vielmehr muss es aufgrund der familieninternen Situation und im Hinblick auf mögliche Gewissens- oder Interessenkonflikte des volljährigen Kindes in dessen Entscheidungsgewalt stehen, ob es das Kindesunterhaltsverfahren gegen den potentiell unterhaltsverpflichteten Elternteil fortsetzt oder hierauf verzichtet. Dies ist nur möglich, wenn man nach Eintritt der Volljährigkeit des Kindes einen gesetzlichen Beteiligtenwechsel ablehnt und es seiner Entscheidung im Rahmen des gewillkürten Beteiligtenwechsels überlässt, ob es in das Unterhaltsverfahren durch entsprechende Verfahrenserklärung eintritt.

Dem Willen des Kindes kann daher nur im Rahmen eines gewillkürten Beteiligtenwechsels entsprochen werden.[342] Entscheidet es sich gegen einen Eintritt in das Unterhaltsverfahren, muss dem Verfahrensstandschafter – ebenso wie bei Beendigung der Vertretungsmacht nach § 1629 Abs. 2 S. 2[343] – die Möglichkeit eingeräumt werden, die Hauptsache als Abwicklungsmaßnahme für erledigt zu erklären, um einer Tragung der Kostenlast zu entgehen. Es ergeht dann ein Kostenbeschluss gemäß §§ 111 Nr. 8, 112 Nr. 1, 113 Abs. 1 S. 2 FamFG iVm § 91a Abs. 1 S. 1 ZPO. Anderenfalls ist dessen Antrag als unzulässig abzuweisen.[344]

Entscheidet sich das Kind für eine Fortführung des Unterhaltsverfahrens, ist eine Erledigungserklärung des Verfahrensstandschafters entbehrlich, da er mit dem gewillkürten Beteiligtenwechsel aus dem Verfahren austritt. Wurde die Unterhaltssache im Verbundverfahren geltend gemacht, so ist diese mit Eintritt der Volljährigkeit gemäß § 140 Abs. 1 FamFG abzutrennen, da das volljährige Kind dem Verbundverfahren als weiterer Beteiligter nicht hinzutreten kann.[345]

Dem Argument der Gegenansicht, dass es bei einem gesetzlichen Beteiligtenwechsel keiner Zustimmung des Antragsgegners bedarf, kann entgegnet werden, dass ein gewillkürter Beteiligtenwechsel aufgrund des Eintritts der Volljährigkeit des Kindes stets als sachdienlich anzusehen ist.[346] Da der Beteiligtenwechsel

342 BGH Beschl. v. 19.06.2013 – XII ZB 39/11, NJW 2013, 2595.

343 OLG Hamm Beschl. v. 09.02.1990 – 5 UF 352/89, FamRZ 1990, 890; OLG Rostock Beschl. v. 14.01.2012 – 10 UF 146/11, FamRZ 2012, 890; OLG Koblenz Beschl. v. 21.05.2015 – 7 WF 353/15, FamRZ 2015, 1902; *Kaiser*, in: NK-BGB FamR, § 1629 Rn. 48; *Völker/Clausius*, Sorge- und Umgangsrecht, § 1 Rn. 136.

344 OLG München Urt. v. 21.10.1982 – 26 UF 726/81, FamRZ 1983, 925 (926); *Kaiser*, in: NK-BGB FamR, § 1629 Rn. 57; *Peschel-Gutzeit*, in: Staudinger, § 1629 Rn. 361.

345 Siehe 3. Teil B) V. 4. Stellungnahme zur Geltendmachung des Kindesunterhalts im Verbundverfahren.

346 Siehe 3. Teil C) I. 2. a) aa) (2.) Vergleichbare Interessenlage.

allein im Wegfall der Verfahrensführungsbefugnis gründet und dieser somit durch Verwertung des bisherigen Verfahrensstoffes und Vermeidung eines neuen Verfahrens sachdienlich ist, bedarf es für den gewillkürten Beteiligtenwechsel ebenfalls keiner Zustimmung des Antragsgegners.[347]

III. Beendigung durch Obhutswechsel des Kindes

Ebenso endet die gesetzliche Verfahrensstandschaft gemäß § 1629 Abs. 3 S. 1 bei einem Obhutswechsel des Kindes von dem gesetzlichen Verfahrensstandschafter zu dem anderen Elternteil.[348] Der Obhutswechsel des Kindes bewirkt, dass der in gesetzlicher Verfahrensstandschaft gestellte Antrag auf Zahlung von Kindesunterhalt durch den Wegfall der Verfahrensführungsbefugnis, sowohl für den laufenden Unterhalt als auch für den aufgelaufenen Unterhaltsrückstand, unzulässig wird.[349] Ein Eintritt des neuen Obhutinhabers in das rechtshängige Verfahren als gesetzlicher Verfahrensstandschafter scheidet aus, da dieser bereits als Antragsgegner an diesem Verfahren beteiligt ist und ein gleichzeitiges Auftreten dieses Elternteils auf Antragsteller- und Antragsgegnerseite unzulässig wäre.[350] Der Elternteil, der in zulässiger Weise in gesetzlicher Verfahrensstandschaft aufgetreten ist, kann seinen Antrag für erledigt erklären, um so gemäß §§ 112 Nr. 1 Alt. 1, 113 Abs. 1 S. 2 FamFG iVm § 91a ZPO der Kostenlast zu entgehen.[351] Unterlässt es der gesetzliche Verfahrensstandschafter, den Antrag auf Zahlung von Kindesunterhalt für erledigt zu erklären, ist dieser als unzulässig abzuweisen.[352]

IV. Beendigung durch Übertragung des alleinigen Sorgerechts

Die gesetzliche Verfahrensstandschaft endet zudem, auch für den rückständigen Kindesunterhalt, wenn das gemeinsame Sorgerecht auf einen Elternteil

---

347 BGH Beschl. v. 19.06.2013 – XII ZB 39/11, NJW 2013, 2595 (2596); *Jaeger*, in: Johannsen/Henrich, § 1629 Rn. 12; *Stockmann*, in: Grandel/Stockmann, 186 Rn. 11.

348 OLG Hamm Urt. v. 09.02.1990 – 5 UF 352/89, FamRZ 1990, 890 (890 f.); OLG München Beschl. v. 02.05.1997 – 16 UF 822/97, FamRZ 1997, 1493 (1494); OLG Köln Beschl. v. 30.07.2008 – 4 WF 88/08, FamRZ 2009, 619; *Jaeger*, in: Johannsen/Henrich, § 1629 Rn. 11; *Veit*, in: Bamberger/Roth, § 1629 Rn. 51.

349 OLG Hamm Urt. v. 09.02.1990 – 5 UF 352/89, FamRZ 1990, 890 (891); *Kaiser*, in: NK-BGB FamR, § 1629 Rn. 56; *Peschel-Gutzeit*, in: Staudinger, § 1629 Rn. 359.

350 *Stockmann*, in: Grandel/Stockmann, 182 Rn. 12.

351 *Jaeger*, in: Johannsen/Henrich, § 1629 Rn. 11; *Stockmann*, in: Grandel/Stockmann, 186 Rn. 13; *Veit*, in: Bamberger/Roth, § 1629 Rn. 51.

352 *Schmitz*, in: Wendl/Dose, § 10 Rn. 50.

allein übertragen wird.[353] Die Beendigung der gesetzlichen Verfahrensstandschaft tritt unabhängig davon ein, auf wen das alleinige Sorgerecht übertragen wird. Die gesetzliche Verfahrensstandschaft setzt die Sorgeberechtigung des Verfahrensstandschafters neben dem unterhaltsverpflichteten Elternteil voraus.[354] Wird die elterliche Sorge auf einen Elternteil alleine übertragen, so vertritt dieser nach § 1629 Abs. 1 S. 1, 3 Alt. 1 das Kind als alleiniger gesetzlicher Vertreter.

Sofern das Sorgerecht auf den gesetzlichen Verfahrensstandschafter übertragen wird, muss dieser durch eine subjektive Antragsänderung einen sachdienlichen Beteiligtenwechsel dahingehend beantragen, dass er den Kindesunterhalt nicht mehr im eigenen Namen, sondern als gesetzlicher Vertreter im Namen des Kindes geltend macht.[355] Das Kind wird dann im Rubrum aufgeführt, vertreten durch den nunmehr allein sorgeberechtigten Elternteil.

Wird das Sorgerecht auf den in Anspruch genommenen Elternteil übertragen, so ist der gesetzliche Verfahrensstandschafter trotz der Beendigung weiterhin berechtigt, das Verfahren als erledigt erklären, um gemäß §§ 112 Nr. 1 Alt. 1, 113 Abs. 1 S. 2 FamFG iVm § 91a ZPO einer Auferlegung der entstandenen Verfahrenskosten zu entgehen.[356]

V. Beendigung durch Wiederaufnahme der ehelichen Lebensgemeinschaft

Nehmen die Kindeseltern ihre eheliche Lebensgemeinschaft wieder auf, so leben sie nicht länger getrennt im Sinne des § 1567 Abs. 1. War eine Ehesache bereits vor Wiederaufnahme der ehelichen Lebensgemeinschaft anhängig, so wird der Antrag vom Antragsteller nach der Versöhnung im Regelfall zurückgenommen. Die Wirkung der Rücknahme einer Scheidungssache erstreckt sich auf die Kindesunterhaltssache gemäß § 141 S. 1 FamFG, sofern diese als Folgesache im Verbund anhängig gemacht wurde. Die Eltern leben mit Wiederaufnahme der ehelichen Lebensgemeinschaft weder getrennt noch ist nach Rücknahme eine

---

353 BGH Urt. v. 15.11.1989 – IVb ZR 3/89, FamRZ 1990, 283 (284); OLG Nürnberg Beschl. v. 30.05.2001 -10 WF 1851/01, FamRZ 2002, 407 (408); *Huber*, in: MüKoBGB, § 1629 Rn. 92; *Kaiser*, in: NK-BGB FamR, § 1629 Rn. 56; *Veit*, in: Bamberger/Roth, § 1629 Rn. 51.

354 Siehe 3. Teil A) IV. 5. Ergebnis zum Erfordernis der Inobhutnahme neben der Sorgeberechtigung.

355 *Geisler*, in: Prütting/Gehrlein, § 263 Rn. 9, 20; *Greger*, in: Zöller, § 263 Rn. 19.

356 *Jaeger*, in: Johannsen/Henrich, § 1629 Rn. 11; *Veit*, in: Bamberger/Roth, § 1629 Rn. 51.

Ehesache zwischen ihnen anhängig, sodass diese Voraussetzungen der gesetzlichen Verfahrensstandschaft entfallen.[357] Die Wiederaufnahme der ehelichen Lebensgemeinschaft entfaltet sowohl materiell-rechtliche als auch verfahrensrechtliche Auswirkungen.[358] Materiell-rechtlich wandelt sich der laufende Barunterhaltsanspruch des Kindes gegen den unterhaltsverpflichteten Ehegatten nach §§ 1601 ff. in einen nach § 1360a zu leistenden Familienunterhaltsanspruch um.[359] Verfahrensrechtlich wird die gesetzliche Verfahrensstandschaft nach § 1629 Abs. 3 S. 1 mit Wiederaufnahme der ehelichen Lebensgemeinschaft beendet, sodass ein entsprechend in gesetzlicher Verfahrensstandschaft gestellter Antrag mangels Verfahrensführungsbefugnis unzulässig wird. Da die Eltern bei Wiederaufnahme der ehelichen Lebensgemeinschaft nicht mehr getrennt leben, kommt auch die Vertretungsregelung des § 1626 Abs. 2 S. 2 nicht zur Anwendung mit der Konsequenz, dass die sorgeberechtigten Eltern gemeinsam vertretungsberechtigt sind gemäß § 1629 Abs. 1 S. 2 und ein Kindesunterhaltsverfahren zwischen ihnen wegen abstrakter Interessenkollision gemäß § 1629 Abs. 2 S. 1 iVm § 1795 Abs. 1 Nr. 3 ausgeschlossen ist.[360]

VI. Beendigung durch erfolgreiche Anfechtung der Vaterschaft

Die gesetzliche Verfahrensstandschaft endet zudem bei einem rechtskräftigen Feststellungsbeschluss einer erfolgreichen Vaterschaftsanfechtung.[361] Gemäß § 1592 Nr. 1 gilt derjenige als rechtlicher Vater eines Kindes, der zum Zeitpunkt der Geburt mit der Mutter des Kindes verheiratet war. Dies gilt gemäß §§ 1599 Abs. 1, 1600 Abs. 1 Nr. 1 nicht, wenn durch Anfechtung rechtskräftig festgestellt wird, dass der Ehegatte der Mutter nicht der Vater des Kindes ist. Da die gesetzliche Verfahrensstandschaft nach § 1629 Abs. 3 S. 1 nur bei Geltendmachung von Kindesunterhalt gegenüber dem anderen Elternteil möglich ist, entfällt die Verfahrensführungsbefugnis mit negativer Vaterschaftsfeststellung rückwirkend.[362] Weil der vermeintliche Verfahrensstandschafter von Anfang an nicht zur Geltendmachung des Kindesunterhalts im eigenen Namen befugt war und es somit

357 *Peschel-Gutzeit*, in: Staudinger, § 1629 Rn. 351.
358 *Gießler* FamRZ 1994, 800 (804).
359 *Gießler* FamRZ 1994, 800 (804).
360 *Gießler* FamRZ 1994, 800 (804).
361 OLG Düsseldorf Urt. v. 09.01.1987 – 5 UF 107/86, FamRZ 1987, 1162; *Huber*, in: MüKoBGB, § 1629 Rn. 92; *Kaiser*, in: NK-BGB FamR, § 1629 Rn. 56; *Veit*, in: Bamberger/Roth, § 1629 Rn. 51; *Ziegler*, in: Weinreich/Klein, § 1629 Rn. 25.
362 OLG Düsseldorf Urt. v. 09.01.1987 – 5 UF 107/86, FamRZ 1987, 1162; *Gießler* FamRZ 1994, 800 (804).

an einem erledigenden Ereignis nach Rechtshängigkeit fehlt, ist es dem antragstellenden Elternteil auch nicht möglich, eine zulässige Erledigungserklärung abzugeben, um der Kostentragung zu entgehen.[363]

VII. Beendigung durch Tod des unterhaltsberechtigten Kindes

Verstirbt das unterhaltsberechtigte Kind, so geht dessen laufender Unterhaltsanspruch nach § 1615 Abs. 1 unter. Verfahrensrechtlich hat der Tod des unterhaltsberechtigten Kindes zur Auswirkung, dass die gesetzliche Verfahrensstandschaft endet, da § 1629 Abs. 3 S. 1 die Existenz eines unterhaltsberechtigten Kindes der Eltern voraussetzt. Eine Unterbrechung des Verfahrens nach § 112 Nr. 1 Alt. 1, 113 Abs. 1 S. 2, Abs. 5 Nr. 5 FamFG iVm § 239 Abs. 1 ZPO ist nicht erforderlich, da diese Norm lediglich bei einem Tod einer Partei bzw. eines Beteiligten zur Anwendung gelangt. Im Falle der gesetzlichen Verfahrensstandschaft nach § 1629 Abs. 3 S. 1 ist der gesetzliche Verfahrensstandschafter Beteiligter des Verfahrens und das Kind Rechtsinhaber.[364] Eine Unterbrechung des Verfahrens hat daher bei einem Tod des Kindes als Rechtsinhaber nicht zu erfolgen. Vielmehr tritt hinsichtlich des laufenden Kindesunterhalts Erledigung ein.[365]

VIII. Beendigung durch Tod des gesetzlichen Verfahrensstandschafters

Die gesetzliche Verfahrensstandschaft gilt ebenfalls als beendet, wenn der gesetzliche Verfahrensstandschafter verstirbt, da § 1629 Abs. 3 S. 1 nur für den Fall Anwendung findet, dass ein Elternteil den Kindesunterhalt gegenüber dem anderen Elternteil geltend macht.

Wurde die Kindesunterhaltssache im Verbund geltend gemacht, so gilt die Ehesache gemäß § 131 FamFG mit dem Tod des gesetzlichen Verfahrensstandschafters während der Rechtshängigkeit der Ehesache kraft Gesetzes als erledigt. In entsprechender Anwendung des § 142 Abs. 2 S. 1 FamFG wird die als Folgesache rechtshängig gemachte Kindesunterhaltssache gegenstandslos.[366]

Wird der Kindesunterhalt isoliert außerhalb des Verbundverfahrens anhängig gemacht, so finden die vorgenannten Regelungen keine Anwendung. Auch der

363 OLG Düsseldorf Urt. v. 09.01.1987 – 5 UF 107/86, FamRZ 1987, 1162; *Gießler* FamRZ 1994, 800 (804).

364 *Gießler* FamRZ 1994, 800 (804).

365 *Anders*, in: Prütting/Gehrlein, § 239 Rn. 2.

366 BGH Beschl. v. 14.07.1982 – IVb ZB 565/81, FamRZ 1983, 683; *Kemper*, in: Kemper/Schreiber, § 131 Rn. 7; *Roßmann*, in: Schulte-Bunert/Weinreich, § 131 Rn. 15.

Tod des gesetzlichen Verfahrensstandschafters nach Rechtskraft der Scheidung führt nicht dazu, dass die potentielle Folgesache, die jedoch isoliert außerhalb des Verbundverfahrens anhängig gemacht wurde, als erledigt oder gegenstandslos anzusehen wäre.[367] Der überlebende Elternteil kann seiner Unterhaltsverpflichtung hinsichtlich des laufenden Unterhalts durch Betreuung des Kindes gemäß § 1606 Abs. 3 S. 2 nachkommen. Bezüglich des rückständigen, aufgelaufenen Unterhaltsbetrags bleibt er gegenüber dem Kind zur Barzahlung verpflichtet. Diesbezüglich kommt es zu einer Interessenkollision des überlebenden Elternteils und des minderjährigen Kindes. Denn aufgrund des Umstandes, dass das gemeinsame Sorgerecht Voraussetzung für die Anwendbarkeit der gesetzlichen Verfahrensstandschaft ist,[368] geht die elterliche Sorge gemäß §§ 1680 Abs. 1, 1677 auf den überlebenden Elternteil über, der das Kind sodann alleine vertritt gemäß § 1629 Abs. 1 S. 1, 3 Alt. 1. Der überlebende Elternteil wäre in dieser Konstellation somit gesetzlicher Vertreter des anspruchsberechtigten Kindes und Anspruchsgegner zugleich, sodass es hinsichtlich des rückständigen, vom überlebenden Elternteil geschuldeten Kindesunterhalts zu einer Interessenkollision gemäß §§ 1629 Abs. 2 S. 1, 1795 Abs. 2, 181 kommt und zur Geltendmachung des rückständigen Kindesunterhalts ein Ergänzungspfleger nach § 1909 Abs. 1 S. 1 zu bestellen ist.[369]

IX. Beendigung durch Tod des unterhaltsverpflichteten Elternteils

Bei einem Wegfall des unterhaltsverpflichteten Elternteils durch dessen Tod kann im Ergebnis nichts Anderes gelten. Die gesetzliche Verfahrensstandschaft gemäß § 1629 Abs. 3 S. 1 wird beendet, da eine Geltendmachung des Kindesunterhaltsanspruchs gegen den anderen Elternteil nicht länger möglich ist. Dies gilt unabhängig davon, ob der Kindesunterhalt innerhalb des Verbundes oder isoliert anhängig gemacht wurde.[370]

Der rückständige, bereits fällige Unterhaltsanspruch bleibt bestehen und kann gegenüber den Erben des verstorbenen, unterhaltsverpflichteten Elternteils geltend gemacht werden, soweit das Kind bzw. der überlebende Ehegatte nicht selbst als Erben berufen sind.[371] Der laufende Unterhaltsanspruch des

---

367 BGH Beschl. v. 18.09.1985 – IVb ZB 57/84, NJW 1986, 185; BGH Beschl. v. 27.10.2010 – XII ZB 136/09, FamRZ 2011, 31 (32).

368 Siehe 3. Teil A) IV. Vertretungsmacht und Inobhutnahme des gesetzlichen Verfahrensstandschafters.

369 *Fritsche*, in: NK-BGB FamR, § 1795 Rn. 7, 10; *Spickhoff*, in: MüKoBGB: § 1795 Rn. 37.

370 Siehe 3. Teil C) VIII. Beendigung durch Tod des gesetzlichen Verfahrensstandschafters.

371 *Klinkhammer*, in: Staudinger, § 1615 Rn. 5, 6.

Kindes erlischt mit dem Tod des Unterhaltsverpflichteten nach § 1615 Abs. 1. Ein Anspruch des Kindes auf den sog. „Dreißigsten", also auf den laufenden Unterhalt für die ersten 30 Tage nach dem Eintritt des Erbfalls gemäß § 1969 Abs. 1 S. 1, gegenüber den Erben des Unterhaltsverpflichteten scheidet regelmäßig aus, da das Kind bei Geltendmachung von Kindesunterhalt in gesetzlicher Verfahrensstandschaft nicht mit dem unterhaltsverpflichteten Elternteil in einer Haus- und Familiengemeinschaft gelebt hat.[372]

X. Beendigung durch Übergang des Unterhaltsanspruchs gemäß § 7 UVG

Nach dem Unterhaltsvorschussgesetz (UVG) leistet das Bundesland einen Unterhaltsvorschuss für ein Kind, welches das zwölfte Lebensjahr noch nicht beendet hat, bei dem betreuenden, alleinstehenden Elternteil lebt und von dem anderen, unterhaltspflichtigen Elternteil nicht oder nicht regelmäßig Unterhalt erhält, § 1 Abs. 1, 2 UVG. Seit Inkrafttreten der Neuregelungen des UVG zum 01.07.2017[373] besteht nunmehr auch die Möglichkeit des Leistungsbezugs über das zwölfte Lebensjahr hinaus bis zum Eintritt der Volljährigkeit, soweit das Kind keine Leistungen nach dem SGB II bezieht oder der betreuende Elternteil neben den Leistungen nach SGB II ein eigenes Einkommen in Höhe von mindestens 600,00 € erwirtschaftet, § 1 Abs. 1a UVG. Die Höhe der Unterhaltsleistung bestimmt sich nach dem sich aus § 2 Abs. 1, 4 UVG iVm § 1612a Abs. 1 S. 3 Nr. 1, 2, Abs. 2 BGB, § 32 Abs. 6 S. 1 EStG ergebenden Mindestunterhalt unter Anrechnung des vollen Kindergeldbetrages.[374] Nach der Regelung in § 7 Abs. 1 S. 1 UVG geht der Unterhaltsanspruch des Kindes gegen den unterhaltsverpflichteten Elternteil mit der Unterhaltsleistung auf das Land über. Der Übergang erfolgt in Höhe des Kindesunterhaltsanspruchs, jedoch begrenzt bis zu der Höhe der erbrachten Leistung.[375] Die gesetzliche Verfahrensstandschaft nach § 1629 Abs. 3 S. 1 setzt die Anspruchsinhaberschaft des Kindes voraus, sodass die Verfahrensstandschaft nach Anspruchsübergang auf das Land in Höhe des übergegangenen Unterhaltsanspruchs endet.[376] Liegt der

372 *Hammermann*, in: Erman, § 1615 Rn. 4; *Horn*, in: Erman, § 1969 Rn. 2; *Klinkhammer*, in: Staudinger, § 1615 Rn. 8; *Menne*, in; § 1615 Rn. 8.

373 BGBl. 2017 I 3122 (3153 f.).

374 *Conradis*, in: NK-Hk-MuschG/BEEG, § 2 UVG, Rn. 3 f; *Poppen*, in: Büte/Poppen/Menne, § 2 UVG Rn. 2.

375 *Conradis*, in: NK-Hk-MuschG/BEEG, § 7 UVG, Rn. 3.

376 *Ziegler*, in: Weinreich/Klein, § 1629 Rn. 24.

Kindesunterhaltsanspruch aufgrund eines Mangelfalls unterhalb des geleisteten Vorschusses, so endet die gesetzliche Verfahrensstandschaft für den Zeitraum der gewährten Vorschussleistung gänzlich.[377] Liegt der Kindesunterhaltsanspruchsbetrag aufgrund der Leistungsfähigkeit des Unterhaltschuldners über dem geleisteten Unterhaltsvorschuss, endet die gesetzliche Verfahrensstandschaft nur in Höhe des geleisteten Unterhaltsvorschusses.[378] Im Übrigen kann der überschießende Differenzbetrag durch den gesetzlichen Verfahrensstandschafter im eigenen Namen weiterhin geltend gemacht werden.[379] Sofern das Land den übergegangenen Anspruch gemäß § 7 Abs. 4 S. 3 UVG unter Übernahme einer etwaigen Kostenbelastung auf den Unterhaltsleistungsempfänger zurückübertragen hat, kann der Verfahrensstandschafter, trotz eines geleisteten Unterhaltsvorschusses, den gesamten Kindesunterhaltsanspruch im eigenen Namen geltend machen.

Den zukünftigen Kindesunterhalt kann der gesetzliche Verfahrensstandschafter weiterhin geltend machen, da die gesetzliche Verfahrensstandschaft erst mit dem Forderungsübergang gemäß § 7 Abs. 1 S. 1 UVG endet, der eine Unterhaltsvorschussleistung durch die Unterhaltsvorschusskasse voraussetzt.[380] Zwar kann das Land gemäß § 7 Abs. 4 S. 1 UVG im eigenen Namen auch zukünftigen Kindesunterhalt geltend machen, wenn die Unterhaltsvorschussleistung voraussichtlich über einen längeren Zeitraum zu gewähren ist, jedoch bleibt der gesetzliche Verfahrensstandschafter ebenfalls berechtigt, den zukünftigen Kindesunterhalt geltend zu machen.[381] Bei der Regelung in § 7 Abs. 4 S. 1 UVG handelt sich nicht um einen Fall der gesetzlichen Verfahrensstandschaft.[382] Das

377 *Conradis*, in: NK-Hk-MuschG/BEEG, § 7 UVG, Rn. 3.

378 *Conradis*, in: NK-Hk-MuschG/BEEG, § 7 UVG, Rn. 3.

379 *Conradis*, in: NK-Hk-MuschG/BEEG, § 7 UVG, Rn. 3.

380 OLG Stuttgart, Beschl. v. 04.05.2006 – 15 WF 110/06, FamRZ 2006, 1769; OLG Schleswig Beschl. v. 24.01.2008 – 13 WF 202/07, FamRZ 2008, 1092; OLG Oldenburg Beschl. v. 27.04.2017 – 14 UF 7/17, BeckRS 2017, 129881 (abrufbar in beck-online); *Poppen*, in: Büte/Poppen/Menne, § 7 UVG Rn. 1.

381 BGH Beschl. v. 23.09.2015 – XII ZB 62/14, FamRZ 2015, 2150 (2152); OLG Oldenburg Beschl. v. 27.04.2017 – 14 UF 7/17, BeckRS 2017, 129881 (abrufbar in beck-online).

382 OLG Schleswig Beschl. v. 24.01.2008 – 13 WF 202/07, FamRZ 2008, 1092; OLG Koblenz Beschl. v. 11.11.2013 – 7 WF 975/13, FamRZ 2014, 872; OLG Oldenburg Beschl. v. 27.04.2017 – 14 UF 7/17, BeckRS 2017, 129881 (abrufbar in beck-online); OLG Stuttgart Beschl. v. 24.08.2017 – 11 UF 104/17, MDR 2017, 1307; a.A. OLG Bamberg Beschl. v. 13.01.2014 – 2 UF 309/13, FamRZ 2014, 2006 (2007); offen gelassen BGH Beschl. v. 23.09.2015 – XII ZB 62/14, FamRZ 2015, 2150 (2152).

Land macht daher nicht den Unterhaltsanspruch des Kindes im eigenen Namen geltend, sondern vielmehr den eigenen, aufschiebend bedingten Forderungsübergang, sodass sowohl das Land als auch der gesetzliche Verfahrensstandschafter ein berechtigtes Titulierungsinteresse hinsichtlich der jeweiligen, nicht deckungsgleichen Ansprüche aufweisen.[383]

XI. Zusammenfassung der Auswirkungen der Beendigung gesetzlichen Verfahrensstandschaft auf das Unterhaltsverfahren

Es bleibt festzuhalten, dass die gesetzliche Verfahrensstandschaft nach § 1629 Abs. 3 S. 1 beendet wird, sobald eine der Voraussetzungen dieser gesetzlichen Regelung wegfällt. Dies steht im Einklang mit dem eindeutigen Wortlaut der Norm, der vorgibt, dass die gesetzliche Verfahrensstandschaft nur „solange" gilt, wie ihre Voraussetzungen vorliegen.

Die höchstrichterliche Rechtsprechung macht hiervon eine Ausnahme für den Fall der Beendigung durch Rechtskraft der Scheidung.[384] In diesem Fall soll die gesetzliche Verfahrensstandschaft auch in dem isolierten Kindesunterhaltsverfahren bis zu dessen Beendigung fortgelten.[385] Für diese Sonderstellung der Beendigung durch Rechtskraft der Scheidung im Hinblick auf die übrigen Beendigungsmöglichkeiten der gesetzlichen Verfahrensstandschaft fehlt eine einschlägige, rechtfertigende Begründung.[386] Entgegen der Ansicht der höchstrichterlichen Rechtsprechung[387] besteht hierfür weder ein unabwendbares praktisches Bedürfnis noch eine Erforderlichkeit aufgrund des Sinn und Zwecks der Norm.[388]

Bei Wegfall einer Voraussetzung des § 1629 Abs. 3 S. 1 muss es dem gesetzlichen Verfahrensstandschafter gestattet werden, dass er seinen in zulässiger Weise gestellten Antrag im eigenen Namen für erledigt erklärt, um so gemäß §§ 112 Nr. 1 Alt. 1, 113 Abs. 1 S. 2 FamFG iVm § 91a ZPO der Kostenlast zu

383 OLG Schleswig Beschl. v. 24.01.2008 – 13 WF 202/07, FamRZ 2008, 1092; OLG Oldenburg Beschl. v. 27.04.2017 – 14 UF 7/17, BeckRS 2017, 129881 (abrufbar in beck-online); OLG Stuttgart Beschl. v. 24.08.2017 – 11 UF 104/17, MDR 2017, 1307.

384 Siehe 3. Teil C) I. Beendigung durch Rechtskraft der Scheidung.

385 Siehe 3. Teil C) I. 1. Entwicklung der höchstrichterlichen Rechtsprechung.

386 Siehe 3. Teil C) I. 2 b) bb) Stellungnahme zur Begründung des BGH für die Anwendbarkeit im isolierten Unterhaltsverfahren.

387 BGH Urt. v. 23.02.1983 – IVb ZR 359/81, NJW 1983, 2084 (2085); BGH Urt. v. 15.11.1989 – IVb ZR 3/89, FamRZ 1990, 283 (284).

388 Siehe 3. Teil C) I. 2. Stellungnahme zur höchstrichterlichen Rechtsprechung.

entgehen.[389] Unterlässt es der gesetzliche Verfahrensstandschafter, den Antrag auf Zahlung von Kindesunterhalt für erledigt zu erklären, ist der Antrag als unzulässig abzuweisen.[390]

389 *Jaeger*, in: Johannsen/Henrich, § 1629 Rn. 11; *Stockmann*, in: Grandel/Stockmann, 186 Rn. 13; *Veit*, in: Bamberger/Roth, § 1629 Rn. 51.
390 *Schmitz*, in: Wendl/Dose, § 10 Rn. 50.

4. Teil Problemstellungen im Rahmen der gesetzlichen Verfahrensstandschaft

Mit der Anwendung der gesetzlichen Verfahrensstandschaft gemäß § 1629 Abs. 3 S. 1 gehen einige Problemstellungen einher. Im Folgenden soll zunächst auf die materiell-rechtliche und die verfahrensrechtlichen Problemstellungen eingegangen werden, bevor hieran anschließend die vollstreckungsrechtlichen Probleme im Zuge der gesetzlichen Verfahrensstandschaft dargestellt werden. Schließlich wird auch eine standesrechtliche Fragestellung erörtert, die ein Rechtsanwalt bei Beendigung der gesetzlichen Verfahrensstandschaft durch Eintritt der Volljährigkeit des Kindes beachten sollte.

A) Materiell-rechtliche Problemstellung

Sofern das Kind während eines Kindesunterhaltsverfahrens volljährig wird und sich gegen den Eintritt in das Kindesunterhaltsverfahren entscheidet, oder etwa das minderjährige Kind in die Obhut des unterhaltsverpflichteten Elternteils wechselt, so stellt sich die Frage, wie der vormalige gesetzliche Verfahrensstandschafter den bis zur Beendigung der gesetzlichen Verfahrensstandschaft bereits entstandenen, rückständigen Kindesunterhalt geltend machen kann. Der als gesetzliche Verfahrensstandschafter auftretende Elternteil ist nach Beendigung der gesetzlichen Verfahrensstandschaft gezwungen, das laufende Kindesunterhaltsverfahren für erledigt zu erklären, da anderenfalls sein Antrag als unzulässig abgewiesen und ihm die Kosten des Verfahrens auferlegt werden.[391] Bis zu diesem Zeitpunkt kann jedoch bereits ein rückständiger Kindesunterhalt aufgelaufen sein, für den der bisherige gesetzliche Verfahrensstandschafter aufkam, obwohl er gemäß § 1606 Abs. 3 S. 2 seine Unterhaltsverpflichtung durch die Betreuung des minderjährigen Kindes erfüllt hat. Im Folgenden soll daher erörtert werden, ob und wie der gesetzliche Verfahrensstandschafter den anderen Elternteil nach Beendigung der gesetzlichen Verfahrensstandschaft hinsichtlich des rückständigen Kindesunterhalts in Regress nehmen kann.

---

391 *Jaeger*, in: Johannsen/Henrich, § 1629 Rn. 11; *Stockmann*, in: Grandel/Stockmann, 186 Rn. 13; *Veit*, in: Bamberger/Roth, § 1629 Rn. 51.

I. Familienrechtlicher Ausgleichsanspruch

Für diesen Fall des Unterhaltsregresses hat die Rechtsprechung den sog. familienrechtlichen Ausgleichsanspruch entwickelt.

1. Anspruch sui generis

Mit Urteil vom 09.12.1959 entwickelte der BGH[392] einen familienrechtlichen Ausgleichsanspruch, der seiner Rechtsnatur nach keinen Unterhaltsanspruch, sondern einen Anspruch eigener Art darstellt.[393] Hierbei führte er aus, dass die Regelungen der Geschäftsführung ohne Auftrag für den Fall, dass der betreuende Elternteil aufgrund der Leistungsverweigerung des eigentlich unterhaltsverpflichteten Elternteils auch den Barunterhalt leistet, nicht anwendbar seien.[394] Zwar liege eine Fremdgeschäftsführung vor, allerdings sei diese regelmäßig nicht von dem Willen des betreuenden Elternteils getragen, ein Geschäft für den sich der Unterhaltspflicht entziehenden Elternteil zu besorgen.[395] Der BGH beließ es bei der Stellungnahme zu der Anwendbarkeit der Regelungen zur Geschäftsführung ohne Auftrag, von deren Einschlägigkeit das Berufungsgericht ausging.[396] Da es sich in dem zu entscheidenden Fall jedoch allein um die Frage der Verjährung handelte, wurde auf eine weitere Stellungnahme zu anderen etwaig in Betracht kommenden gesetzlichen Regelungen verzichtet.[397]

In späteren Entscheidungen, in denen der BGH sein Grundsatzurteil zum familienrechtlichen Ausgleichsanspruch bestätigte, nahm er zur Konkurrenz gegenüber einer direkten Anwendung der cessio legis nach § 1607 Abs. 2 S. 2 Stellung.[398] Eine direkte Anwendung des § 1607 Abs. 2 S. 2 komme nicht in Betracht, da diese Regelung nur einschlägig sei, wenn die Rechtsverfolgung gegen den unterhaltsverpflichteten Elternteil im Inland ausgeschlossen oder erheblich erschwert wäre, wovon im Regelfall nicht ausgegangen werden könne.[399]

---

392 BGH Urt. v. 09.12.1959 – IV ZR 178/59, FamRZ 1960, 194.

393 *Poppen*, in: Grandel/Stockmann, 103 Rn. 1; *Götz/Schramm* NJW-Spezial 2015, 132; *Liceni-Kierstein* FamRB 2016, 197 (198).

394 BGH Urt. v. 09.12.1959 – IV ZR 178/59, FamRZ 1960, 194 (195).

395 BGH Urt. v. 09.12.1959 – IV ZR 178/59, FamRZ 1960, 194 (195); *Gießler* FamRZ 1994, 800 (804); *Zwirlein* FamRZ 2015, 896 (897).

396 Vgl. BGH Urt. v. 09.12.1959 – IV ZR 178/59, FamRZ 1960, 194 (195).

397 Vgl. BGH Urt. v. 09.12.1959 – IV ZR 178/59, FamRZ 1960, 194 (195).

398 BGH, Urt. v. 26.06.1968 – IV ZR 601/68, NJW 1968, 1780 (1781); BGH Urt. v. 26.04.1989 – IVb ZR 42/88, NJW 1989, 2816 (2816 f.).

399 BGH Urt. v. 26.04.1989 – IVb ZR 42/88, NJW 1989, 2816 (2816 f.); *Gießler* FamRZ 1994, 800 (804); *Klinkhammer*, in: Wendl/Dose, § 2 Rn. 773; *Zwirlein* FamRZ 2015, 896 (897).

Des Weiteren wird angenommen, dass ein Regress über den Gesamtschuldnerausgleich nach § 426 Abs. 1, 2 ausgeschlossen sei, da die Kindeseltern für den Unterhalt des gemeinsamen Kindes nach § 1606 Abs. 3 S. 1 nicht gesamtschuldnerisch, sondern anteilig nach ihren Erwerbs- und Vermögensverhältnissen haften.[400]

Schließlich fehle es auch für eine Anwendbarkeit der Regelungen der ungerechtfertigten Bereicherung an der erlangten Bereicherung des unterhaltsverpflichteten Elternteils, da dieser grundsätzlich nicht durch die Unterhaltszahlung des betreuenden Elternteils von seiner Unterhaltsverpflichtung frei werde.[401]

Da es nach Ansicht der Rechtsprechung an einer einschlägigen gesetzlichen Regelung dieses Sachverhalts mangelt, wurde mit dem familienrechtlichen Ausgleichsanspruch ein Anspruch sui generis entwickelt, der durch wiederholte Auseinandersetzung und Anerkennung durch die Judikative als allgemein anerkannt gilt.[402]

2. *Voraussetzungen des familienrechtlichen Ausgleichsanspruchs*

Durch die Fortentwicklung des Anspruchs eigener Art haben sich Voraussetzungen herausgebildet, die im Folgenden dargestellt werden sollen.

a) Barunterhaltsverpflichtung des nicht leistenden Ausgleichsverpflichteten

Der familienrechtliche Ausgleichsanspruch wird begründet mit der Unterhaltspflicht beider Eltern und der sich daraus ergebenden „Notwendigkeit, die Unterhaltslast im Innenverhältnis zwischen den Eltern ihrem Leistungsvermögen gerecht zu verteilen."[403] Es muss daher zunächst ein durchsetzbarer Unterhaltsanspruch des Kindes gegenüber dem ausgleichsverpflichteten, nicht betreuenden Elternteil bestanden haben. Dies setzt neben der Bedürftigkeit des Kindes

400 *Klinkhammer*, in: Wendl/Dose, § 2 Rn. 771; *Zwirlein* FamRZ 2015, 896 (897).

401 *Gießler* FamRZ 1994, 800 (804); *Klinkhammer*, in: Wendl/Dose, § 2 Rn. 771; *Zwirlein* FamRZ 2015, 896 (897).

402 BGH Urt. v. 09.12.1959 – IV ZR 178/59, NJW 1960, 957; BGH, Urt. v. 26.06.1968 – IV ZR 601/68, FamRZ 1968, 450 (451); BGH Urt. v. 20.05.1981 – IVb ZR 558/80, FamRZ 1981, 761 (762); BGH Urt. v. 09.05.1984 -IVb ZR 84/82, FamRZ, 1984, 775 (775 f.); BGH, Urt. v. 26.04.1989 – IVb ZR 42/88, NJW 1989, 2816; *Gießler* FamRZ 1994, 800 (804); *Langheim* FamRZ 2013, 1529 (1530); *Liceni-Kierstein* FamRB 2016, 197; *Viefhues* FF 2008, 294 (297); *Zwirlein* FamRZ 2015, 896 (897).

403 BGH Urt. v. 09.05.1984 – IVb ZR 84/82, FamRZ 1984, 775 (776); BGH Urt. v. 26.04.1989 – IVb ZR 42/88, NJW 1989, 2816 (2817).

auch die Leistungsfähigkeit des ausgleichungsverpflichteten Elternteils voraus.[404] Des Weiteren ist erforderlich, dass der ausgleichs- und unterhaltsverpflichtete Elternteil seiner Unterhaltsverpflichtung nicht nachgekommen ist.[405]

b) Leistung des Barunterhalts durch den betreuenden Elternteil

Der fehlende Barunterhalt muss ferner durch den betreuenden Elternteil geleistet worden sein, der seiner Unterhaltsverpflichtung nach der gesetzlichen Regelung des § 1606 Abs. 3 S. 2 bereits durch die Betreuung des Kindes nachkommt.[406] Ein Ausgleichsanspruch besteht hingegen nicht, wenn die Unterhaltsleistung des betreuenden Elternteils aufgrund einer eigenen festgestellten Unterhaltsverpflichtung in Form eines rechtskräftigen Beschlusses erfolgt, da der familienrechtliche Ausgleichsanspruch nicht dazu bestimmt ist, gerichtlich festgesetzte Unterhaltsverpflichtungen im Verhältnis der Elternteile abzuändern.[407] Ein nicht rechtskraftfähiger gerichtlicher Vergleich, nach dem der Ausgleichsberechtigte trotz Betreuung des Kindes weiterhin Barunterhalt leistet, steht der Geltendmachung des familienrechtlichen Ausgleichsanspruchs demgegenüber nicht entgegen, da eine Abänderung eines gerichtlichen Vergleichs nicht den Einschränkungen des § 238 Abs. 2, 3 FamFG unterliegt, sondern sich ausschließlich nach dem materiellen Recht bestimmt, sodass der Sinn und Zweck des familienrechtlichen Ausgleichsanspruchs einer inzidenten Überprüfung der Abänderbarkeit eines gerichtlichen Vergleichs nicht entgegensteht.[408]

c) Mitteilung der Erstattungsabsicht gegenüber dem Ausgleichsverpflichteten

Des Weiteren ist es erforderlich, dass der ausgleichsverlangende Elternteil seine Absicht, die von ihm verauslagten Unterhaltsleistungen zurückzuverlangen, gegenüber dem anderen Elternteil erklärt.[409] Diese Voraussetzung entnimmt der

---

404 *Gießler* FamRZ 1994, 800 (804); *Götz/Schramm* NJW-Spezial 2015, 132; *Liceni-Kierstein* FamRB 2016, 197 (200); *Poppen*, in: Grandel/Stockmann, 103 Rn. 2; *Zwirlein* FamRZ 2015, 896 (897).

405 *Gießler* FamRZ 1994, 800 (804); *Götz/Schramm* NJW-Spezial 2015, 132; *Liceni-Kierstein* FamRB 2016, 197 (200); *Poppen*, in: Grandel/Stockmann, 103 Rn. 2; *Zwirlein* FamRZ 2015, 896 (897).

406 *Gießler* FamRZ 1994, 800 (804); *Poppen*, in: Grandel/Stockmann, 103 Rn. 2; *Zwirlein*, FamRZ 2015, 896 (897).

407 BGH Urt. v. 20.05.1981 – IVb ZR 558/80, FamRZ 1981, 761 (762); BGH, Urt. v. 25.05.1994 – XII ZR 78/93, FamRZ 1994, 1102 (1103 f.).

408 BGH, Beschl. v. 08.02.2017 – XII ZB 116/16, NZFam 2017, 270 (271 f.), mit Anm. *Graba*, NZFam 2017, 272 (273).

409 BGH Urt. v. 26.06.1968 – IV ZR 601/68, FamRZ 1968, 450 (451).

BGH der Regelung in § 1360b, wonach im Zweifel anzunehmen ist, dass eine Unterhaltsleistung, die über die gesetzliche Verpflichtung hinausgeht, nicht von dem anderen Ehegatten zurückverlangt wird.[410] Eine Regressabsicht ist jedenfalls dann anzunehmen, wenn der ausgleichsberechtigte Elternteil den Kindesunterhalt ernsthaft gerichtlich oder außergerichtlich gegenüber dem anderen Elternteil geltend gemacht hat.[411] Offen gelassen hat der BGH hingegen, ob die Regelung zum Familienunterhalt auch bei geschiedenen Elternteilen zur Anwendung gelangt.[412]

Diese Voraussetzung der Anzeige einer Regressabsicht gegenüber dem anderen Elternteil wird teilweise abgelehnt.[413] Die Regelung des § 1360b greife bereits nach ihrem Wortlaut nur dann, wenn ein Ehegatte überobligatorisch eine Mehrleistung im Rahmen des Familienunterhalts erbringe.[414] Wenn sich der unterhaltsverpflichtete Elternteil nach Trennung jedoch seiner Unterhaltsverpflichtung gegenüber dem Kind entzieht und der betreuende Elternteil neben der Betreuung auch noch den Bar- bzw. Naturalunterhalt aufbringen muss, so erfolge dies nicht überobligatorisch, sondern aufgrund der gesetzlichen Verpflichtung aus § 1607 Abs. 2 S. 1 analog.[415] Aus §§ 1606 Abs. 2, 3 S. 1, 1607 Abs. 2 S. 1 folge, dass der vorrangig haftende andere Elternteil den Kindesunterhalt zu gewähren habe, wenn sich der andere unterhaltspflichtige Elternteil seiner Zahlungsverpflichtung entzieht und eine Rechtsverfolgung im Inland ausgeschlossen oder erheblich erschwert ist.[416] Die Vorschrift des § 1360b sei daher aufgrund der gesetzlichen Ersatzhaftung des betreuenden Elternteils gemäß § 1607 Abs. 2 S. 1 auf den Fall des familienrechtlichen Ausgleichsanspruchs nicht anwendbar.

Zudem sei eine Mitteilung der Erstattungsabsicht gegenüber dem Ausgleichsverpflichteten nach § 1360b abzulehnen, da diese Vorschrift in dem „Wesen der Ehe" gründe, deren „Natur es widerspreche, Leistungen von dem anderen Ehegatten zurückzuverlangen."[417] Die Regelung des § 1360b beziehe sich daher auf

---

410 BGH Urt. v. 26.06.1968 – IV ZR 601/68, FamRZ 1968, 450 (451).

411 BGH Urt. v. 26.04.1989 – IVb ZR 42/88, NJW 1989, 2816 (2817); *Liceni-Kierstein* FamRB 2016 197 (201).

412 BGH Urt. v. 26.04.1989 – IV b ZR 42/88, NJW 1989, 2816 (2817).

413 *Holzhauer* FS Wolf 1985, 223 (232).

414 *Holzhauer* FS Wolf 1985, 223 (230).

415 *Holzhauer* FS Wolf 1985, 223 (230–232).

416 OLG Thüringen, Beschl. v. 29.10.2009 – 1 WF 258/09, FamRZ 2010, 746 (747); *Born*, in: MüKoBGB, § 1607 Rn. 11; *Klinkhammer*, in: Staudinger, § 1607 Rn. 27; *Viefhues*, in: jurisPK-BGB, § 1607 Rn. 21, 24.

417 BGH Urt. v. 26.06.1968 – IV ZR 601/68, FamRZ 1968, 450 (451); *Holzhauser* FS Wolf 1985, 223 (234).

den Familienunterhalt und sei auf andere Unterhaltsarten, trotz der Verweisung der Trennungsunterhaltsregelung in § 1361 Abs. 4 S. 4, nicht zu übertragen.[418] Die Vorschrift stelle lediglich klar, was sich bereits aus der Eigenart des Familienunterhalts ergebe.[419] So seien die Ehegatten im Rahmen der §§ 1360, 1360a einander zum Familienunterhalt verpflichtet.[420] Es handele sich folglich um einen Kollektivunterhalt, dessen Umfang nicht durch die Bedürftigkeit eines Unterhaltsberechtigten bestimmt werde, sondern durch den Bedarf der gesamten Familie.[421] Folglich fehle es bereits an einer Obergrenze beim Familienunterhalt, die beim Kindes-, Trennungs- und nachehelichen Unterhalt durch die Bedürftigkeit des Berechtigten bestimmt werde.[422] Ohne Obergrenze des Familienunterhaltsanspruchs könne jedoch auch nicht angegeben werden, welche Leistung nun obligatorisch und welche fakultativ erbracht wurde.[423] Die Vorschrift des § 1360b beschreibe daher deklaratorisch die hieraus resultierende Konsequenz, dass jeglicher Betrag zum Familienunterhalt ohne Erstattungsabsicht gegenüber dem anderen Ehegatten geleistet wurde, da eine Bezifferung des Erstattungsanspruchs nicht möglich sei.[424]

Eine Übertragung des Grundsatzes aus § 1360b auf die Situation nach der Trennung der Ehegatten scheide trotz der Verweisung in § 1361 Abs. 4 S. 4 aus, da sich die Unterhaltsrechtslage aufgrund der Trennung geändert habe.[425] Nach der Trennung seien die Ehegatten nicht mehr einander zum Familienunterhalt verpflichtet.[426] Vielmehr bestehe dann hinsichtlich des Kindes eine Verpflichtung zur Zahlung von Kindsunterhalt, sofern man dieser Unterhaltsverpflichtung nicht durch die Betreuung des Kindes nachkommt, § 1606 Abs. 3 S. 2.[427] Kommt ein Elternteil seiner Verpflichtung gegenüber dem Kind durch die Betreuung nach und muss, aufgrund der unrechtmäßigen Verweigerung der Unterhaltszahlung durch den unterhaltsverpflichteten Elternteil, zusätzlich auch für dessen Unterhaltsverpflichtung aufkommen, so kann nicht „nach der Lebenserfahrung in Zweifelsfällen"[428] angenommen werden, dass eine Regressabsicht des

---

418 *Holzhauser*, FS Wolf 1985, 223 (236).
419 *Holzhauser*, FS Wolf 1985, 223 (236).
420 *Holzhauser*, FS Wolf 1985, 223 (235).
421 *Holzhauser*, FS Wolf 1985, 223 (235).
422 *Holzhauser*, FS Wolf 1985, 223 (235).
423 *Holzhauser*, FS Wolf 1985, 223 (235).
424 *Holzhauser*, FS Wolf 1985, 223 (236).
425 *Holzhauser*, FS Wolf 1985, 223 (236).
426 *Holzhauser*, FS Wolf 1985, 223 (236).
427 *Holzhauser*, FS Wolf 1985, 223 (236).
428 BGH Urt. v. 26.06.1968 – IV ZR 601/68, FamRZ 1968, 450 (451); *Holzhauser* FS Wolf 1985, 223 (237).

betreuenden Elternteils gegenüber dem anderen nicht bestehe.[429] Vielmehr entspreche es gerade der Lebenserfahrung, dass der betreuende Elternteil mit seiner zusätzlichen Unterhaltszahlung den anderen Elternteil von seiner Unterhaltsverpflichtung nicht freistellen, sondern diesen in Regress nehmen will.[430]

Sollte man dennoch aufgrund der Verweisung in § 1361 Abs. 4 S. 4 eine Übertragung des § 1360b auf die getrennten Elternteile annehmen wollen, so kann zumindest nicht bestritten werden, dass eine solche Übertragung für bereits geschiedene Elternteile keine Anwendung finden könne, da es insofern an einer entsprechenden Verweisung fehle.[431] Hieraus zieht eine Ansicht den konsequenten Schluss, dass diese Voraussetzung für den familienrechtlichen Ausgleichsanspruch gänzlich entbehrlich sei, da keine Gründe ersichtlich seien, warum der Regress durch diese zusätzliche Voraussetzung für verheiratete Eltern schwieriger sein soll als für bereits geschiedene Eltern.[432]

d) Beschränkung des § 1613 Abs. 1

Die Entbehrlichkeit der vorstehenden Voraussetzung ergibt sich auch daraus, dass der familienrechtliche Ausgleichsanspruch trotz seiner Einordnung als Anspruch sui generis der dem Schuldnerschutz dienenden, unterhaltsrechtlichen Beschränkung des § 1613 Abs. 1 unterliegt.[433] Dies wird damit gerechtfertigt, dass der familienrechtliche Ausgleichsanspruch wirtschaftlich gesehen eine rückständige Unterhaltsleistung darstellt, mithin eng mit dem Kindesunterhalt verknüpft ist, sodass der ausgleichsberechtigte Schuldner entsprechend § 1613 Abs. 1 eines Schutzes vor unerwarteten, größeren rückständigen Forderungen bedarf.[434] Hiernach kann Kindesunterhalt für die Vergangenheit nur von dem Zeitpunkt an verlangt werden, zu welchem der unterhaltsverpflichtete Elternteil zur Auskunft über seine Einkommens- und Vermögensverhältnisse aufgefordert, dieser in Verzug gekommen oder der Unterhaltsanspruch rechtshängig geworden ist. Im vorliegend zu erörternden Fall scheitert der familienrechtliche Ausgleichsanspruch niemals an dieser Beschränkung, da der Kindesunterhalt zuvor bereits in gesetzlicher Verfahrensstandschaft rechtshängig gemacht wurde, sodass der Unterhaltsschuldner im Rahmen der Geltendmachung des

429 *Holzhauser*, FS Wolf 1985, 223 (236).

430 *Holzhauser*, FS Wolf 1985, 223 (236).

431 BGH, Urt. v. 25.05.1994 – XII ZR 78/93, NJW 1994, 2234.

432 *Gießler* FamRZ 1994, 800 (805).

433 BGH Urt. v. 09.05.1984 – IVb ZR 84/82, FamRZ, 1984, 775 (776).

434 BGH Urt. v. 09.05.1984 – IVb ZR 84/82, FamRZ, 1984, 775 (776); *Liceni-Kierstein* FamRB 2016, 197 (200); *Volker* FuR 2013, 550 (551, 556).

daran anknüpfenden familienrechtlichen Ausgleichsanspruchs keines Schutzes bedarf.[435]

Aufgrund dieser stets vorliegenden Voraussetzung ist das Erfordernis der Vermutungswiderlegung gemäß § 1360b entbehrlich. Denn die Vermutung, eine Mehrleistung im Rahmen des Familien- oder Trennungsunterhalts von dem anderen Ehegatten zurückzuverlangen, wird widerlegt, wenn der ausgleichsberechtigte Elternteil den Kindesunterhalt ernsthaft gerichtlich oder außergerichtlich gegenüber dem anderen Elternteil geltend gemacht hat.[436] Sofern der ausgleichsberechtigte Elternteil im Rahmen des § 1613 Abs. 1 den unterhaltsverpflichteten Elternteil zur Auskunft über dessen Einkommens- und Vermögensverhältnisse auffordert, diesen in Verzug setzt oder der Unterhaltsanspruch rechtshängig geworden ist, wurde der Kindesunterhalt ernsthaft entweder gerichtlich oder außergerichtlich geltend gemacht im Sinne der Anforderungen des BGH, sodass die Voraussetzung des § 1360b für den familienrechtlichen Ausgleichsanspruch überflüssig wird.

3. *Höhe des Ausgleichsanspruchs*

Sofern bereits ein Unterhaltstitel besteht, ist dieser für die Höhe des familienrechtlichen Ausgleichsanspruchs maßgeblich.[437] Liegt ein Unterhaltstitel hingegen nicht vor, so ist streitig, nach welchen Einkommensverhältnissen sich die Höhe des familienrechtlichen Ausgleichsanspruchs richtet.

a) Einkommensverhältnisse des betreuenden Elternteils

Nach Ansicht des OLG Frankfurt[438] und des OLG Düsseldorf[439] sei die Höhe allein nach der Einordnung der Einkommensverhältnisse des betreuenden ausgleichsberechtigten Elternteils anhand der Düsseldorfer Tabelle zu bestimmen. Es bestehe hingegen eine tatsächliche Vermutung, dass dieser Elternteil den

---

435 BGH Urt. v. 26.04.1989 – IVb ZR 42/88, NJW 1989, 2816 (2818); *Gießler* FamRZ 1994, 800 (805); *Liceni-Kierstein* FamRB 2016, 197 (200).

436 BGH Urt. v. 26.04.1989 – IVb ZR 42/88, NJW 1989, 2816 (2817); *Liceni-Kierstein* FamRB 2016, 197 (201).

437 BGH Urt. v. 20.05.1981 – IVb ZR 558/80, FamRZ 1981, 761 (762); BGH Urt. v. 25.05.1994 – XII ZR 78/93, NJW 1994, 2234; *Stockmann*, in: Stockmann/Grandel, 103 Rn. 4; *Volker* FuR 2013, 550 (552).

438 OLG Frankfurt a.M. Beschl. v. 18.09.1998 – 1 WF 185/98, FamRZ 1999, 1450; OLG Frankfurt a.M. Beschl. v. 06.02.2007 – 3 UF 67/05, FamRZ 2007, 909.

439 OLG Düsseldorf Beschl. v. 07.10.2004 – 7 UF 114/04, BeckRS 2011, 18113 (abrufbar in beck-online).

Mindestregelbedarf in Höhe von 100% nach der Düsseldorfer Tabelle erbracht habe.[440] Sofern der ausgleichsbegehrende Elternteil einen Erstattungsbetrag oberhalb des Mindestregelbedarfs beantrage, sei er für den tatsächlich geleisteten Barunterhalt an das Kind darlegungs- und beweisverpflichtet.[441]

b) Einkommensverhältnisse des unterhaltsverpflichteten Elternteils

Nach Ansicht des OLG Koblenz habe sich die Höhe des familienrechtlichen Ausgleichsanspruchs an den Einkommensverhältnissen des unterhalts- und somit ausgleichsverpflichteten Elternteils zu orientieren.[442] Da es sich bei dem familienrechtlichen Ausgleichsanspruch nicht um einen Aufwendungsersatzanspruch handele, sei der ausgleichsberechtigte Elternteil auch nicht dazu verpflichtet, die geleisteten Baraufwendungen im Einzelnen zu beweisen.[443] Vielmehr sei davon auszugehen, dass der betreuende Elternteil den Barbedarf des Kindes gedeckt habe, welcher sich bei Zugrundelegung der Einkommensverhältnisse des anderen, unterhaltsverpflichteten Elternteils aus der Düsseldorfer Tabelle ergebe.[444] Der barunterhaltsverpflichtete Elternteil habe einen geringeren Aufwand darzulegen und zu beweisen.[445]

c) Stellungnahme zur Höhe des familienrechtlichen Ausgleichsanspruchs

Die Frage nach der Höhe des familienrechtlichen Ausgleichsanspruchs impliziert die Fragestellung nach der Darlegungs- und Beweislast für eine abweichende Beurteilung des familienrechtlichen Ausgleichsbetrags. Einerseits ist Voraussetzung des familienrechtlichen Ausgleichsanspruchs, dass eine Barunterhaltsverpflichtung des ausgleichsverpflichteten Elternteils gegenüber dem Kind besteht, welche sich nach der Leistungsfähigkeit des Ausgleichsverpflichteten bemisst.[446]

---

440 OLG Frankfurt a.M. Beschl. v. 20.10.2006 – 3 UF 67/05, NJOZ 2007, 5638 (5639); OLG Frankfurt a.M. Beschl. v. 06.02.2007 – 3 UF 67/05, FamRZ 2007, 909.

441 OLG Frankfurt a.M. Beschl. v. 06.02.2007 – 3 UF 67/05, FamRZ 2007, 909.

442 OLG Koblenz Urt. v. 24.06.1996 – 13 UF 961/95, FamRZ 1997, 368 (369); OLG Koblenz Urt. v. 03.07.1997 – 11 UF 1266/94, FamRZ 1998, 173.

443 OLG Koblenz Urt. v. 24.06.1996 – 13 UF 961/95, FamRZ 1997, 368 (369); OLG Koblenz Urt. v. 03.07.1997 – 11 UF 1266/94, FamRZ 1998, 173.

444 OLG Koblenz Urt. v. 24.06.1996 – 13 UF 961/95, FamRZ 1997, 368 (369); OLG Koblenz Urt. v. 03.07.1997 – 11 UF 1266/94, FamRZ 1998, 173.

445 OLG Koblenz Urt. v. 24.06.1996 – 13 UF 961/95, FamRZ 1997, 368 (369); OLG Koblenz Urt. v. 03.07.1997 – 11 UF 1266/94, FamRZ 1998, 173.

446 Siehe 4. Teil A) I. 2. a) Barunterhaltsverpflichtung des nicht leistenden Ausgleichsverpflichteten.

Andererseits ist weitere Voraussetzung des familienrechtlichen Ausgleichsanspruchs, dass der betreuende ausgleichsberechtigte Elternteil den Barunterhalt aufgebracht hat,[447] sodass man annehmen könnte, dass der betreuende Elternteil für die Höhe des familienrechtlichen Ausgleichsanspruchs in Form der von ihm erbrachten Barunterhaltsleistungen darlegungs- und beweisverpflichtet sei.

Dieser Auffassung zu Lasten des ausgleichsberechtigten Elternteils ist jedoch nicht zuzustimmen. Auf Seiten des betreuenden Elternteils entstehen aufgrund der Betreuung des Kindes und der damit verbundenen Zeitinvestition Erwerbseinbußen. Daher stellt der betreuende Elternteil oftmals den wirtschaftlich schwächeren Elternteil im Vergleich zu dem nicht betreuenden Elternteil dar, der an einer Vollzeittätigkeit nicht gehindert ist.[448] Demzufolge ist der betreuende Elternteil im Zweifel in einer niedrigeren Einkommensgruppe der Düsseldorfer Tabelle einzuordnen als der eigentlich barunterhaltsverpflichtete Elternteil. Dies hätte zur Folge, dass der unterhaltsverpflichtete Elternteil durch Verweigerung der Unterhaltszahlung im Rahmen des familienrechtlichen Ausgleichsanspruchs bessergestellt werden würde, da er eine geringere Zahlung an den wirtschaftlich schwächeren ausgleichsberechtigten Elternteil leisten müsste als wenn er seiner Unterhaltsverpflichtung nachgekommen wäre, die sich nach seinen Einkommensverhältnissen berechnen würde.

Zutreffend geht das OLG Koblenz auch davon aus, dass es für den betreuenden Elternteil kaum möglich sein wird, sämtliche Baraufwendungen an das Kind zu belegen, zumal der betreuende Elternteil in der Regel keinen Barunterhalt leistet, sondern einen Naturalunterhalt durch Sicherstellung des Lebensbedarfs des Kindes.[449] Dem betreuenden Elternteil kann daher nicht die diesbezügliche Darlegungs- und Beweislast übertragen werden. Eine Berechnung anhand der Einkommensverhältnisse des betreuenden Elternteils wird der besonderen Sachlage des familienrechtlichen Ausgleichsanspruchs zudem nicht gerecht. Die Düsseldorfer Tabelle stellt eine Richtlinie zur Berechnung des Kindesunterhalts durch einen Barunterhaltsverpflichteten dar.[450] Im vorliegenden Fall erfüllt der Ausgleichsberechtigte jedoch seine Unterhaltsverpflichtung bereits durch die Betreuung des minderjährigen Kindes gemäß § 1606 Abs. 3 S. 2. Eine Anwendung der Grundsätze der Düsseldorfer Tabelle und die Vermutung der Leistung des Mindestregelbedarfs verbietet sich in den Fällen, in denen der betreuende

447 Siehe 4. Teil A) I. 2. b) Leistung des Barunterhalts durch den betreuenden Elternteil.
448 *Volker* FuR 2013, 550 (552).
449 *Klinkhammer*, in: Wendl/Dose, § 2 Rn. 776.
450 Anm. 1 Abs. 1 der Düsseldorfer Tabelle (Stand: 01.01.2019).

Elternteil zusätzlich für den Barunterhalt aufkommt. Es entspricht der allgemeinen Lebenserfahrung, dass ein betreuender Elternteil den tatsächlichen Bedarf des Kindes decken möchte. Dies geschieht häufig in der Weise, dass der betreuende Elternteil Leistungen für das Kind aufwendet, die über seine Einkommensverhältnisse hinausgehen, sodass für den betreuenden Elternteil meist weniger verbleibt als den bei der Berechnung des Kindesunterhalts zu berücksichtigenden notwendigen Selbstbehalt in Höhe von 880,00 € bei nicht erwerbstätigen oder 1080,00 € bei erwerbstätigen Elternteilen.[451]

Zwar könnte für die erstgenannte Ansicht angeführt werden, dass es sich um einen Erstattungsanspruch handele und nur dasjenige erstattet werden könne, was auch geleistet wurde, sodass der Leistende für die Höhe der Erstattung darlegungs- und beweispflichtig sei. Jedoch wird hierbei die Charakterisierung des familienrechtlichen Ausgleichsanspruchs als Anspruch eigener Art verkannt, der auf der Unterhaltspflicht der Eltern gegenüber ihrem Kind und der Notwendigkeit beruht, die Unterhaltslast im Innenverhältnis zwischen den Eltern gerecht zu verteilen.[452] Gerade dieser Unterhaltsverpflichtung ist der zahlungsverweigernde Elternteil nicht nachgekommen, wodurch die Unterhaltslast einseitig auf den betreuenden Elternteil verteilt wurde, sodass die Höhe des familienrechtlichen Ausgleichsanspruchs nach den Einkommensverhältnissen des ausgleichsverpflichteten Elternteils zu bemessen ist. Sollten die Einkommensverhältnisse einmal von dem Regelfall abweichen, sodass der betreuende auch ausnahmsweise den wirtschaftlich stärkeren Elternteil darstellt, so ist der unterhaltsverpflichtete Elternteil vor einer Überbeanspruchung dadurch geschützt, dass sich die Höhe des familienrechtlichen Ausgleichsanspruchs an dessen Leistungsfähigkeit zu orientieren hat und insofern die Obergrenze bildet.[453]

Sofern man zu Gunsten der erstgenannten Ansicht argumentiert, dass nach höchstrichterlicher Rechtsprechung nur der geleistete Barunterhalt verlangt werden kann, so ist dem zu entgegnen, dass sich der BGH in seiner Entscheidung mit der vom Berufungsgericht angenommenen Vergütung der Betreuungsleistung in Höhe der Barunterhaltsverpflichtung auseinandersetzte und lediglich klarstellte, dass eine Monetarisierung der Betreuung ausgeschlossen sei und sich der Ausgleichsanspruch nach der Barunterhaltsverpflichtung richte.[454]

451 Anm. 5 der Düsseldorfer Tabelle (Stand: 01.01.2019).

452 BGH Urt. v. 09.05.1984 – IVb ZR 84/82, FamRZ 1984, 775 (776); BGH Urt. v. 26.04.1989 – IVb ZR 42/88, NJW 1989, 2816 (2817).

453 *Volker* FuR 550 (552).

454 BGH Urt. v. 25.05.1994 – XII ZR 78/93, NJW 1994, 2234 (2235), mit Anm. *Scholz* FamRZ 1994, 1314 (1315).

Die Frage, welche Einkommensverhältnisse zur Berechnung der Höhe des Ausgleichsanspruchs hierbei anzusetzen sind und welcher Elternteil hierfür die Beweislast trägt, ließ der BGH hingegen offen.[455]

Demzufolge ist aus den aufgezeigten Praktikabilitätserwägungen und aus dem Sinn und Zweck des familienrechtlichen Ausgleichsanspruchs zu entnehmen, dass zur Beurteilung der Höhe dieses Anspruchs sui generis – wie auch im ursprünglichen Kindesunterhaltsverfahren – die Einkommensverhältnisse des unterhalts- und ausgleichungsverpflichteten Elternteils maßgeblich sind. Nur auf diese Weise wird die Unterhaltslast im Innenverhältnis zwischen den Eltern ihrem jeweiligen Leistungsvermögen nach gerecht verteilt.[456] Sollte der ausgleichsverpflichtete Elternteil die Höhe familienrechtlichen Ausgleichsanspruchs bestreiten, so hat er substantiiert vorzutragen, dass der ausgleichsberechtigte Elternteil zur Leistung des behaupteten Aufwands wirtschaftlich nicht in der Lage gewesen sei.[457] Erst wenn ihm dies gelingt, ist der ausgleichsberechtigte Elternteil gefordert, seine Unterhaltsleistung im Einzelnen nachzuweisen.[458]

4. *Verjährung*

Der familienrechtliche Ausgleichsanspruch verjährt nach der regelmäßigen Verjährungsfrist gemäß § 195 innerhalb von drei Jahren.[459] Die Verjährungsfrist beginnt gemäß § 199 Abs. 1 mit dem Schluss des Jahres, in dem der Anspruch entstanden und der Anspruchsberechtigte von den anspruchsbegründenden Umständen Kenntnis erlangt oder dessen Unkenntnis auf eine grobe Fahrlässigkeit zurückzuführen ist. Der familienrechtliche Ausgleichsanspruch entsteht erst, sobald der betreuende Elternteil den Kindesunterhalt nicht mehr als Vertreter des Kindes gemäß § 1629 Abs. 2 S. 2 oder in gesetzlicher Verfahrensstandschaft nach § 1629 Abs. 3 S. 1 geltend machen kann.[460] Mithin beginnt die Verjährungsfrist erst mit dem Wegfall einer der dieser Regelungen

---

455 Vgl. BGH Urt. v. 25.05.1994 – XII ZR 78/93, NJW 1994, 2234; *Brudermüller*, in: Palandt, § 1606 Rn. 18.

456 BGH Urt. v. 09.05.1984 – IVb ZR 84/82, FamRZ 1984, 775 (776); BGH Urt. v. 26.04.1989 – IVb ZR 42/88, NJW 1989, 2816 (2817).

457 OLG Koblenz Urt. v. 24.06.1996 – 13 UF 961/95, FamRZ 1997, 368 (369); OLG Koblenz Urt. v. 03.07.1997 – 11 UF 1266/94, FamRZ 1998, 173.

458 OLG Koblenz Urt. v. 24.06.1996 – 13 UF 961/95, FamRZ 1997, 368 (369); OLG Koblenz Urt. v. 03.07.1997 – 11 UF 1266/94, FamRZ 1998, 173.

459 OLG Brandenburg Beschl. v. 26.01.2016 – 10 UF 92/14, FamRZ 2016, 1462 (1464); *Poppen*, in: Grandel/Stockmann, 103 Rn. 5.

460 OLG Brandenburg Beschl. v. 26.01.2016 – 10 UF 92/14, FamRZ 2016, 1462 (1464).

zugrundeliegenden Voraussetzungen, wie etwa dem Eintritt der Volljährigkeit des Kindes.[461]

Der Kritik einer vertretenen Auffassung, wonach sich aus der Fortsetzungsfunktion des familienrechtlichen Ausgleichsanspruchs ein Gleichlauferfordernis mit der Verjährung des Unterhaltsanspruchs ergäbe,[462] kann nicht gefolgt werden. Zwar knüpft der familienrechtliche Ausgleichsanspruch an den Kindesunterhaltsanspruch an, allerdings wird der Kindesunterhaltsanspruch hierdurch nicht fortgesetzt. Es handelt sich vielmehr um einen gesonderten Anspruch eigener Art, der im Gegensatz zu dem Kindesunterhaltsanspruch als solcher auch unbeschränkt pfändbar und abtretbar ist und zudem keinem Aufrechnungsverbot unterliegt.[463] Es muss daher gesondert überprüft werden, wann der familienrechtliche Ausgleichsanspruch entsteht. Hierzu ergibt bereits die Auseinandersetzung der höchstrichterlichen Rechtsprechung mit alternativen gesetzlichen Regelungen,[464] dass diese einem konstruierten Anspruch sui generis vorgehen. Sind daher die Regelungen zur Geltendmachung von Kindesunterhalt nach §§ 1601 ff. iVm § 1629 Abs. 2 S. 2, Abs. 3 S. 1 anwendbar, so scheidet ein familienrechtlicher Ausgleichsanspruch aus. Hieraus folgt im Umkehrschluss, dass dieser Ausgleichsanspruch erst entsteht, wenn die Voraussetzungen der vorrangigen gesetzlichen Regelungen wegfallen. Dies tritt im Falle der Vertretungsregelung und der gesetzlichen Verfahrensstandschaft etwa mit Erreichen der Volljährigkeit oder einem Obhutswechsel des Kindes ein, sodass der familienrechtliche Ausgleichsanspruch zu diesem Zeitpunkt entsteht und die Verjährungsfrist ab diesem Zeitpunkt in Gang gesetzt wird.

5. *Verhältnis des familienrechtlichen Ausgleichsanspruchs und des Unterhaltsanspruchs des volljährigen Kindes*

Der rückständige Unterhaltsanspruch des volljährig gewordenen Kindes und der familienrechtliche Ausgleichanspruch des ausgleichberechtigten Elternteils gegenüber dem unterhaltsverpflichteten Elternteil bestehen nebeneinander.[465]

461 OLG Brandenburg Beschl. v. 26.01.2016 – 10 UF 92/14, FamRZ 2016, 1462 (1464).

462 *Zwirlein* FamRZ 2016, 1462 (1468).

463 *Götz/Schramm* NJW-Spezial 2015, 132; *Poppen*, Grandel/Stockmann, 103 Rn. 5.

464 BGH Urt. v. 09.12.1959 – IV ZR 178/59, FamRZ 1960, 194 (195); BGH, Urt. v. 26.06.1968 – IV ZR 601/68, NJW 1968, 1780 (1781); BGH Urt. v. 26.04.1989 – IVb ZR 42/88, NJW 1989, 2816 (2816 f.).

465 *Gießler* FamRZ 1994, 800 (805); *Liceni-Kierstein* FamRB 2016, 197 (203); *Roth* FamRZ 1994, 793 (796); *Wohlgemuth* FamRZ 2009, 1873 (1876).

Dies birgt jedoch zugleich die Gefahr, dass der unterhaltsverpflichtete Elternteil von beiden Berechtigten in Anspruch genommen wird. Fraglich ist daher, ob und wie einer doppelten Inanspruchnahme des unterhaltsverpflichteten Elternteils entgegengetreten werden kann.

Das volljährig gewordene Kind, welches durch den betreuenden Elternteil Naturalunterhalt erhalten hat, ist gemäß §§ 1618a, 242 bzw. 255 verpflichtet, seinen Anspruch auf rückständigen Unterhalt gegenüber dem unterhaltsverpflichteten Elternteil an den ausgleichsberechtigten Elternteil abzutreten.[466] Das bestehende Abtretungsverbot für Unterhaltsansprüche gemäß § 400 BGB iVm § 850 Abs. 1 Nr. 2 ZPO entfällt, da der betreuende Elternteil als Zessionar den rückständigen Unterhalt an das volljährig gewordene Kind geleistet hat und das volljährige Kind als Zedent insoweit keines Schutzes vor der Entziehung seiner Lebensgrundlage bedarf.[467] Durch die Abtretung des rückständigen Unterhaltsanspruchs des Kindes vereinigt sich dieser mit dem familienrechtlichen Ausgleichsanspruch bei dem ausgleichsberechtigten Elternteil, sodass der unterhalts- und ausgleichsverpflichtete Elternteil an den anderen Elternteil schuldbefreiend leisten und von dem volljährigen Kind hinsichtlich des bis zur Volljährigkeit aufgelaufenen rückständigen Unterhalts nicht mehr in Anspruch genommen werden kann.[468]

Die Frage, ob das volljährige Kind seinen rückständigen Unterhaltsanspruch abtritt oder nicht, ist hingegen eine Frage des Innenverhältnisses zwischen dem Kind und dem ausgleichsberechtigten Elternteil, auf das der unterhaltsverpflichtete Elternteil keinen Einfluss hat.[469] Nach Eintritt der Volljährigkeit kann das Kind durch einen gewillkürten Beteiligtenwechsel in das Verfahren eintreten und sowohl den laufenden als auch den rückständigen Kindesunterhalt im eigenen Namen geltend machen.[470] Hinsichtlich des rückständigen Kindesunterhalts entsteht zudem ein familienrechtlicher Ausgleichsanspruch zu Gunsten des

466 OLG Karlsruhe Beschl. v. 18.02.2000 – 20 WF 95/99, FamRZ 2000, 1585 (1586); OLG Naumburg Urt. v. 17.08.2006 – 4 UF 16/06, FamRZ 2007, 1116 (1117); OLG Brandenburg Beschl. v. 26.01.2016 – 10 UF 92/14, FamRZ 2016, 1462 (1465); *Gießler* FamRZ 1994, 800 (805); *Klinkhammer*, in: Wendl/Dose, § 2 Rn. 778.

467 BGH Beschl. v. 10.12.1951 – GSZ 3/51, NJW 1952, 337 (338); OLG Bremen Beschl. v. 11.10.2001 – 4 U 20/01, FamRZ 2002, 1189; OLG Thüringen Beschl. v. 03.07.2008 – 1 UF 141/08, FamRZ 2009, 892 (893); *Gießler* FamRZ 1994, 800 (803, 805); *Liceni-Kierstein* FamRB 2016, 197 (203).

468 *Gießler* FamRZ 1994, 800 (806).

469 *Wohlgemuth* FamRZ 2009, 1873 (1876).

470 Siehe 3. Teil C) II. Beendigung durch Volljährigkeit des Kindes.

bisherigen gesetzlichen Verfahrensstandschafters.[471] Es ist demnach zu erörtern, wie der unterhaltsverpflichtete Elternteil vor einer doppelten Inanspruchnahme durch das volljährige Kind und den bisherigen gesetzlichen Verfahrensstandschafter geschützt werden kann, wenn der rückständige Unterhaltsanspruch im Vorfeld nicht abgetreten wurde. Da lediglich das volljährige Kind zur Abtretung verpflichtet und zur selbstständigen Annahme einer Unterhaltsleistung imstande ist, stellt sich die Frage des Verhältnisses zwischen familienrechtlichen Ausgleichsanspruch und rückständigen Kindesunterhaltsanspruch lediglich bei Beendigung der gesetzlichen Verfahrensstandschaft durch Eintritt der Volljährigkeit des Kindes.

a) Gesamtgläubigerschaft

Teilweise wird davon ausgegangen, dass das volljährig gewordene Kind und der ausgleichsberechtigte Elternteil Gesamtgläubiger seien gemäß § 428, mit der Folge, dass der unterhaltsverpflichtete Elternteil sowohl an das volljährige Kind als auch an den ausgleichsberechtigten Elternteil mit befreiender Wirkung leisten könne.[472] Eine Leistung an einen Gläubiger erzielt auch dann eine befreiende Wirkung, wenn der andere Gläubiger bereits einen Zahlungsantrag beim Familiengericht gestellt hat, § 428 S. 2. Selbst wenn ein Vollstreckungstitel vorliegt, könnte nach Erfüllungsleistung an den anderen Gläubiger gegen den Titel mit Hilfe eines Vollstreckungsabwehrantrags gemäß §§ 113 Abs. 1 S. 2 iVm § 767 ZPO vorgegangen werden.[473]

b) Nachträgliche Tilgungsbestimmung

Nach anderer Ansicht sei der ausgleichsberechtigte Elternteil einseitig durch konkludente Erklärung einer nachträglichen Tilgungsbestimmung gegenüber dem volljährigen Kind gemäß § 267 Abs. 1 S. 1 berechtigt, dessen Anspruch auf rückständigen Kindesunterhalt zum Erlöschen zu bringen.[474] Die Geltendmachung eines familienrechtlichen Ausgleichsanspruchs enthalte eine solche nachträgliche Tilgungsbestimmungserklärung.[475] Sofern Gründe im Rahmen von Treu und Glauben nicht entgegenstünden, sei auch eine Tilgungsbestimmung

471 Siehe 4. Teil A) I. 2. Voraussetzungen des familienrechtlichen Ausgleichsanspruchs.

472 *Klinkhammer*, in: Wendl/Dose, § 2 Rn. 778; *Wohlgemuth* FamRZ 2009, 1873 (1876).

473 *Wohlgemuth* FamRZ 2009, 1873 (1876).

474 OLG Karlsruhe Urt. v. 19.06.1997 - 18 UF 33/97, FamRZ 1998, 1190; OLG Brandenburg Beschl. v. 26.01.2016 – 10 UF 92/14, FamRZ 2016, 1462 (1465); *Gießler* FamRZ 1994 800 (806); *Götz/Schramm* NJW-Spezial 2015, 132.

475 OLG Karlsruhe Urt. v. 19.06.1997 – 18 UF 33/97, FamRZ 1998, 1190.

nach erfolgter Leistung grundsätzlich möglich.[476] Hat der ausgleichsberechtigte Elternteil durch eine einseitige Erklärung gegenüber dem unterhaltsberechtigten Kind nachträglich zum Ausdruck gebracht, dass durch den geleisteten Naturalunterhalt die Barunterhaltsverpflichtung des anderen, unterhaltsverpflichteten Elternteils getilgt werden sollte, so erlösche der Anspruch des volljährigen Kindes auf Zahlung des rückständigen Unterhalts aufgrund der Erfüllungswirkung durch die nachträgliche Tilgungsbestimmung.[477] Der unterhaltsverpflichtete Elternteil sehe sich dann nur noch dem bestehenden familienrechtlichen Ausgleichsanspruch ausgesetzt, sodass er ausschließlich an den ausgleichsberechtigten Elternteil mit schuldbefreiender Wirkung leisten könne.[478]

c) Stellungnahme zum Verhältnis des familienrechtlichen Ausgleichsanspruchs und des Unterhaltsanspruchs des volljährigen Kindes

Der letztgenannten Ansicht, die ein Erlöschen des rückständigen Kindesunterhaltsanspruchs durch nachträgliche Tilgungsbestimmung gegenüber dem volljährig gewordenen Kind annimmt, wird entgegengehalten, dass die Voraussetzungen des § 267 Abs. 1 S. 1 nicht vorlägen.[479] Das Kind sei kein Schuldner, für den der ausgleichsberechtigte Elternteil als Dritter im Verhältnis zum unterhaltsverpflichteten Elternteil eintreten wolle.[480] Hierbei wird verkannt, dass auch die Vertreter dieser letztgenannten Ansicht davon ausgehen, dass Schuldner allein der unterhaltsverpflichtete Elternteil ist und der ausgleichsberechtigte Elternteil für diesen an das Kind, als Gläubiger des Unterhaltsanspruchs, leistet.[481] Daher ist diese Kritik verfehlt.

Es geht vielmehr um die Frage, ob eine nachträgliche Tilgungsbestimmung in der vorliegenden Situation möglich ist. Der diesbezügliche Meinungsstreit[482] kann dahingestellt bleiben, da auch die Befürworter einer nachträglichen

---

476 BGH Urt. v. 14.07.1964 – VI ZR 129/63, NJW 1964, 1898 (1899); BGH Urt. v. 18.01.1983 – VI ZR 270/80, NJW 1983, 812 (814); BGH Urt. v. 15.05.1985 – VII ZR 274/85, NJW 1986, 2700 (2701); *Gießler* FamRZ 1994, 800 (806).

477 OLG Karlsruhe Urt. v. 19.06.1997 – 18 UF 33/97, FamRZ 1998, 1190; OLG Brandenburg Beschl. v. 26.01.2016 – 10 UF 92/14, FamRZ 2016, 1462 (1465).

478 *Gießler* FamRZ 1994, 800 (806).

479 *Wohlgemuth* FamRZ 2009, 1873 (1876).

480 *Wohlgemuth* FamRZ 2009, 1873 (1876).

481 OLG Düsseldorf Beschl. v. 26.01.2016 – 10 UF 92/14, FamRZ 2016, 1462 (1466); *Gießler* FamRZ 1994, 800 (806).

482 dagegen: *Bittner*, in: Staudinger, § 267 Rn. 45; *Derleder* AcP 1969, 97 (104 f.); *Lorenz* AcP 1968, 286 (312 f.); *Meyer*, Der Bereicherungsausgleich in Dreiecksverhältnissen, S. 100–104.

Tilgungsbestimmung diese nur für zulässig erachten, wenn der Leistende zunächst glaubt, eine eigene Schuld zu tilgen.[483] Diesem Irrtum unterliegt der ausgleichsberechtigte Elternteil, der weiß, dass er seiner Unterhaltsverpflichtung durch Betreuung des Kindes nachkommt und daher im Rahmen des § 1613 Abs. 1 den Kindesunterhalt gegenüber dem anderen Elternteil ernsthaft gerichtlich oder außergerichtlich als gesetzlicher Verfahrensstandschafter geltend macht, nicht. Die eine nachträgliche Tilgungsbestimmung im Rahmen des familienrechtlichen Ausgleichsanspruchs befürwortende Ansicht geht auf die Problematik der nachträglichen Erklärung des Fremdtilgungswillens nicht näher ein[484] und verkennt hierbei, dass eine Konstellation, in der eine nachträgliche Bestimmung des Tilgungswillens zugelassen wurde, im Rahmen des familienrechtlichen Ausgleichsanspruchs nach Beendigung der gesetzlichen Verfahrensstandschaft nicht vorliegt. Daher ist dieser Ansicht nicht zu folgen.

Gegen die erstgenannte Ansicht, die eine Gesamtgläubigerschaft zwischen dem volljährigen Kind und dem ausgleichsberechtigten Elternteil annimmt, wird eingewandt, dass in diesem Fall keine Gesamtgläubigerschaft bestehe, da diese eine wechselseitige Ausgleichspflicht zwischen den Gläubigern voraussetze.[485] Eine wechselseitige Ausgleichspflicht sei zwischen dem volljährig gewordenen Kind und dem ausgleichsberechtigten Elternteil hingegen nicht gegeben, da der rückständige Kindesunterhalt faktisch durch die Naturalleistung des ausgleichsberechtigten Elternteils erfüllt worden sei.[486] Da das volljährig gewordene Kind im Innenverhältnis gegenüber dem ausgleichsberechtigten Elternteil nach §§ 242, 1618a verpflichtet sei, die vom unterhaltsberechtigten Elternteil auf den rückständigen Unterhaltsanspruch geleisteten Beträge an den ausgleichsberechtigten Elternteil weiterzuleiten, fehle es an der für die Gesamtgläubigerschaft charakteristischen Ausgleichspflicht zwischen den Gläubigern.[487]

---

483 BGH Urt. v. 14.07.1964 – VI ZR 129/63, NJW 1964, 1898 (1899); BGH Urt. v. 18.01.1983 – VI ZR 270/80, NJW 1983, 812 (814); BGH Urt. v. 15.05.1985 – VII ZR 274/85, NJW 1986, 2700 (2701); BGH Urt. v. 28.11.1990 – XII ZR 130/89, NJW 1991, 919 (920); *Flume* JZ 1962, 281 (282); *Thomä* JZ 1962, 623 (627); *Unberath* in: Bamberger/Roth, § 267 Rn. 9.

484 Vgl. OLG Düsseldorf Beschl. v. 26.01.2016 – 10 UF 92/14, FamRZ 2016, 1462 (1465).

485 OLG Düsseldorf Beschl. v. 26.01.2016 – 10 UF 92/14, FamRZ 2016, 1462 (1465), mit Anm. *Zwirlein* FamRZ 2016, 1468 (1469); *Gießler* FamRZ 1994, 800 (805).

486 OLG Düsseldorf Beschl. v. 26.01.2016 – 10 UF 92/14, FamRZ 2016, 1462 (1465), mit Anm. *Zwirlein* FamRZ 2016, 1468 (1469); *Gießler* FamRZ 1994, 800 (805).

487 OLG Düsseldorf Beschl. v. 26.01.2016 – 10 UF 92/14, FamRZ 2016, 1462 (1465), mit Anm. *Zwirlein* FamRZ 2016, 1468 (1469); *Gießler* FamRZ 1994, 800 (805).

Dieser Kritik ist entgegenzuhalten, dass sie die gesetzliche Vermutung der gegenseitigen Ausgleichspflicht der Gesamtgläubiger untereinander zu einer Voraussetzung der Gesamtgläubigerschaft erhebt. Eine Ausgleichspflicht wird gemäß § 430 lediglich vermutet, „soweit nicht ein anderes bestimmt ist.“ Eine Abweichung dieser Vermutung kann sich neben gesetzlichen oder vertraglichen Bestimmungen auch aus den Umständen des Rechtsverhältnisses ergeben.[488] Voraussetzung der Gesamtgläubigerschaft ist demnach lediglich, dass jeder Gläubiger zur Forderung der ganzen Leistung berechtigt und der Schuldner nur zur einmaligen Zahlung an einen Gläubiger verpflichtet ist.[489] Diese Voraussetzungen sind vorliegend gegeben. Aus dem Umstand, dass der ausgleichsberechtigte Elternteil durch zusätzlichen Naturalunterhalt den Unterhalt für das Kind geleistet hat, ergibt sich entgegen der gesetzlichen Vermutung, dass keine Ausgleichspflicht unter den Gläubigern besteht, mithin die Leistung des Schuldners im Innenverhältnis vollumfänglich dem ausgleichsberechtigten Elternteil zusteht. Hieraus ist jedoch nicht zu folgern, dass eine Gesamtgläubigerschaft nicht besteht, sondern lediglich, dass die gesetzliche Ausgleichsvermutung aus § 430 widerlegt ist.

Des Weiteren wird gegen die Annahme einer Gesamtgläubigerschaft angeführt, dass das volljährig gewordene Kind als Gesamtgläubiger gemäß §§ 429 Abs. 3, 422 Abs. 1 S. 2 Alt. 1 zu einer Annahme an Erfüllung statt nach § 364 Abs. 1 berechtigt wäre, was zu unbilligen Ergebnissen führen würde.[490] So hatte das OLG Düsseldorf etwa zu entscheiden, wie sich die Vereinbarung zwischen dem unterhaltsverpflichteten Kindesvater und den beiden volljährig gewordenen Zwillingen, denen er jeweils einen Pkw gekauft hat, deren Wert unter dem aufgelaufenen Unterhaltsbetrag lag, um im Gegenzug von seiner rückständigen Unterhaltsverpflichtung befreit zu werden, auf den familienrechtlichen Ausgleichsanspruch der Kindesmutter auswirkt.[491] Nehme man in dieser Konstellation eine Gesamtgläubigerschaft an, so wäre der familienrechtliche Ausgleichsanspruch gegenüber dem unterhaltsverpflichteten Elternteil aufgrund der Gesamtwirkung der Annahme der geringeren Leistung an Erfüllung statt ebenfalls als erfüllt anzusehen.[492] Zwar bestünde für den ausgleichsberechtigten Elternteil noch die Möglichkeit, einen Ausgleich im Innenverhältnis von dem

488 *Looschelders*, in: Staudinger, § 430 Rn. 23.

489 *Looschelders*, in: Staudinger, § 428 Rn. 7.

490 OLG Düsseldorf Beschl. v. 26.01.2016 – 10 UF 92/14, FamRZ 2016, 1462 (1465), mit Anm. *Zwirlein* FamRZ 2016, 1468 (1469).

491 OLG Düsseldorf Beschl. v. 26.01.2016 – 10 UF 92/14, FamRZ 2016, 1462 (1465).

492 *Looschelders*, in: Staudinger, § 430 Rn. 11; *Rüßmann*, in: jurisPK-BGB, § 429 Rn. 11.

volljährigen Kind zu verlangen, allerdings würde dieser Ausgleichsanspruch aufgrund dessen Vermögenslosigkeit regelmäßig ins Leere gehen.[493] Dies würde zu dem ungerechten Ergebnis führen, dass gegenüber dem Kind faktisch doppelt erfüllt würde, durch den Naturalunterhalt und der Leistung an Erfüllung statt, und der ausgleichsberechtigte Elternteil keine Rückgriffmöglichkeit für seine zusätzlich erbrachte Unterhaltsleistung hätte.[494] Daher würden die Sekundärwirkungen der Gesamtgläubigerschaft in der vorliegenden Konstellation des familienrechtlichen Ausgleichsanspruchs nicht gerecht, sodass diese Ansicht abzulehnen sei.[495]

Diese Kritik verkennt, dass Liquiditätsprobleme im Innenverhältnis keine Auswirkungen auf das Außenverhältnis entfalten können. Der Anspruch in Höhe des rückständigen Unterhalts bleibt dem betreuenden Elternteil gegenüber dem volljährig gewordenen Kind vollumfassend erhalten. So kann der betreuende Elternteil neben dem Erfüllungssurrogat auch den darüberhinausgehenden Betrag vom Kind verlangen. Dass dieser aufgrund mangelnder Liquidität des ausgleichungsverpflichteten Gesamtgläubigers nicht realisierbar sein könnte, hat keine Auswirkung auf die Charakterisierung als Gesamtgläubigerschaft.

Es ist demnach festzuhalten, dass die erstgenannte Ansicht überzeugt, wonach eine Gesamtgläubigerschaft zwischen dem betreuenden Elternteil und dem volljährigen, unterhaltsberechtigten Kind angenommen wird. Dies hat für den unterhaltsverpflichteten Elternteil zur Folge, dass er sowohl an den betreuenden Elternteil als auch an das Kind mit schuldbefreiender Wirkung leisten kann, sofern der Anspruch nicht pflichtgemäß durch das volljährige Kind an den ausgleichsberechtigten Elternteil abgetreten und der ausgleichsverpflichtete Elternteil von der Abtretung in Kenntnis gesetzt wurde. Probleme gibt es im Innenverhältnis, wenn an das volljährige Kind eine geringwertigere Leistung an Erfüllung statt geleistet wurde oder sich dieses nach Leistung rückständigen Unterhalts auf eine Entreicherung berufen kann. In diesem Fall hat der betreuende Elternteil zwar einen Ausgleichsanspruch gegenüber dem Kind, der jedoch entweder gar nicht oder zumindest nur zu einem Teil, nämlich in Höhe des Erfüllungssurrogats, realisierbar ist. An den liquideren, anderen Elternteil kann er sich nach Erfüllung an das Kind nicht mehr halten. Dieses Ergebnis, dem betreuenden Elternteil das Risiko eines nicht realisierbaren Innenregressanspruchs aufgrund der Vermögenslosigkeit des Kindes aufzubürden, ist auch

493 *Looschelders*, in: Staudinger, § 430 Rn. 11.

494 OLG Düsseldorf Beschl. v. 26.01.2016 – 10 UF 92/14, FamRZ 2016, 1462 (1465).

495 OLG Düsseldorf Beschl. v. 26.01.2016 – 10 UF 92/14, FamRZ 2016, 1462 (1465), mit Anm. *Zwirlein* FamRZ 2016, 1468 (1469).

nicht unbillig, da dieser das volljährig gewordene Kind zur Abtretung des rückständigen Kindesunterhalts gemäß §§ 1618a, 242 bzw. 255 auffordern könnte,[496] um so die Situation des Nebeneinanders des rückständigen Kindesunterhalts- und des familienrechtlichen Ausgleichsanspruchs zu verhindern.

6. *Kritik an der Rechtsfigur des familienrechtlichen Ausgleichsanspruchs*

Die Rechtsfigur des familienrechtlichen Ausgleichsanspruchs wird teilweise mit der Begründung kritisiert, dass das Gesetz ausreichende Möglichkeiten zur Regelung der zugrundeliegenden Konstellation biete, wodurch dieses Konstrukt richterlicher Rechtsfortbildung überflüssig wäre.[497] Sofern der BGH dahingestellt lässt, ob neben dem familienrechtlichen Ausgleichsanspruch auch weitere gesetzliche Ansprüche einschlägig sind,[498] kann dem nicht gefolgt werden, da für einen konstruierten Anspruch sui generis kein Raum besteht, sofern gesetzliche Regelungen einschlägig sind.[499] Daher sollen im Folgenden die vertretenen anderweitigen Lösungsmöglichkeiten aufgezeigt und bewertet werden.

a) *Analoge Anwendung des § 1607 Abs. 2*

Nach § 1607 Abs. 2 S. 1 hat ein nachrangig haftender Verwandter den Kindesunterhalt zu gewähren, wenn die Rechtsverfolgung gegen den primär Unterhaltsverpflichteten im Inland ausgeschlossen oder erheblich erschwert ist. Leistet der nachrangig haftende Verwandte den Kindesunterhalt, so geht der Unterhaltsanspruch gegen den primär Unterhaltsverpflichteten im Wege der cessio legis gemäß § 1607 Abs. 2 S. 2 auf diesen über. Durch eine entsprechende Anwendung des Forderungsübergangs nach § 1607 Abs. 2 S. 2 sei nach einer Ansicht die Konstellation der zusätzlichen Übernahme der Unterhaltsverpflichtung des einen Elternteils durch den betreuenden Elternteil interessengerecht aufzulösen.[500] Da

496 OLG Karlsruhe Beschl. v. 18.02.2000 – 20 WF 95/99, FamRZ 2000, 1585 (1586); OLG Naumburg Urt. v. 17.08.2006 – 4 UF 16/06, FamRZ 2007, 1116 (1117); OLG Brandenburg Beschl. v. 26.01.2016 – 10 UF 92/14, FamRZ 1462 (1465); *Gießler* FamRZ 1994, 800 (805); *Klinkhammer*, in: Wendl/Dose, § 2 Rn. 778.

497 *Holzhauser*, FS Wolf 1985, 223 (236); *Roth* FamRZ 1994, 793 (795); *Wollschläger*, Geschäftsführung ohne Auftrag, S. 129; *Zwirlein* FamRZ 2016, 1468 (1469).

498 BGH Urt. v. 09.12.1959 – IV ZR 178/59, FamRZ 1960, 194; BGH Urt. v. 26.06.1968 – IV ZR 601/68, NJW 1968, 1780 (1781); BGH Urt. v. 09.05.1984 – IVb ZR 84/82, NJW 1984, 2158 (2159).

499 BVerfG Beschl. v. 14.02.1973 – 1 BvR 112/65, NJW 1973, 1221 (1225); *Rüthers/Fischer/Birk*, Rechtstheorie, Rn. 823 ff.

500 *Holzhauser*, FS Wolf 1985, 223 (232); *Zwirlein* FamRZ 2015, 896 (898 f.).

die Analogie der Schöpfung eines Anspruchs sui generis im Wege der richterlichen Rechtsfortbildung aus Gründen der Rechtssicherheit vorgehe, sei der familienrechtliche Ausgleichsanspruch durch diese analoge Anwendung überflüssig und entbehrlich.[501] Ob die analoge Anwendung der cessio legis nach § 1607 Abs. 2 S. 2 über eine analoge Anwendung des § 1607 Abs. 2 S. 1 herzuleiten[502] oder die cessio legis unmittelbar analog anwendbar sei,[503] könne dahingestellt bleiben, da eine entsprechende Anwendung der Regelung, die nach ihrem Wortlaut nur für nachrangig haftende Verwandte gilt, auf die nach § 1606 Abs. 3 S. 1 anteilig haftenden Elternteile des Kindes anerkannt sei.[504]

b) Geschäftsführung ohne Auftrag

Der betreuende und unterhaltsleistende Elternteil habe nach anderer Ansicht einen direkten Anspruch aus einer Geschäftsführung ohne Auftrag gegen den anderen Elternteil gemäß §§ 670, 679 Alt. 2, 683 S. 2.[505] Ein objektiv fremdes Geschäft liege vor, da die Barunterhaltspflicht nach dem Umkehrschluss aus der Regelung des § 1606 Abs. 3 S. 2 dem nicht betreuenden Elternteil obliege.[506] Ein Fremdgeschäftsführungswille setze voraus, dass der betreuende Elternteil den Naturalunterhalt in dem Bewusstsein leistet, dass der andere unterhaltspflichtig ist.[507] Das Interesse des Unterhaltsschuldners sei mit der Erfüllung seiner Unterhaltsverpflichtung gewahrt.[508] Durch die Anwendung dieser einschlägigen gesetzlichen Regelung sei die Konstruktion des familienrechtlichen Ausgleichsanspruchs entbehrlich.[509]

c) Konkludente, anfängliche Tilgungsbestimmung

Nach einer weiteren Ansicht bestehe ein Anspruch aus Bereicherungsrecht, da die Leistung des Naturalunterhalts durch den betreuenden Elternteil in der

---

501 *Holzhauser*, FS Wolf 1985, 223 (236); *Roth* FamRZ 1994, 793 (795); *Zwirlein* FamRZ 2015, 896 (898).

502 *Holzhauser*, FS Wolf 1985, 223 (232, 234).

503 *Zwirlein* FamRZ 2015, 896 (898).

504 BGH Urt. v. 26.06.1968 – IV ZR 601/68, FamRZ 1968, 450 (451); BGH Urt. v. 26.04.1989 – IVb ZR 42/88, FamRZ 1989, 850 (851); *Graba/Maier*, in: Johannsen/Henrich, § 1607 Rn. 7.

505 *Wollschläger*, Geschäftsführung ohne Auftrag, S. 128–135; *Roth* FamRZ 1994, 793 (794).

506 *Wollschläger*, Geschäftsführung ohne Auftrag, S. 130.

507 *Wollschläger*, Geschäftsführung ohne Auftrag, S. 133; *Roth* FamRZ 1994, 793 (794).

508 *Wollschläger*, Geschäftsführung ohne Auftrag, S. 134.

509 *Wollschläger*, Geschäftsführung ohne Auftrag, S. 129.

Ausgleichungsabsicht von dem anderen Elternteil als konkludente, anfängliche Tilgungsbestimmung ausgelegt werden könne.[510] Für die Bestimmung eines Fremdtilgungswillens sei nicht der innere Wille des Leistenden, sondern der Umstand maßgeblich, als wessen Leistung sich die Zuwendung bei objektiver Betrachtungsweise aus Sicht des Zuwendungsempfängers darstelle.[511] Bei Zugrundelegung des objektiven Empfängerhorizonts sei die Leistung des betreuenden Elternteils als Leistung des unterhaltsverpflichteten Elternteils anzusehen, da der betreuende Elternteil seiner Unterhaltsverpflichtung bereits durch die Erziehung des minderjährigen Kindes gemäß § 1606 Abs. 3 S. 2 nachkomme.[512] Dies bewirke, dass der unterhaltsverpflichtete Elternteil durch die Leistung von seiner Unterhaltsverpflichtung frei geworden sei und demnach etwas erlangt habe, was er an den leistenden Elternteil im Rahmen des Bereicherungsrechts wieder herausgeben müsse.[513] Ein familienrechtlicher Ausgleichsanspruch sei demnach überflüssig.[514]

d) Stellungnahme zur Kritik an dem familienrechtlichen Ausgleichsanspruch

Der letztgenannten Ansicht ist insoweit zuzustimmen, dass die Leistung durch den betreuenden Elternteil dem unterhaltsverpflichteten Elternteil zugeordnet werden kann. Der Fremdtilgungswille muss grundsätzlich zum Zeitpunkt der Leistungserbringung zum Ausdruck kommen, wobei es nicht auf den inneren Willen des Erklärenden ankommt, sondern darauf, wie der Gläubiger nach dem objektiven Empfängerhorizont die Leistung einordnen durfte.[515] Bei Zugrundelegung des objektiven Empfängerhorizonts kann die zusätzliche Unterhaltsleistung durch den betreuenden Elternteil als Tilgung der Unterhaltsschuld des anderen Elternteils gegenüber dem gemeinsamen Kind eingeordnet werden. Dies ergibt sich aus der im Rahmen des objektiven Empfängerhorizonts zu berücksichtigenden Regelung des § 1606 Abs. 3 S. 2, wonach der betreuende Elternteil hierdurch seiner Unterhaltsverpflichtung gegenüber dem Kind nachkommt. Barunterhaltspflichtig ist demnach allein der nicht betreuende Elternteil. Zahlt dennoch der nicht barunterhaltsverpflichtete, betreuende Elternteil

510 Im Ergebnis so auch: *Roth* FamRZ 1994, 793 (797); *Zwirlein* FamRZ 2016, 1468 (1469).

511 BGH Urt. v. 13.03.2014 – IX ZR 147/11, NJW-RR 2014, 873 (874); *Bittner*, in: Staudinger, § 267 Rn. 8; *Grüneberg*, in: Palandt, § 267 Rn. 3.

512 *Roth* FamRZ 1994, 793 (797); *Zwirlein* FamRZ 2016, 1468 (1469).

513 *Roth* FamRZ 1994, 793 (797); *Zwirlein* FamRZ 2016, 1468 (1469).

514 *Roth* FamRZ 1994, 793 (797); *Zwirlein* FamRZ 2016, 1468 (1469).

515 BGH Urt. v. 05.11.2002 – XI ZR 381/01, NJW 2003, 582 (584); *Bittner*, in: Staudinger, § 267 Rn. 9.

zusätzlich den Barkindesunterhalt, so ist gerade von einer bewussten Tilgung der Unterhaltsschuld auszugehen. Ebenso besteht auch ein Fremdtilgungswille des leistenden Elternteils, der sich aus der vorherigen Inanspruchnahme des unterhaltsverpflichteten Elternteils im Rahmen der gesetzlichen Verfahrensstandschaft ergibt. Hieraus geht das Begehren des leistenden Elternteils hervor, den unterhaltsverpflichteten Elternteil in Regress nehmen zu wollen. Um dieses Begehren zu erreichen, muss er zuvor die Unterhaltsschuld des zahlungspflichtigen Elternteils tilgen, da dies Voraussetzung für eine Inregressnahme ist.[516] Mithin bezweckt der Leistende mit der Tilgung nicht das Erlöschen der Unterhaltsforderung, sondern allein deren Erwerb.[517] Der betreuende Elternteil möchte nicht anstelle des anderen Elternteils im Rahmen einer Schuldübernahme nach § 414 leisten, gleichwohl aber für diesen, um sich den Regressanspruch gegenüber dem unterhaltsverpflichteten Elternteil zu sichern. Die gerichtliche Geltendmachung des Kindesunterhalts durch den betreuenden Elternteil impliziert daher stets die Absicht, den sich seiner Unterhaltsverpflichtung entziehenden Elternteil für den aufgelaufenen Unterhaltsrückstand in Regress nehmen zu wollen,[518] sodass ein entsprechender Fremdtilgungswille anzunehmen ist.

Jedoch zieht diese Ansicht nicht den konsequenten Schluss aus ihrer zutreffenden Annahme des Fremdtilgungswillens. Die Annahme eines Fremdtilgungswillens hat zur Folge, dass ein Fremdgeschäftsführungswille vorliegt, sodass nicht das Bereicherungsrecht eingreift, sondern ein Anspruch aus der Geschäftsführung ohne Auftrag gemäß §§ 670, 679 Alt. 2, 683 S. 2 zu Gunsten des betreuenden Elternteils gegeben ist. Ein Bereicherungsanspruch scheidet neben einem Anspruch aus einer berechtigten Geschäftsführung ohne Auftrag aus, da die berechtigte Geschäftsführung ohne Auftrag den Rechtsgrund für das Erlangte, hier die Befreiung der Unterhaltsverpflichtung gegenüber dem Kind, darstellt.[519]

Demnach ist der zweiten Ansicht, wonach eine Geschäftsführung ohne Auftrag einschlägig ist, zu folgen. Der erforderliche Fremdgeschäftsführungswille wird bei einem objektiv fremden Geschäft vermutet, sofern sich der Geschäftsführer bei Leistungserbringung der Fremdheit des Geschäfts bewusst ist.[520]

---

516 Siehe 4. Teil A) I. 2. b) Leistung des Barunterhalts durch den betreuenden Elternteil.

517 *Holzhauer*, FS Wolf 1985, 223 (236); *Krüger*, in: MüKoBGB, § 267 Rn. 13.

518 BGH Urt. v. 26.04.1989 – IVb ZR 42/88, NJW 1989, 2816 (2817).

519 BGH Urt. v. 30.09.1993 – VII ZR 178/91, NJW 1993, 3196; BGH Urt. v. 20.07.2011 – XII ZR 149/09, NJW 2012, 523 (526); *Dornis*, in: Erman, Vorb. § 677 Rn. 29; *Schäfer*, in: MüKoBGB, § 677 Rn. 85; *Sprau*, Einf v § 677 Rn. 10.

520 BGH Urt. v. 02.11.2006 – III ZR 274/05, NJW 2007, 63 (64); *Dornis*, in: Erman, § 677 Rn. 12; *Sprau*, in: Palandt, § 677 Rn. 4.

Objektiv fremde Geschäfte sind solche, die die Rechtsordnung nach Inhalt, Natur und äußerem Erscheinungsbild einem anderen Rechts- und Interessenkreis als dem Handelnden zuordnet, sodass deren Vornahme nach den rechtlichen Regelungen einem anderen obliegt oder vorbehalten ist.[521] Aus der Regelung in § 1606 Abs. 3 S. 2 ergibt sich, dass die Barunterhaltsverpflichtung nicht dem handelnden, betreuenden Elternteil, sondern dem anderen Elternteil obliegt und ausschließlich dessen Rechts- und Interessenkreis zuzuordnen ist. Der betreuende Elternteil ist sich zudem regelmäßig bewusst, dass die Barunterhaltsverpflichtung dem anderen, nicht betreuenden Elternteil obliegt. Dies kommt in der Konstellation des familienrechtlichen Ausgleichsanspruchs durch die gerichtliche oder außergerichtliche Aufforderung an den anderen Elternteil zum Ausdruck, den Kindesunterhalt zu zahlen.[522] Es liegt mithin ein objektiv fremdes Geschäft und ein entsprechender Fremdgeschäftsführungswille vor. Auf einen entgegenstehenden Willen des unterhaltsverpflichteten Elternteils kommt es nach § 679 Alt. 2 nicht an, da dieser dann unbeachtlich ist, wenn ohne die Geschäftsführung des betreuenden Elternteils eine gesetzliche Unterhaltspflicht des unterhaltsverpflichteten Elternteils nicht rechtzeitig erfüllt werden würde. Eine Unterhaltspflicht ist nicht rechtzeitig im Sinne des § 679 Alt. 2 erfüllt, wenn der Unterhalt zum Zeitpunkt der Fälligkeit (§ 1612 Abs. 3 S. 1) noch nicht geleistet wurde.[523] Gegenstand des familienrechtlichen Ausgleichsanspruchs ist lediglich der rückständige, bereits fällige Kindesunterhalt,[524] sodass die Voraussetzungen des § 679 Alt. 2 vorliegen. Der Aufwendungsersatzanspruch richtet sich nach der gesetzlichen Unterhaltsverpflichtung des Unterhaltsschuldners,[525] mithin nach dessen Leistungsfähigkeit, sodass der Anspruch der Geschäftsführung ohne Auftrag der Höhe nach mit dem familienrechtlichen Ausgleichsanspruch nach der hier vertretenen Auffassung übereinstimmt.[526] Demensprechend ist der betreuende Elternteil für das Vorliegen der Voraussetzungen des § 679 Alt. 2, also der nicht

---

521 *Schulze*, in: NK-Hk-BGB, § 677 Rn. 3; *Sprau*, in: Palandt, § 677 Rn. 4.

522 Siehe 4. Teil A) I. 2. d) Beschränkung des § 1613 Abs. 1.

523 BGH Urt. v. 15.12.1977 – III ZR 159/75, NJW 1978, 1258 (1259); *Bergmann*, in: Staudinger, § 679 Rn. 29; *Fehrenbacher*, in: Prütting/Wegen/Weinreich, § 679 Rn. 2; *Sprau*, in: Palandt, § 679 Rn. 5.

524 Siehe 4. Teil A) I. 2. a) Barunterhaltsverpflichtung des nicht leistenden Ausgleichsverpflichteten.

525 *Bergmann*, in: Staudinger, § 679 Rn. 26; *Schäfer*, in: MüKoBGB, § 679 Rn. 14; *Sprau*, in: Palandt, § 679 Rn. 4.

526 Siehe 4. Teil A) I. 3. c) Stellungnahme zur Höhe des familienrechtlichen Ausgleichsanspruchs.

rechtzeitigen Leistung der gesetzlichen Unterhaltspflicht durch den unterhaltsverpflichteten Elternteil, beweispflichtig,[527] hingegen nicht hinsichtlich der Höhe des Aufwendungsersatzanspruchs, die sich nach der gesetzlichen Unterhaltspflicht bemisst.[528] Diesbezüglich muss der unterhaltsverpflichtete Elternteil substantiiert vortragen, sofern er bestreitet, dass der betreuende Elternteil als Geschäftsführer den Unterhalt in Höhe der gesetzlichen Unterhaltsverpflichtung des Geschäftsherrn geleistet hat. Diese Beweislastverteilung erscheint interessengerecht, um den sich seine Unterhaltsverpflichtung verweigernden Elternteil nicht im Ergebnis zu begünstigen.[529]

Die Ansicht, wonach die Regelung in § 1607 Abs. 2 S. 2 analog angewendet werden soll, ist daher mangels Regelungslücke abzulehnen. Zudem mangelt es an einer vergleichbaren Interessenlage. Zwar ist die cessio legis nach § 1607 Abs. 2 S. 2 analog auf den gleichrangig haftenden Elternteil anzuwenden.[530] Allerdings ist auch hierbei erforderlich, dass die Rechtsverfolgung gegen den unterhaltsverpflichteten Elternteil im Inland ausgeschlossen oder erheblich erschwert ist, § 1606 Abs. 2 S. 1. In dem höchstrichterlich entschiedenen Fall, in dem eine Anwendung der cessio legis in Erwägung gezogen wurde, war die Rechtverfolgung erheblich erschwert, da das unterhaltsberechtigte Kind seinen gewöhnlichen Aufenthalt in Polen hatte, während sich der unterhaltsverpflichtete Kindesvater in der Bundesrepublik Deutschland aufhielt.[531] Auf die gesetzlichen Voraussetzungen des Forderungsübergangs aus § 1606 Abs. 2 S. 1 kann daher bei analoger Anwendung der cessio legis nicht verzichtet werden.[532] In der Konstellation des familienrechtlichen Ausgleichsanspruchs wird die Rechtsverfolgung regelmäßig weder im Inland ausgeschlossen noch erheblich erschwert sein, da der Kindesunterhalt bereits im Vorfeld gegen den leistungsfähigen Unterhaltsschuldner in gesetzlicher Verfahrensstandschaft geltend gemacht wurde. Da die Voraussetzungen für eine analoge Anwendung nicht vorliegen, ist die erstgenannte Ansicht abzulehnen.

---

527 *Bergmann*, in: Staudinger, § 679 Rn. 31; *Dornis*, in: Erman, § 679 Rn. 9; *Schäfer*, in: MüKoBGB, § 679 Rn. 18.

528 *Bergmann*, in: Staudinger, § 679 Rn. 26; *Sprau*, in: Palandt, § 679 Rn. 4.

529 Siehe 4. Teil A) I. 3. c) Stellungnahme zur Höhe des familienrechtlichen Ausgleichsanspruchs.

530 BGH Urt. v. 26.06.1968 – IV ZR 601/68, FamRZ 1968, 450 (451); BGH Urt. v. 26.04.1989 – IVb ZR 42/88, FamRZ 1989, 850 (851); *Graba/Maier*, in: Johannsen/Henrich, § 1607 Rn. 7.

531 BGH Urt. v. 26.06.1968 – IV ZR 601/68, FamRZ 1968, 450 (451).

532 BGH Urt. v. 26.04.1989 – IVb ZR 42/88, FamRZ 1989, 850 (851).

Es bleibt demnach festzuhalten, dass das Gesetz durch direkte Anwendung der Regelungen in §§ 670, 679, 683 S. 2 eine Regressmöglichkeit des betreuenden Elternteils, der die Unterhaltsverpflichtung des anderen Elternteils übernommen hat, anbietet. Für einen durch die Rechtsprechung konstruierten familienrechtlichen Ausgleichsanspruch besteht daher kein Bedürfnis.

Dies hat zur Folge, dass nach der hier vertretenen Auffassung der rückständige Unterhaltsanspruch des Kindes durch den betreuenden Elternteil ab dem Zeitpunkt der Geltendmachung des Kindesunterhalts gegenüber dem unterhaltsverpflichteten Elternteil erfüllt wird, sodass sich der unterhaltverpflichtete Elternteil hinsichtlich des bis zur Volljährigkeit des Kindes aufgelaufenen Unterhalts nur einem Anspruchsinhaber aus Geschäftsführung ohne Auftrag gegenübersieht. Gleichwohl ist der Anspruch aus einer Geschäftsführung ohne Auftrag – ebenso wie der familienrechtliche Ausgleichsanspruch – lediglich zu bemühen, um nach Beendigung der gesetzlichen Verfahrensstandschaft den rückständigen Kindesunterhalt durch den betreuenden Elternteil geltend zu machen. Besteht die gesetzliche Verfahrensstandschaft weiterhin, kann der betreuende Elternteil sowohl den rückständigen als auch den laufenden Kindesunterhalt in gesetzlicher Verfahrensstandschaft geltend machen. Dies ist aus Sicht des gesetzlichen Verfahrensstandschafters sinnvoll, da der Kindesunterhaltsanspruch im Gegensatz zu einem eigenen Anspruch des betreuenden Elternteils weder aufrechenbar (§ 851 Abs. 1 ZPO iVm § 394 S. 1)[533] noch pfändbar (§ 851 Abs. 1 ZPO iVm § 399 BGB)[534] ist.

II. Zusammenfassung des familienrechtlichen Ausgleichsanspruchs

Durch den familienrechtlichen Ausgleichsanspruch wurde ein Anspruch sui generis erschaffen, um dem betreuenden Elternteil nach Beendigung der gesetzlichen Verfahrensstandschaft einen Regress hinsichtlich des von ihm geleisteten rückständigen Unterhalts von dem unterhaltsverpflichteten Elternteil zu ermöglichen.[535] Voraussetzung dieses Ausgleichsanspruchs ist neben der gesetzlichen Barunterhaltsverpflichtung eines Elternteils gegenüber dem Kind weiterhin, dass der Unterhalt nicht von dem barunterhaltsverpflichteten, sondern von dem

533 BGH Urt. v. 29.11.1990 – IX ZR 94/90, NJW 1991, 839 (840); *Götz*, in: Palandt, § 1629 Rn. 33; *Kaiser*, in: NK-BGB FamR, § 1629 Rn. 54; *Peschel-Gutzeit*, in: Staudinger, § 1629 Rn. 383.

534 BGH Beschl. v. 29.03.2006 – VII ZB 31/05, FamRZ 2006, 860 (861); *Götz*, in: Palandt, § 1629 Rn. 33; *Huber*, in: MüKoBGB, § 1629 Rn. 99; *Hamdan*, in: jurisPK-BGB, § 1629 Rn. 82.

535 Siehe 4. Teil A) I. 1. Anspruch sui generis.

betreuenden Elternteil erbracht wurde und der ausgleichsverpflichtete Elternteil von dem betreuenden ausgleichsberechtigten Elternteil zur Leistung des Kindesunterhalts iSd § 1613 Abs. 1 aufgefordert wurde.[536] Im vorliegenden Fall ist die letzte Voraussetzung stets gegeben, da der Kindesunterhalt zuvor in gesetzlicher Verfahrensstandschaft geltend gemacht wurde.[537] Die weitere Voraussetzung in Form der Mitteilung der Erstattungsabsicht ist hingegen überflüssig, da diese bereits durch die Schuldnerschutzvorschrift nach § 1613 Abs. 1 erfüllt ist, indem der Unterhaltsschuldner zur Auskunft aufgefordert, in Verzug gesetzt oder gerichtlich in Anspruch genommen wurde.[538] Eine Regressabsicht des ausgleichsberechtigten Elternteils wird angenommen, wenn der Kindesunterhalt ernsthaft gerichtlich oder außergerichtlich geltend gemacht wird.[539] Eine ernsthafte gerichtliche oder außergerichtliche Geltendmachung ist bei Vorliegen der Voraussetzungen in § 1613 Abs. 1 anzunehmen.[540] Liegen diese Voraussetzungen vor, kann der in gesetzlicher Verfahrensstandschaft geltend gemachte Unterhaltsantrag in einen familienrechtlichen Ausgleichsanspruch umgestellt werden, wobei es dahingestellt bleiben kann, ob die Umstellung als eine Antragsänderung gemäß §§ 112 Nr. 1 Alt. 1, 113 Abs. 1 S. 2 FamFG iVm § 264 Nr. 3 ZPO[541] oder als sachdienliche Antragsänderung gemäß § 112 Nr. 1 Alt. 1, 113 FamFG Abs. 1 S. 1 iVm § 263 ZPO[542] einzuordnen ist, da bei Darlegung der zusätzlichen Voraussetzungen des familienrechtlichen Ausgleichsanspruchs der bisherige Verfahrensstoff als Entscheidungsgrundlage verwertbar bleibt und ein neues Verfahren hierdurch vermieden wird.[543] Mithin wäre die Klageänderung zumindest als sachdienlich zu qualifizieren.

Die Höhe des familienrechtlichen Ausgleichsanspruchs bemisst sich grundsätzlich nach der Leistungsfähigkeit des ausgleichsverpflichteten Elternteils, um die Unterhaltslast im Innenverhältnis gerecht nach dem Leistungsvermögen der jeweiligen Eltern zu verteilen.[544] Der familienrechtliche Ausgleichsanspruch ist daher der

536 Siehe 4. Teil A) I. 2. Voraussetzungen des familienrechtlichen Ausgleichsanspruchs.

537 Siehe 4. Teil A) I. 2. d) Beschränkung des § 1613 Abs. 1.

538 Siehe 4. Teil A) I. 2. d) Beschränkung des § 1613 Abs. 1.

539 Siehe 4. Teil A) I. 2. c) Mitteilung der Erstattungsabsicht gegenüber dem Ausgleichsverpflichteten.

540 Siehe 4. Teil A) I. 2. d) Beschränkung des § 1613 Abs. 1.

541 *Gießler* FamRZ 1994, 800 (807); *Stockmann*, in: Grandel/Stockmann, 182. Rn. 13.

542 OLG Frankfurt Urt. v. 06.02.2007 – 3 UF 67/05, FamRZ 2007, 909.

543 BGH Urt. v. 15.01.2001 – II ZR 48/99, NJW 2001, 1210 (1211); *Geisler*, in: Prütting/Gehrlein, § 263 Rn. 15, 20; *Greger*, in: Zöller, § 263 Rn. 13.

544 Siehe 4. Teil A) I. 3. c) Stellungnahme zur Höhe des familienrechtlichen Ausgleichsanspruchs.

Höhe nach mit dem in gesetzlicher Verfahrensstandschaft geltend gemachten rückständigen Kindesunterhaltsanspruch identisch. Bestreitet der ausgleichsverpflichtete Elternteil den Aufwand des ausgleichsberechtigten Elternteils in diesem Umfang, so trifft ihn die Darlegungs- und Beweislast für den Umstand, dass der ausgleichsberechtigte Elternteil weniger geleistet hat, als die gesetzliche Unterhaltsverpflichtung des ausgleichsverpflichteten Elternteils, die sich nach dessen Leistungsfähigkeit bemisst.[545] Der familienrechtliche Ausgleichsanspruch verjährt innerhalb der Regelverjährung von drei Jahren, wobei die Verjährungsfrist erst mit der Beendigung der gesetzlichen Verfahrensstandschaft in Gang gesetzt wird, §§ 195, 199 Abs. 1.[546]

Endet die gesetzliche Verfahrensstandschaft durch Eintritt der Volljährigkeit des Kindes, so ist dieses zur Abtretung des rückständigen, vom betreuenden Elternteil geleisteten Unterhaltsanspruchs an den betreuenden Elternteil gemäß §§ 1618a, 242 bzw. 255 verpflichtet.[547] Sofern das volljährige Kind dieser Verpflichtung nachkommt und der ausgleichsverpflichtete Elternteil von der Abtretung Kenntnis erlangt, kann er ausschließlich an den ausgleichsberechtigten Elternteil schuldbefreiend leisten, § 407 Abs. 1. Kommt das volljährige Kind dieser Verpflichtung nicht nach, so ist eine Gesamtgläubigerschaft zwischen dem ausgleichsberechtigten Elternteil und dem volljährigen Kind nach § 428 anzunehmen, sodass der unterhaltsverpflichtete Elternteil hinsichtlich des rückständigen Kindesunterhalts an beide mit schuldbefreiender Wirkung leisten kann.[548]

Zu Recht wird an dem familienrechtlichen Ausgleichsanspruch Kritik geübt, da sich ein Regressanspruch des betreuenden und zusätzlich unterhaltszahlenden Elternteils aus den gesetzlichen Regelungen der Geschäftsführung ohne Auftrag nach §§ 670, 679 Alt. 2, 683 S. 2 herleiten lässt und eine Gesetzesnorm einem Anspruch sui generis aus Gründen der Rechtssicherheit vorgeht.[549] Es handelt sich um ein objektiv fremdes Geschäft für den betreuenden Elternteil, da die Barunterhaltsverpflichtung bei minderjährigen Kindern den nicht betreuenden Elternteil trifft, § 1606 Abs. 3 S. 2.[550] Ein Fremdgeschäftsführungswille des

545 Siehe 4. Teil A) I. 3. c) Stellungnahme zur Höhe des familienrechtlichen Ausgleichsanspruchs.

546 Siehe 4. Teil A) I. 4. Verjährung.

547 Siehe 4. Teil A) I. 5. Verhältnis des familienrechtlichen Ausgleichsanspruchs und des Unterhaltsanspruchs des volljährigen Kindes.

548 Siehe 4. Teil A) I. 5. c) Stellungnahme zur Höhe des familienrechtlichen Ausgleichsanspruchs.

549 Siehe 4. Teil A) I. 6. d) Stellungnahme zur Kritik an dem familienrechtlichen Ausgleichsanspruch.

550 Siehe 4. Teil A) I. 6. d) Stellungnahme zur Kritik an dem familienrechtlichen Ausgleichsanspruch.

betreuenden Elternteils wird bei der Leistung der Unterhaltsverpflichtung des anderen Elternteils vermutet.[551] Diese Vermutung wird auch nicht widerlegt, da der betreuende Elternteil gerade in dem Bewusstsein handelt, dass der andere Elternteil barunterhaltsverpflichtet ist.[552] Dies kommt in der vorliegenden Konstellation des familienrechtlichen Ausgleichsanspruchs durch eine vorherige Geltendmachung des Kindesunterhalts gegenüber dem Unterhaltsverpflichteten zum Ausdruck.[553] Auf einen entgegenstehenden Willen des unterhaltsverpflichteten Elternteils kommt es bei der Erfüllung einer gesetzlichen Unterhaltsverpflichtung nicht an, § 679 Alt. 2.[554]

B) Verfahrensrechtliche Problemstellungen

Die gesetzliche Verfahrensstandschaft wirft darüber hinaus auch verfahrensrechtliche Probleme auf, mit deren Lösung sich die höchstrichterliche Rechtsprechung auseinandersetzte.[555]

I. Konkurrenzverhältnis zwischen gesetzlicher Verfahrensstandschaft und Beistandschaft

Es war streitig, in welchem Verhältnis die gesetzliche Verfahrensstandschaft gemäß § 1629 Abs. 3 S. 1 zu der Möglichkeit der Beantragung einer Beistandschaft des Jugendamtes gemäß §§ 1712–1717 steht. Nach einem Problemaufriss erfolgt hieran anschließend die Erörterung der unterschiedlichen Auffassungen zu dieser Problematik. Letztlich wird die von der höchstrichterlichen Rechtsprechung angenommene Lösung unter dem Gesichtspunkt des herausgearbeiteten Sinn und Zwecks der gesetzlichen Verfahrensstandschaft bewertet werden.

---

551 Siehe 4. Teil A) I. 6. d) Stellungnahme zur Kritik an dem familienrechtlichen Ausgleichsanspruch.

552 Siehe 4. Teil A) I. 6. d) Stellungnahme zur Kritik an dem familienrechtlichen Ausgleichsanspruch.

553 Siehe 4. Teil A) I. 6. d) Stellungnahme zur Kritik an dem familienrechtlichen Ausgleichsanspruch.

554 Siehe 4. Teil A) I. 6. d) Stellungnahme zur Kritik an dem familienrechtlichen Ausgleichsanspruch.

555 BGH Beschl. v. 11.05.2005 – XII ZB 242/03, FamRZ 2005, 1164 (1164 ff.); BGH Beschl. v. 26.10.2005 – XII ZB 125/05, FamRZ 2006, 32 (32 f.); BGH Beschl. v. 29.10.2014 – XII ZB 250/14, FamRZ 2015, 130 (130 f.).

1. Einführung in die Problematik

Bis zum Inkrafttreten des Beistandschaftsgesetzes am 01.07.1998[556] war für die nach § 1705 S. 1 a.F. allein sorgeberechtigte Mutter eines nichtehelichen Kindes eine Amtspflegschaft zur Geltendmachung von Unterhaltsansprüchen des Kindes angeordnet, § 1706 Nr. 2 HS. 1 a.F. Die Amtspflegschaft, die in der Regel durch das Jugendamt ausgeübt wurde (§1709 Abs. 1 S. 1 a.F.), trat bei nichtehelichen Kindern kraft Gesetzes ein,[557] soweit das Kind keines Vormunds bedurfte, und schloss die Kindesmutter von der Vertretung des Kindes zur Geltendmachung des Kindesunterhalts aus, §§ 1706 Nr. 2 HS. 1, 1630 Abs. 1 a.F.[558] Die Kindesmutter konnte diese Einschränkung ihrer elterlichen Sorge lediglich verhindern, indem sie einen Antrag bei dem Vormundschaftsgericht stellte auf Anordnung des Nichteintritts der Pflegschaft, Aufhebung einer bestehenden Pflegschaft oder zumindest Begrenzung des Wirkungskreises des Pflegers, soweit dies dem Kindeswohl entsprach, § 1707 a.F.

Für gemeinsam sorgeberechtigte Eltern von ehelichen Kindern existierte keine hiermit vergleichbare Regelung. Für einen Elternteil eines ehelichen Kindes, welchem die elterliche Sorge, die Personen- oder Vermögenssorge allein zustand, bestand im Gegensatz zu alleinsorgeberechtigen Eltern von nichtehelichen Kindern die Möglichkeit, gemäß § 1685 Abs. 1, 2 a.F. für alle, gewisse oder einzelne Angelegenheiten einen Beistand zu beantragen. Dieser hatte dann den allein sorgeberechtigten Elternteil gemäß § 1686 a.F. zu unterstützen. Die elterliche Sorge und die Vertretungsmacht des die Beistandschaft beantragenden Elternteils blieben hierdurch grundsätzlich unberührt.[559] Es bestand jedoch die Möglichkeit, dem Beistand gemäß § 1690 Abs. 1 HS. 1 Var. 1 a.F. die Geltendmachung von Unterhaltsansprüchen durch das Vormundschaftsgericht zu übertragen, sodass dieser die Rechte und Pflichten eines Pflegers und mithin auch die gesetzliche Vertretung des Kindes übernahm, §§ 1690 Abs. 2 S. 1, 1915 S. 1, 1793 S. 1, 1630 Abs. 1 a.F.

Zur Schaffung von einheitlichen Regelungen in den alten und neuen Bundesländern, zur Vermeidung weiterer unnötiger Eingriffe in das Elternrecht von Müttern nichtehelicher Kinder und zur Gleichstellung von ehelichen und nichtehelichen Kindern wurde die Amtspflegschaft nichtehelicher Kinder und die Beistandschaft für eheliche Kinder durch die Regelung einer einheitlichen

556 BGBl. 1997 I 2846 (2850).
557 BT-Drucks. 13/892, S. 12.
558 *Rauscher*, in: Staudinger, Vorb. zu §§ 1712–1717 Rn. 2.
559 BT-Drucks. 13/892, S. 17; *Rauscher*, in: Staudinger, Vorb. zu §§ 1712–1717 Rn. 2.

Beistandschaft (§§ 1712–1717) ersetzt.[560] Die Beistandschaft zur Geltendmachung von Unterhaltsansprüchen kann seit Inkrafttreten des Beistandschaftsgesetzes, unabhängig davon, ob es sich um ein eheliches oder nichteheliches Kind handelt, beantragt werden, § 1712 Abs. 1 Nr. 2 Var. 1.

Antragsberechtigt war zunächst lediglich derjenige Elternteil, dem für den Aufgabenkreis der beantragten Beistandschaft die alleinige elterliche Sorge zusteht oder zustünde, wenn das Kind bereits geboren wäre, § 1713 Abs. 1 S. 1.[561] Es entstand ein Streit in Rechtsprechung und Literatur, ob § 1713 Abs. 1 S. 1 analog auf den Fall angewendet werden müsse, dass zwar noch die beiderseitige elterliche Sorge besteht, hinsichtlich der Geltendmachung des Kindesunterhalts jedoch der betreuende Elternteil gemäß § 1629 Abs. 2 S. 2 alleine vertretungsberechtigt oder gemäß § 1629 Abs. 3 S. 1 gesetzlicher Verfahrensstandschafter ist.[562]

Die eine Analogie befürwortende Ansicht stellte auf den Aufgabenkreis der beantragten Beistandschaft in Form der Geltendmachung von Unterhaltsansprüchen gemäß § 1712 Abs. 1 Nr. 2 ab.[563] Dieser Aufgabenkreis stehe auch bei gemeinsamer elterlicher Sorge gemäß § 1629 Abs. 3 S. 1 allein dem betreuenden Elternteil zu, sodass dieser auch zur Beantragung einer Beistandschaft berechtigt sein müsse.[564] Zudem wird darauf verwiesen, dass der betreuende Elternteil anderenfalls auf die Beantragung der Übertragung der alleinigen elterlichen Sorge zu verweisen wäre, um den rein formalen Anforderungen der Antragsberechtigung zu genügen.[565]

Die gegenteilige Auffassung, die eine Möglichkeit der Beantragung einer Beistandschaft bei gemeinsamer elterlicher Sorge ablehnte, stützte sich auf den Wortlaut des Gesetzes und der Begründung des Gesetzgebers.[566] Der Gesetzgeber habe zur Begründung des Beistandschaftsgesetzes ausgeführt, dass eine Beistandschaft für Kinder, welche unter gemeinsamer elterlicher Sorge stehen,

---

560 BT-Drucks. 13/892, S. 23; *Rauscher*, in: Staudinger, Vorb. zu §§ 1712–1717 Rn. 6, 8, 10; *v. Sachsen Gessaphne*, in: MüKoBGB, Vorb. § 1712 Rn. 1.

561 BGBl. 1997 I 2846.

562 BT-Drucks. 14/8131, S. 10; *Rauscher*, in: Staudinger, § 1713 Rn. 5.

563 OLG Stuttgart Beschl. v. 20.09.2001 – 18 WF 22/01, JAmt 2001, 548; AG Hamm Beschl. v. 21.12.1998 – 3 F 119/08, DAVorm 1999, 158.

564 OLG Stuttgart Beschl. v. 20.09.2001 – 18 WF 22/01, JAmt 2001, 548; AG Hamm Beschl. v. 21.12.1998 – 3 F 119/08, DAVorm 1999, 158.

565 OLG Stuttgart Beschl. v. 20.09.2001 – 18 WF 22/01, JAmt 2001, 548; AG Hamm Beschl. v. 21.12.1998 – 3 F 119/08, DAVorm 1999, 158; AG Frankfurt a.M. Beschl. v. 08.03.2000 – 35 F 2039/00, JAmt 2001, 548 (549).

566 BT-Drucks. 14/8131, S. 10; VG Berlin Beschl. v. 21.12.2000 – VG 17 A 525.00, ZfJ 2001, 163; DIJuF-Stellungnahme vom 15.02.2001 – J 3.105 Dl, JAmt 2001, 286.

nicht möglich sei, da diese nicht eines besonderen Schutzes bedürfen.[567] Mit dem eindeutigen Wortlaut des Gesetzes und der ausdrücklichen Stellungnahme des Gesetzgebers sei eine analoge Anwendung nicht vereinbar.[568]

Das umstrittene Verhältnis der Beistandschaft zur Vertretungsregelung nach § 1629 Abs. 2 S. 2 löste der Gesetzgeber mit Inkrafttreten des Kinderrechteverbesserungsgesetzes und der Einführung des § 1713 Abs. 1 S. 2, wonach auch bei gemeinsamer elterlicher Sorge derjenige Elternteil zur Beistandschaft antragsbefugt ist, in dessen Obhut sich das Kind befindet.[569] Der Gesetzgeber nimmt hierbei Bezug auf die Formulierung des § 1629 Abs. 2 S. 2 und begründet die ausdrückliche Erweiterung der Antragsbefugnis damit, dass Kinder, deren Eltern die elterliche Sorge gemeinsam ausüben, nicht schlechter gestellt werden sollen als Kinder mit einem alleinsorgeberechtigten Elternteil, da auch in diesen Fällen die Beantragung einer Beistandschaft zur Geltendmachung von Kindesunterhalt sinnvoll sein kann.[570]

Ungeklärt lässt der Gesetzgeber das Verhältnis zwischen der gesetzlichen Verfahrensbeistandschaft gemäß § 1629 Abs. 3 S. 1 und der Beistandschaft des Jugendamtes.[571] Gemäß § 1716 S. 1 wird die elterliche Sorge des beantragenden Elternteils nicht eingeschränkt. Der sorgeberechtigte, antragsbefugte Elternteil und der Beistand stehen mithin gleichberechtigt zur Interessenwahrnehmung des Kindes nebeneinander.[572] Dieses gleichberechtigte Nebeneinander wird zum Zwecke der ordnungsgemäßen Verfahrensführung dergestalt durchbrochen, dass der sorgeberechtigte Elternteil gemäß § 234 FamFG von der Vertretung des Kindes im gerichtlichen Unterhaltsverfahren ausgeschlossen ist. Hierdurch soll die Stellung sich widersprechender Anträge verhindert werden.[573] Hat der sorgeberechtigte Elternteil bereits als gesetzlicher Vertreter einen Antrag gestellt, so endet dessen Vertretungsmacht mit Eintritt des Beistandes in das Verfahren.[574] Der Vertretungsvorrang des Beistandes im gerichtlichen Unterhaltsverfahren ist für den sorgeberechtigten Elternteil auch hinnehmbar, da er es als Antragsteller auch in der Hand habe, die Beistandschaft durch schriftliche Erklärung gegenüber dem Jugendamt gemäß § 1715 Abs. 1 S. 1 zu beenden.[575]

567 BT-Drucks. 13/892, S. 37.
568 DIJuF-Stellungnahme vom 15.02.2001 – J 3.105 Dl, JAmt 2001, 286.
569 BGBl. 2002 I 1239.
570 BT-Drucks. 14/8131, S. 10.
571 Vgl. BT-Drucks. 14/8131, S. 10.
572 *Rauscher*, in: Staudinger, § 1716 Rn. 6; *v. Sachsen Gessaphe*, in: MüKoBGB, § 1716 Rn. 1.
573 BT-Drucks. 13/892, S. 47.
574 *Klein*, in: Schulte-Bunert/Weinreich, § 234 Rn. 4.
575 BT-Drucks. 13/892, S. 47.

Die gesetzliche Verfahrensstandschaft gemäß § 1629 Abs. 3 S. 1 ordnet an, dass der Verfahrensstandschafter den Kindesunterhalt nur im eigenen Namen und nicht im Namen des Kindes geltend machen darf. Wird die Beistandschaft beantragt, so vertritt der Beistand das Kind und macht den Kindesunterhalt im Namen des Kindes geltend. Hierdurch kommt es zu einem Widerspruch der Beistandschaft zu der Regelung in § 1629 Abs. 3 S. 1. Es fragt sich daher, ob eine Vertretung des Kindes durch einen Beistand zulässig ist, wenn bei dem beantragenden Elternteil die Voraussetzungen der gesetzlichen Verfahrensstandschaft vorliegen.

2. Beantragung der Beistandschaft unzulässig

Eine Ansicht geht davon aus, dass eine Beistandsbeantragung des Jugendamtes durch den betreuenden Elternteil unzulässig sei, wenn die Voraussetzungen einer gesetzlichen Verfahrensstandschaft gemäß § 1629 Abs. 3 S. 1 vorliegen.[576] Als Begründung führt diese Auffassung an, dass Sinn und Zweck der gesetzlichen Verfahrensstandschaft in der Verhinderung einer förmlichen Beteiligtenstellung des Kindes läge.[577] Dieser Sinn und Zweck würde durch eine Beistandschaft gerade verfehlt, da das Kind dann im eigenen Namen als Beteiligter des Verfahrens, vertreten durch den Beistand, auftritt.[578] Gerade in dem Fall, in denen der antragstellende Elternteil die Beistandschaft gemäß § 1715 Abs. 1 kündigt, würde das Kind in das Verfahren hineingezogen, was der Gesetzgeber durch Einführung der gesetzlichen Verfahrensstandschaft habe verhindern wollen.[579] Hätte der Gesetzgeber der Beistandschaft einen Vorrang einräumen wollen, hätte er dies durch entsprechende Abänderung des § 1629 Abs. 3 S. 1 deutlich gemacht.[580] Hinzu tritt das von dieser Ansicht vertretene verfahrensökonomische

---

576 OLG Celle Beschl. v. 10.04.2012 – 10 UF 65/12, FamRZ 2013, 53 (54); OLG Oldenburg Beschl. v. 02.04.2014 – 11 UF 34/14, FamRZ 2014, 1652; AG Regensburg Urt. v. 23.04.2003 – 002 F 01739/02, JAmt 2003, 366 (367); *Rauscher*, in: Staudinger, § 1713 Rn. 6c.

577 OLG Celle Beschl. v. 10.04.2012 – 10 UF 65/12, FamRZ 2013, 53 (54); OLG Oldenburg Beschl. v. 02.04.2014 – 11 UF 34/14, FamRZ 2014, 1652; AG Regensburg Urt. v. 23.04.2003 – 002 F 01739/02, JAmt 2003, 366 (366 f.); *Rauscher*, in: Staudinger, § 1713 Rn. 6c.

578 OLG Celle Beschl. v. 10.04.2012 – 10 UF 65/12, FamRZ 2013, 53 (54); AG Regensburg Urt. v. 23.04.2003 – 002 F 01739/02, JAmt 2003, 366 (366 f.); *Rauscher*, in: Staudinger, § 1713 Rn. 6c.

579 OLG Celle Beschl. v. 10.04.2012 – 10 UF 65/12, FamRZ 2013, 53 (54).

580 AG Regensburg Urt. v. 23.04.2003 – 002 F 01739/02, JAmt 2003, 366 (367).

Argument, dass es sinnvoller erscheine, sämtliche Ansprüche durch die Person des Verfahrensstandschafters geltend zu machen.[581] Schließlich sei die gesetzliche Verfahrensstandschaft nach § 1629 Abs. 3 S. 1, die eine Beistandschaft lediglich im Rahmen der gerichtlichen Geltendmachung des Kindesunterhalts ausschließe, die speziellere Norm gegenüber den Regelungen der Beistandschaft nach §§ 1712, 1713.[582]

3. Beantragung der Beistandschaft zulässig

Die Gegenauffassung vertritt die Ansicht, dass eine Vertretung des Kindes durch einen Beistand auch dann zulässig sei, wenn die Voraussetzungen der gesetzlichen Verfahrensstandschaft vorliegen.[583] Antragsberechtigt sei gemäß § 1713 Abs. 1 S. 2 Var. 1 jeder Elternteil, der das Kind bei gemeinsamer elterlicher Sorge in seiner Obhut hat.[584] Eine Beschränkung der Antragsberechtigung auf lediglich unverheiratete Elternteile ließe sich dem Wortlaut nicht entnehmen.[585] Eine solche Beschränkung würde auch zu einer Benachteiligung von Kindern verheirateter Eltern führen, was dem ausdrücklichen Willen des Gesetzgebers widerspräche, der im Sinne der Gleichberechtigung allen Kindern die Möglichkeit einer Beistandschaft einräumen wollte.[586] Zudem stehe auch nicht der Wortlaut der gesetzlichen Verfahrensstandschaft nach § 1629 Abs. 3 S. 1

---

581 OLG Celle Beschl. v. 10.04.2012 – 10 UF 65/12, FamRZ 2013, 53 (54).

582 OLG Celle Beschl. v. 10.04.2012 – 10 UF 65/12, FamRZ 2013, 53 (54); OLG Oldenburg Beschl. v. 02.04.2014 – 11 UF 34/14, FamRZ 2014, 1652; AG Regensburg Urt. v. 23.04.2003 – 002 F 01739/02, JAmt 2003, 366 (367).

583 BGH Beschl. v. 29.10.2014 – XII ZB 250/14, FamRZ 2015, 130; OLG Stuttgart Beschl. v. 24.11.2006 – 17 UF 182/06, JAmt 2007, 40; OLG Schleswig Beschl. v. 24.06.2014 – 10 UF 87/14, FamRZ 2014, 1712; *Götz*, in: Palandt, § 1713 Rn. 3; *Meysen* JAmt 2008, 120; *Mix* JAmt 2013, 122; *Roth*, in: Erman, § 1713 Rn. 2a; *v. Sachsen Gessaphe*, in: MüKo-BGB FamR, § 1713 Rn. 8; *Wellenhofer*, Familienrecht, § 35 Rn. 37; *Zempel* in: NK-BGB FamR, § 1712 Rn. 19.

584 BGH Beschl. v. 29.10.2014 – XII ZB 250/14, FamRZ 2015, 130; *Götz*, in: Palandt, § 1713 Rn. 3; *Meysen* JAmt 2008, 120 (122); *Mix* JAmt 2013, 122.

585 BGH Beschl. v. 29.10.2014 – XII ZB 250/14, FamRZ 2015, 130; DIJuF-Themengutachten vom 08.08.2013 – ES 7.101, abrufbar unter: https://www.dijuf.de/tl_files/downloads/2013/DIJuF-Themengutachten_Geltendmachung_von_Kindesunterhalt_nach_Trennung_der_verheirateten_Eltern_v._08.08.13.pdf, S. 8; *Knittel* JAmt 2007, 40 (41);

586 BT-Druck. 14/8131, S. 10; BGH Beschl. v. 29.10.2014 – XII ZB 250/14, FamRZ 2015, 130 (131); OLG Schleswig Beschl. v. 24.06.2014 – 10 UF 87/14, FamRZ 2014, 1712 (1713).

entgegen.[587] Dass der Verfahrensstandschafter den Kindesunterhalt „nur" im eigenen Namen geltend machen kann, schließe lediglich die gesetzliche Vertretung dieses Elternteils gemäß § 1629 Abs. 2 S. 2 aus, nicht jedoch die gesetzliche Vertretung durch einen Beistand.[588] Darüber hinaus würde gerade durch die Einschaltung eines Beistandes der durch die Verfahrensstandschaft verfolgte Zweck, das Kind aus Streitigkeiten der Eltern herauszuhalten, am ehesten erfüllt.[589] Das Kind trete zwar formal als Beteiligter des Verfahrens auf, jedoch vertreten durch einen Beistand und werde durch diesen aus dem Verfahren herausgehalten und vor Streitigkeiten zwischen den Eltern bewahrt.[590] Hieran ändere auch eine mögliche Kündigung der Beistandschaft durch den antragstellenden Elternteil während des Kindesunterhaltsverfahrens nichts, da in diesem Fall der Antrag des Kindes im Wege eines sachdienlichen Beteiligtenwechsels auf einen Antrag des gesetzlichen Verfahrensstandschafters umgestellt werden müsse.[591] Die Beantragung einer Beistandschaft sei auch für einen potentiellen gesetzlichen Verfahrensstandschafter ökonomisch und sinnvoll, da die Beistandschaft kostenfrei sei und er hierdurch eine eventuelle Kostentragung entgehen könne.[592] Schließlich stehe diese Auffassung im Einklang mit der Rechtsauffassung vor Einführung des Beistandschaftsgesetzes, nach der eine Geltendmachung von Kindesunterhalt bei Übertragung auf den Beistand nach § 1690 Abs. 1 HS. 1 Var. 1 a.F. nur durch diesen möglich war, der insofern den gesetzlichen Verfahrensstandschafter von der Geltendmachung ausschloss.[593] Da der Gesetzgeber

587 BGH Beschl. v. 29.10.2014 – XII ZB 250/14, FamRZ 2015, 130 (130 f); *Meysen* JAmt 2008, 120 (121 f.).

588 BGH Beschl. v. 29.10.2014 – XII ZB 250/14, FamRZ 2015, 130 (130 f.); OLG Stuttgart Beschl. v. 24.11.2006 – 17 UF 182/06, JAmt 2007, 40.

589 BGH Beschl. v. 29.10.2014 – XII ZB 250/14, FamRZ 2015, 130 (131); OLG Stuttgart Beschl. v. 24.11.2006 – 17 UF 182/06, JAmt 2007, 40; *Götz*, in: Palandt, § 1713 Rn. 3; *Mix* JAmt 2013, 122.

590 BGH Beschl. v. 29.10.2014 – XII ZB 250/14, FamRZ 2015, 130 (131); OLG Schleswig Beschl. v. 24.06.2014 – 10 UF 87/14, FamRZ 2014, 1712 (1713); *Mix* JAmt 2003, 122 (123); *Zempel*, in: NK-BGB FamR, § 1712 Rn. 19.

591 BGH Beschl. v. 29.10.2014 – XII ZB 250/14, FamRZ 2015, 130 (131); DIJuF-Themengutachten vom 08.08.2013 – ES 7.101, abrufbar unter: https://www.dijuf.de/tl_files/downloads/2013/DIJuF-Themengutachten_Geltendmachung_von_Kindesunterhalt_nach_Trennung_der_verheirateten_Eltern_v._08.08.13.pdf, S. 12; *Stockmann* FamRB 2015, 393 (396).

592 BGH Beschl. v. 29.10.2014 – XII ZB 250/14, FamRZ 2015, 130 (131); OLG Schleswig Beschl. v. 24.06.2014 – 10 UF 87/14, FamRZ 2014, 1712 (1713); *Mix* JAmt 2003, 122 (123).

593 KG Urt. v. 22.10.1997 – 3 UF 1976/97, FamRZ 1998, 378 (379); *Knittel* JAmt 2007, 40 (41).

durch das Kinderrechtsverbesserungsgesetz die Möglichkeit der Beantragung einer Beistandschaft ausweiten und nicht einschränken wollte, müsse auch eine Beistandschaft trotz Vorliegens der Voraussetzungen der gesetzlichen Verfahrensstandschaft beantragt werden können.[594]

4. *Stellungnahme zum Konkurrenzverhältnis zwischen der gesetzlichen Verfahrensstandschaft und der Beistandschaft*

Obwohl die höchstrichterliche Rechtsprechung ihre Auffassung mit einem unrichtigen Sinn und Zweck des § 1629 Abs. 3 S. 1 begründet,[595] ist deren letztgenannten Ansicht zu folgen. Der BGH legt seiner Entscheidung zugrunde, dass der Sinn und Zweck des § 1629 Abs. 3 S. 1 in der Verhinderung einer Beteiligtenstellung des Kindes im Unterhaltsverfahren liege und somit das Kind aus Streitigkeiten der Eltern herausgehalten werden solle.[596] Dass diese Annahme nicht dem eigentlichen Sinn und Zweck entspricht, wurde bereits erörtert.[597] Zudem widerlegt der BGH seine Auffassung zu dem Sinn und Zweck des § 1629 Abs. 3 S. 1 selbst, indem er ausführt, dass das Kind bei der Beistandschaft zwar formal als Beteiligter auftrete, jedoch durch die Vertretung des Beistandes aus dem Verfahren herausgehalten und vor Streitigkeiten bewahrt werde.[598] Doch auch bei einer Vertretung des Kindes durch einen Elternteil nach § 1629 Abs. 2 S. 2 erlangt das Kind nur eine formale Beteiligtenstellung und wird durch den vertretungsberechtigten Elternteil aus dem Verfahren herausgehalten.[599] Der Sinn und Zweck der gesetzlichen Verfahrensstandschaft nach § 1629 Abs. 3 S. 1 kann daher nicht in dem Schutz des Kindes vor Streitigkeiten der Eltern gesehen werden, da dies laut dieser Argumentation des BGH bereits durch die Vertretungsregelung gemäß § 1629 Abs. 2 S. 2 erreicht wird und es der gesetzlichen Verfahrensstandschaft hierzu nicht bedarf.

Der BGH gibt in seiner Entscheidung nebenbei an, dass sich die Frage einer anderen Beurteilung der Möglichkeit der Beantragung einer Beistandschaft im Rahmen eines Verbundverfahrens nicht stellen würde, da ein solches bei

---

594 BT-Druck. 14/8131, S. 10; BGH Beschl. v. 29.10.2014 – XII ZB 250/14, FamRZ 2015, 130 (131); *Knittel* JAmt 2007 40 (41).

595 Vgl. BGH Beschl. v. 29.10.2014 – XII ZB 250/14, FamRZ 2015, 130 (131).

596 BGH Beschl. v. 29.10.2014 – XII ZB 250/14, FamRZ 2015, 130 (131).

597 Siehe 3. Teil B) V. 5. Zusammenfassung der Stellungnahme zum Sinn und Zweck des § 1629 Abs. 3 S. 1.

598 BGH Beschl. v. 29.10.2014 – XII ZB 250/14, FamRZ 2015, 130 (131).

599 Siehe 3. Teil B) V. 2. a) cc) Zwischenergebnis zum Schutz des Kindes durch die gesetzliche Verfahrensstandschaft.

Hinzutreten eines Beistandes gemäß § 140 Abs. 1 FamFG nicht möglich ist.[600] Doch gerade in der Ermöglichung eines Verbundverfahrens von Ehescheidungs- und Kindesunterhaltsangelegenheit als Folgesache liegt der Sinn und Zweck der gesetzlichen Verfahrensstandschaft gemäß § 1629 Abs. 3 S. 1, um eine Abtrennung der Kindesunterhaltsverfahrens nach § 140 Abs. 1 FamFG zu verhindern.[601]

Gleichwohl führt auch die Zugrundelegung des eigentlichen Sinn und Zwecks der Norm zu keinem anderen Ergebnis. Eine Beistandschaft des Kindes ist demnach auch zulässig, wenn die Voraussetzungen der gesetzlichen Verfahrensstandschaft bei dem beantragenden Elternteil vorliegen. Die gesetzliche Verfahrensstandschaft soll dem betreuenden Elternteil lediglich die Möglichkeit eines Verbundverfahrens verschaffen. Aus dem Verbundverfahren ergeben sich neben einem prozessökonomischen Zweck auch eine Warnfunktion zur Verdeutlichung der Scheidungsfolgen und eine Schutzfunktion für den sozial schwächeren, regelmäßig kindesbetreuenden, Ehegatten.[602] Ob sich der antragstellende Ehegatte dieses Instrumentariums eines Verbundverfahrens bedient, steht hingegen zu seiner Disposition.[603] Lediglich über den Versorgungsausgleich ist gemäß § 137 Abs. 2 S. 2 FamFG von Amts wegen als Folgesache im Verbund zu entscheiden. Für alle anderen potentiellen Folgesachen ist gemäß § 137 Abs. 2 S. 1 ein entsprechender Antrag in der Scheidungssache erforderlich. Dass dem antragstellenden Ehegatten kein Verbundverfahren im Hinblick auf das Kindesunterhaltsverfahren aufgedrängt werden kann, entspricht auch der sinnwidrigen höchstrichterlichen Ansicht, die eine Geltendmachung des Kindesunterhalts durch den Verfahrensstandschafter sowohl im Verbund als auch isoliert als zulässig erachtet.[604] Die gesetzliche Verfahrensstandschaft verfolgt lediglich den Sinn und Zweck der Ermöglichung eines Verbundverfahrens, welches ohne die Regelung gemäß § 1629 Abs. 3 S. 1 wegen der Abtrennung bei Hinzutreten eines Dritten gemäß § 140 Abs. 1 FamFG

---

600 BGH Beschl. v. 29.10.2014 – XII ZB 250/14, FamRZ 2015, 130 (131).

601 Siehe 3. Teil B) V. 5. Zusammenfassung der Stellungnahme zum Sinn und Zweck des § 1629 Abs. 3 S. 1.

602 OLG Koblenz Urt. v. 29.05.2008 – 7 UF 812/07, NJW 2008, 2929 (2030); *Helms*, in: Prütting/Helms, § 137 Rn. 5; *Kemper*, in: Kemper/Schreiber, § 137 Rn. 2; *Roßmann*, in: Schulte-Bunert/Weinreich, § 137 Rn. 1.

603 *Helms*, in: Prütting/Helms, § 137 Rn. 5.

604 BGH Urt. v. 23.02.1983 – IVb ZR 359/81, NJW 1983, 2084 (2085); BGH Urt. v. 15.11.1989 – IVb ZR 3/89, FamRZ 1990, 283 (284).

nicht möglich wäre.[605] Wenn der antragstellende Ehegatte von der Möglichkeit eines Verbundverfahrens keinen Gebrauch machen möchte, besteht kein Grund, ihm eine Beantragung einer Beistandschaft zu versagen. Zeigt der Verfahrensstandschafter durch isolierte Geltendmachung des Kindesunterhalts, dass an einem Verbundverfahren kein Interesse besteht, ist das Hinzutreten des Beistandes unschädlich. Eine Rechtfertigung, warum die Beantragung einer Beistandschaft für Kinder nicht verheirateter Eltern gemäß § 1713 Abs. 1 S. 2 möglich sein soll, für Kinder verheirateter Eltern jedoch nicht, lässt sich weder dem Gesetz noch der Gesetzesbegründung entnehmen. Im Gegenteil geht aus der Gesetzesbegründung hervor, dass eine Beistandschaft auch bei gemeinsamer Sorge der Eltern sinnvoll und notwendig sein kann.[606] Hierbei unterscheidet der Gesetzgeber nicht zwischen verheirateten und unverheirateten Eltern.[607]

Die Beantragung der Beistandschaft hat zur Folge, dass der Verfahrensstandschafter gemäß § 234 FamFG im Unterhaltsverfahren von der Vertretung des Kindes ausgeschlossen wird. Das Kind wird durch den Beistand vertreten, sodass ein Verbundverfahren mit der Scheidungssache aufgrund dessen Beteiligung gemäß § 140 Abs. 1 FamFG nicht möglich ist.[608] Möchte der gesetzliche Verfahrensstandschafter dennoch den Kindesunterhalt im Verbund mit der Scheidungssache anhängig machen, so kann er jederzeit die Beistandschaft gemäß § 1715 Abs. 1 S. 1 schriftlich kündigen und die Folgesache unter den Voraussetzungen des § 137 Abs. 2 S. 1 FamFG in den Verbund einbringen. Der Antrag des Kindes, vertreten durch den Beistand, ist dann aufgrund der Kündigung in einen entsprechenden Antrag des gesetzlichen Verfahrensstandschafters umzudeuten, der aufgrund der Beteiligtenidentität in der Scheidungs- und Kindesunterhaltsangelegenheit den Kindesunterhalt im Verbundverfahren geltend machen kann.[609]

---

605 Siehe 3. Teil B) V. 5. Zusammenfassung der Stellungnahme zum Sinn und Zweck des § 1629 Abs. 3 S. 1.

606 BT-Drucks. 14/8131, S. 10; BGH Beschl. v. 29.10.2014 – XII ZB 250/14, FamRZ 2015, 130 (131).

607 Vgl. BT-Drucks. 14/8131, S. 10.

608 BGH Beschl. v. 29.10.2014 – XII ZB 250/14, FamRZ 2015, 130 (131).

609 BGH Beschl. v. 29.10.2014 – XII ZB 250/14, FamRZ 2015, 130 (131); DIJuF-Themengutachten vom 08.08.2013 – ES 7.101, abrufbar unter: https://www.dijuf.de/tl_files/downloads/2013/DIJuF-Themengutachten_Geltendmachung_von_Kindesunterhalt_nach_Trennung_der_verheirateten_Eltern_v._08.08.13.pdf, S. 12; *Stockmann* FamRB 2015, 393 (396).

II. Maßgebliche Einkommens- und Vermögensverhältnisse im Verfahrenskostenhilfeverfahren

Des Weiteren war umstritten, auf welche wirtschaftlichen und persönlichen Verhältnisse im Rahmen des Verfahrenskostenhilfeverfahrens gemäß §§ 114–127 ZPO abzustellen sei bei der Geltendmachung von Kindesunterhalt in gesetzlicher Verfahrensstandschaft gemäß § 1629 Abs. 3 S. 1. Der langanhaltende Meinungsstreit, ob zur Beurteilung der Bewilligung von Verfahrenskostenhilfe die persönlichen und wirtschaftlichen Verhältnisse des Kindes oder die des gesetzlichen Verfahrensstandschafters heranzuziehen sind, wurde durch die Beschlüsse des BGH vom 11.05.2005[610] und 26.10.2005[611] entschieden.

Im Folgenden sollen die vertretenen Auffassungen zunächst dargestellt werden, bevor zu der von der höchstrichterlichen Rechtsprechung vertretenen Lösung im Hinblick auf den herausgearbeiteten Sinn und Zweck der gesetzlichen Verfahrensstandschaft Stellung genommen wird.

1. Einkommens- und Vermögensverhältnisse des Kindes maßgebend

Nach einer Ansicht kommt es für die Beurteilung, ob Verfahrenskostenhilfe bewilligt werden kann, ausschließlich auf die persönlichen und wirtschaftlichen Verhältnisse des Kindes an.[612]

Begründet wird diese Ansicht unter anderem damit, dass der gesetzliche Verfahrensstandschafter im Gegensatz zu dem gewillkürten Prozessstandschafter kein eigenes Interesse an dem Verfahren habe.[613] Vielmehr werde ihm eine Beteiligtenstellung im Verfahren zur Geltendmachung des Unterhaltsanspruches des Kindes durch die Regelung in § 1629 Abs. 3 S. 1 aufgedrängt, was jedoch nicht dazu führen könne, ihm das mit der Antragstellung verbundene wirtschaftliche

---

610 BGH Beschl. v. 11.05.2005 – XII ZB 242/03, FamRZ 2005, 1164 (1164 ff.).

611 BGH Beschl. v. 26.10.2005 – XII ZB 125/05, FamRZ 2006, 32 (32 f.).

612 OLG Karlsruhe Beschl. v. 16.07.1987 – 2 WF 73/87, FamRZ 1987, 1062 (1062 f.); KG Beschl. v. 26.09.1988 – 18 WF 5938/88, FamRZ 1989, 82 (82 f.); OLG Frankfurt a. M. Beschl. v. 10.01.1994 – 3 WF 164/93, FamRZ 1994, 1041 (1041 f.); OLG Stuttgart Beschl. v. 08.07.1998 – 15 WF 160/98, MDR 1999, 41; OLG Köln Beschl. v. 27.12.2000 – 27 WF 231/00, FamRZ 2001, 1535; OLG Dresden Beschl. v. 06.02.2002 – 22 WF 750/01, FamRZ 2002, 1412 (1412 f.); *Kaiser*, in: NK-BGB FamR, § 1629 Rn. 59; *Wax* FPR 2002, 471 (475).

613 OLG Karlsruhe Beschl. v. 16.07.1987 – 2 WF 73/87, FamRZ 1987, 1062 (1063); KG Beschl. v. 26.09.1988 – 18 WF 5938/88, FamRZ 1989, 82; OLG Stuttgart Beschl. v. 08.07.1998 – 15 WF 160/98, MDR 1999, 41.

Risiko aufzubürden.[614] Die gesetzliche Verfahrensstandschaft sei zudem vergleichbar mit einer Prozessstandschaft kraft Amtes, bei der nach § 116 S. 1 Nr. 1 ZPO zur Beurteilung der Bedürftigkeit ebenfalls nicht auf die persönlichen und wirtschaftlichen Verhältnisse des Prozessstandschafters, sondern auf diejenigen des Anspruchsinhabers abgestellt werde.[615] Des Weiteren verfolge die gesetzliche Verfahrensstandschaft einzig den Sinn und Zweck, das Kind aus dem streitigen Unterhaltsverfahren herauszuhalten.[616] Hingegen sollte mit Einführung der Regelung in § 1629 Abs. 3 S. 1 nicht das wirtschaftliche Risiko auf den gesetzlichen Verfahrensstandschafter übertragen werden.[617] Es sei kein rechtfertigender Grund ersichtlich, warum bei noch bestehender Ehe auf die persönlichen und wirtschaftlichen Verhältnisse des gesetzlichen Verfahrensstandschafters abzustellen sei, während bei einem nach Rechtskraft der Scheidung eingeleiteten Unterhaltsverfahren unstreitig allein diejenigen Verhältnisse des Kindes maßgeblich sind.[618] Zudem stehe die gesetzliche Verfahrensstandschaft einer gesetzlichen Vertretung gleich, sodass der Überprüfung der Bedürftigkeit im Rahmen des Verfahrenskostenhilfeverfahrens ebenso wie bei einer gesetzlichen Vertretung die persönlichen und wirtschaftlichen Verhältnisse des vertretenen Kindes zugrunde zu legen seien.[619] Dass der gesetzliche Verfahrensstandschafter bei einem (teilweise) verlorenen Verfahren gemäß §§ 91 ff. ZPO Kostenschuldner ist, stünde einer Zugrundelegung der persönlichen und wirtschaftlichen Verhältnisse des Kindes in dem Verfahrenskostenhilfeverfahren nicht entgegen, da die Kostenhaftung gegenüber dem Antragsgegner ein anderes Rechtsverhältnis betreffe, als das dem Verfahrenskostenhilfeverfahren zugrundeliegende Rechtsverhältnis zwischen bedürftigem Antragsteller und der Staatskasse als Träger der Sozialhilfe.[620]

---

614 OLG Karlsruhe Beschl. v. 16.07.1987 – 2 WF 73/87, FamRZ 1987, 1062 (1063); *Kaiser*, in: NK-BGB FamR, § 1629 Rn. 59.

615 OLG Karlsruhe Beschl. v. 16.07.1987 – 2 WF 73/87, FamRZ 1987, 1062 (1063); KG Beschl. v. 26.09.1988 – 18 WF 5938/88, FamRZ 1989, 82.

616 OLG Karlsruhe Beschl. v. 16.07.1987 – 2 WF 73/87, FamRZ 1987, 1062 (1063); KG Beschl. v. 26.09.1988 – 18 WF 5938/88, FamRZ 1989, 82; OLG Köln Beschl. v. 27.12.2000 – 27 WF 231/00, FamRZ 2001, 1535.

617 KG Beschl. v. 26.09.1988 – 18 WF 5938/88, FamRZ 1989, 82; OLG Köln Beschl. v. 27.12.2000 – 27 WF 231/00, FamRZ 2001, 1535.

618 KG Beschl. v. 26.09.1988 – 18 WF 5938/88, FamRZ 1989, 82; OLG Stuttgart Beschl. v. 08.07.1998 – 15 WF 160/98, MDR 1999, 41; OLG Köln Beschl. v. 27.12.2000 – 27 WF 231/00, FamRZ 2001, 1535.

619 OLG Frankfurt a. M., Beschl. v. 10.01.1994 – 3 WF 164/93, FamRZ 1994, 1041.

620 OLG Frankfurt a. M., Beschl. v. 10.01.1994 – 3 WF 164/93, FamRZ 1994, 1041 (1042).

2. *Einkommens- und Vermögensverhältnisse des gesetzlichen Verfahrensstandschafters und des Kindes maßgebend*

Eine andere Ansicht geht davon aus, dass grundsätzlich im Rahmen der gesetzlichen Verfahrensstandschaft auf die Einkommens- und Vermögenslage des gesetzlichen Verfahrensstandschafters abzustellen sei.[621] Zur Bewilligung von Verfahrenskostenhilfe ohne Ratenzahlung sei neben dessen Bedürftigkeit jedoch auch die Bedürftigkeit des Kindes erforderlich.[622] Das Kind habe nach § 1360a Abs. 4 S. 1 analog einen Anspruch auf Zahlung eines Prozesskostenvorschusses.[623] Dieser Prozesskostenvorschuss gehöre zu dem nach § 115 Abs. 3 S. 1 einzusetzenden Vermögen des Kindes[624] und richte sich, da es sich hierbei um einen Sonderbedarf des Kindes handelt, sowohl gegen den betreuenden als auch gegen den barunterhaltspflichtigen Elternteil, die beide vorschusspflichtig sind.[625] Das OLG Hamm ist der Ansicht, dass Verfahrenskostenhilfe ohne Ratenzahlung nur bei kumulativer Bedürftigkeit des Verfahrensstandschafters und des Kindes bewilligt werden könne.[626] Besteht hingegen ein Anspruch des Kindes auf Zahlung eines Verfahrenskostenvorschusses gegen den anteilig haftenden gesetzlichen Verfahrensstandschafter, so sei dieser in Höhe des Verfahrenskostenvorschusses für die Kosten des Verfahrens heranzuziehen.[627]

621 OLG Köln Beschl. v. 30.11.1983 – 25 WF 206/83, FamRZ 1984, 304; OLG Koblenz Beschl. v. 12.02.1988 – 13 WF 1404/87, FamRZ 1988, 637; OLG Hamm Beschl. v 21.06.1991 – 3 WF 16/91, FamRZ 1991, 1208 (1208 f.); OLG München Beschl. v. 12.02.1996 – 12 WF 570/96, FamRZ 1996, 1021.

622 OLG Köln Beschl. v. 30.11.1983 – 25 WF 206/83, FamRZ 1984, 304; OLG Koblenz Beschl. v. 12.02.1988 – 13 WF 1404/87, FamRZ 1988, 637; OLG Hamm Beschl. v 21.06.1991 – 3 WF 16/91, FamRZ 1991, 1208 (1208 f.); OLG München Beschl. v. 12.02.1996 – 12 WF 570/96, FamRZ 1996, 1021.

623 BGH Urt. v. 09.11.1983 – IVb ZR 14/83, FamRZ 1984, 148 (149); BGH Beschl. v. 04.08.2004 – XII ZA 6/04, FamRZ 2004, 1633 (1634); OLG München Beschl. v. 12.02.1996 – 12 WF 570/96, FamRZ 1996, 1021; *Graba/Maier*, in: Johannsen/Henrich, § 1610 Rn. 21.

624 BGH Beschl. v. 04.08.2004 – XII ZA 6/04, FamRZ 2004, 1633 (1635); OLG Schleswig Beschl. v. 01.08.2008 – 4 U 52/08, FamRZ 2009, 897; OLG Karlsruhe Beschl. v. 29.02.2016 – 20 WF 25/16, FUR 2017, 101; *Hartmann*, in: Baumbach/Hartmann, § 114 Rn. 59; *Fischer* in: Musielak-ZPO, § 115 Rn. 37.

625 OLG Koblenz Beschl. v. 01.12.1999 – 13 WF 697/99, FamRZ 2001, 632; OLG Karlsruhe Beschl. v. 29.02.2016 – 20 WF 25/16, FUR 2017, 101; *Born*, in: MüKoBGB, § 1610, Rn. 160, 163; *Graba/Maier*, in: Johannsen/Henrich, § 1610 Rn. 21; *Brudermüller*, in: Palandt, § 1610, Rn. 14.

626 OLG Hamm Beschl. v 21.06.1991 – 3 WF 16/91, FamRZ 1991, 1208 (1209).

627 OLG Hamm Beschl. v 21.06.1991 – 3 WF 16/91, FamRZ 1991, 1208 (1209).

3. *Einkommens- und Vermögensverhältnisse des Verfahrensstandschafters maßgebend*

Nach der vom BGH vertretenen Auffassung sei bei der Überprüfung zur Bewilligung von Verfahrenskostenhilfe allein auf die Einkommens- und Vermögensverhältnisse des gesetzlichen Verfahrensstandschafters abzustellen.[628] Dies ergebe sich bereits aus dem Wortlaut der §§ 114, 115 ZPO, die einzig und allein auf die wirtschaftlichen und persönlichen Verhältnisse der Partei,[629] im Rahmen des § 1629 Abs. 3 S. 1 demnach auf den gesetzlichen Verfahrensstandschafter und nicht auf das am Verfahren unbeteiligte Kind, abstellen.[630] Eine vom Wortlaut abweichende Beurteilung ergebe sich auch nicht aus dem Sinn und Zweck des § 1629 Abs. 3 S. 1, der neben der Ermöglichung eines Verbundverfahrens aufgrund der hierdurch hergestellten Beteiligtenidentität auch in dem Schutz des Kindes liege, indem es aus der Konfliktsituation innerhalb des Verfahrens herausgehalten werde.[631] Würde man hingegen auf die wirtschaftlichen und persönlichen Verhältnisse des Kindes abstellen, so würde es indirekt in das Verfahrenskostenhilfeverfahren hineingezogen, was die gesetzliche Verfahrensstandschaft gerade verhindern wolle.[632]

Soweit die Gegenauffassung hiergegen anführt, dass eine unterschiedliche Beurteilung im Rahmen des Verfahrenskostenhilfeverfahrens bei einem Elternteil, der als gesetzlicher Vertreter des Kindes auftritt, sodass es auf die

628 BGH Beschl. v. 11.05.2005 – XII ZB 242/03, FamRZ 2005, 1164 (1164 ff.); BGH Beschl. v. 26.10.2005 – XII ZB 125/05, FamRZ 2006, 32 (32 f.); so auch OLG Köln Beschl. v. 15.03.1993 – 26 WF 7/93, FamRZ 1993, 1472 (1472 f.); OLG Hamm Beschl. v. 15.11.2000 – 10 WF 176/00, FamRZ 2001, 924; OLG Karlsruhe Beschl. v. 08.01.2001 – 5 WF 168/00, FamRZ 2001, 1080 (1080 f.); OLG Bamberg Beschl. v. 14.01.2005 – 2 WF 156/04, FamRZ 2005, 1101 (1101 f.); *Huber*, in: MüKoBGB, § 1629 Rn. 95; *Schellhammer*, Familienrecht nach Anspruchsgrundlagen, Rn. 1460; *Schmid*, in: Schulz/Hauß, § 1629 Rn. 5; Veit, in: Bamberger/Roth, § 1629 Rn. 50; *Zempel*, in: NK-BGB FamR, § 1712 Rn. 19.

629 In Unterhaltsverfahren tritt gemäß §§ 112 Nr. 1 Alt. 1, 113 Abs. 1 S. 1, Abs. 5 Nr. 5 FamFG anstelle der Bezeichnung „Partei" die Bezeichnung „Beteiligter".

630 BGH Beschl. v. 11.05.2005 – XII ZB 242/03, FamRZ 2005, 1164 (1166); OLG Hamm Beschl. v. 15.11.2000 – 10 WF 176/00, FamRZ 2001, 924; OLG Karlsruhe Beschl. v. 08.01.2001 – 5 WF 168/00, FamRZ 2001, 1080; OLG Bamberg Beschl. v. 14.01.2005 – 2 WF 156/04, FamRZ 2005, 1101 (1101 f.).

631 BGH Beschl. v. 11.05.2005 – XII ZB 242/03, FamRZ 2005, 1164 (1166).

632 BGH Beschl. v. 11.05.2005 – XII ZB 242/03, FamRZ 2005, 1164 (1166); OLG Karlsruhe Beschl. v. 08.01.2001 – 5 WF 168/00, FamRZ 2001, 1080; OLG Bamberg Beschl. v. 14.01.2005 – 2 WF 156/04, FamRZ 2005, 1101 (1102).

Einkommens- und Vermögensverhältnisse des Kindes ankommt, und einem Elternteil, der als gesetzlicher Verfahrensstandschafter des Kindes auftritt, sodass die persönlichen und wirtschaftlichen Verhältnisse des Elternteils maßgeblich sein sollen, nicht nachvollziehbar sei, so könne dem entgegengehalten werden, dass der Gesetzgeber durch die Schaffung des § 1629 Abs. 3 S. 1 gerade eine unterschiedliche prozessuale Gestaltung zwischen gesetzlichen Vertreter und gesetzlichen Verfahrensstandschafter herbeiführen wollte.[633] Darüber hinaus wirke sich die Unterscheidung, ob auf die Einkommens- und Vermögensverhältnisse des gesetzlichen Verfahrensstandschafters oder auf die des Kindes abgestellt werde, faktisch kaum aus, da beide gemäß § 1360a Abs. 4 S. 1 (analog) einen Anspruch auf Zahlung des Verfahrenskostenvorschusses gegen den Unterhaltsverpflichteten hätten.[634]

Eine analoge Anwendung gemäß § 116 Nr. 1 ZPO, wonach bei einer klagenden Partei kraft Amts nicht auf deren Einkommens- und Vermögensverhältnisse abzustellen ist, sondern auf die verwaltete Vermögensmasse und den Anspruchsinhaber als wirtschaftlicher Beteiligter, komme im Rahmen der gesetzlichen Verfahrensstandschaft nach § 1629 Abs. 3 S. 1 nicht in Betracht.[635] Für eine analoge Anwendung fehle es an der erforderlichen Vergleichbarkeit.[636] Während die Partei kraft Amtes lediglich im Interesse der von ihr verwalteten Vermögensmasse tätig wird, bestehe für den gesetzlichen Verfahrensstandschafter regelmäßig ein eigenes Interesse an der Geltendmachung des Kindesunterhaltsanspruchs.[637] Dies ergebe sich bereits daraus, dass der gesetzliche Verfahrensstandschafter durch die Betreuung des Kindes gemäß § 1606 Abs. 3 S. 2 lediglich von der Barunterhaltsverpflichtung gegenüber dem Kind befreit sei, wenn anderweitige leistungsfähige Verwandte des Kindes vorhanden sind.[638] Da das Kind regelmäßig in dem Haushalt des gesetzlichen Verfahrensstandschafters lebe, fließe der geltend gemachte Kindesunterhalt in das Familieneinkommen

633 BGH Beschl. v. 11.05.2005 – XII ZB 242/03, FamRZ 2005, 1164 (1166); OLG Karlsruhe Beschl. v. 08.01.2001 – 5 WF 168/00, FamRZ 2001, 1080 (1081).

634 BGH Beschl. v. 11.05.2005 – XII ZB 242/03, FamRZ 2005, 1164 (1166).

635 BGH Beschl. v. 11.05.2005 – XII ZB 242/03, FamRZ 2005, 1164 (1166); OLG Köln Beschl. v. 15.03.1993 – 26 WF 7/93, FamRZ 1993, 1472 (1473); OLG Karlsruhe Beschl. v. 08.01.2001 – 5 WF 168/00, FamRZ 2001, 1080.

636 BGH Beschl. v. 11.05.2005 – XII ZB 242/03, FamRZ 2005, 1164 (1166); OLG Köln Beschl. v. 15.03.1993 – 26 WF 7/93, FamRZ 1993, 1472 (1473).

637 BGH Beschl. v. 11.05.2005 – XII ZB 242/03, FamRZ 2005, 1164 (1166); OLG Köln Beschl. v. 15.03.1993 – 26 WF 7/93, FamRZ 1993, 1472 (1473).

638 BGH Beschl. v. 11.05.2005 – XII ZB 242/03, FamRZ 2005, 1164 (1166).

des gesetzlichen Verfahrensstandschafters und des Kindes (sog. Wirtschaften „aus einem Topf").[639] Die Regelung in § 116 Nr. 1 ZPO stelle gerade die Ausnahme zur regelmäßigen Heranziehung der Einkommens- und Vermögensverhältnisse der Partei dar, sodass durch die Nichtanwendbarkeit auf die gesetzliche Verfahrensstandschaft nach § 1629 Abs. 3 S. 1 die Regel bestätigt werde, dass auf die wirtschaftlichen und persönlichen Verhältnisse der Prozesspartei abzustellen sei.[640]

Schließlich sei der gesetzliche Verfahrensstandschafter gegenüber der Landeskasse gemäß § 12 Abs. 1 S. 1 GKG auch vorschusspflichtig und Kostenschuldner im Sinne der §§ 91 ff. ZPO für den Fall des Unterliegens. Durch das Abstellen auf die wirtschaftlichen und persönlichen Verhältnisse des gesetzlichen Verfahrensstandschafters werde ein Einklang zwischen der materiellen Kostenpflicht und den subjektiven Voraussetzungen im Rahmen des Verfahrenskostenhilfeverfahrens hergestellt.[641]

4. *Stellungnahme zu den maßgeblichen Einkommens- und Vermögensverhältnissen im Verfahrenskostenhilfeverfahren*

Der letztgenannten Ansicht, welche auch durch die höchstrichterliche Rechtsprechung vertreten wird, ist zu folgen. Der gesetzliche Verfahrensstandschafter gemäß § 1629 Abs. 3 S. 1 kann den Kindesunterhaltsanspruch nur im eigenen Namen geltend machen und ist daher unstreitig Verfahrensbeteiligter. Die Regelungen zur Prozesskostenhilfe in §§ 114, 115 ZPO stellen ausschließlich auf die wirtschaftlichen und persönlichen Verhältnisse der Partei bzw. des Beteiligten ab. Eine Ausnahme von diesem Grundsatz nach § 116 Nr. 1 ZPO ist ebenfalls nicht geboten, da es sich bei der gesetzlichen Verfahrensstandschaft um eine solche kraft Ermächtigung des materiellen Rechts handelt und nicht um eine Prozessstandschaft kraft Amtes handelt, für die die Ausnahme eingreift.[642]

---

639 BGH Beschl. v. 11.05.2005 – XII ZB 242/03, FamRZ 2005, 1164 (1166 f.); OLG Köln Beschl. v. 15.03.1993 – 26 WF 7/93, FamRZ 1993, 1472 (1473); OLG Karlsruhe Beschl. v. 08.01.2001 – 5 WF 168/00, FamRZ 2001, 1080.

640 BGH Beschl. v. 11.05.2005 – XII ZB 242/03, FamRZ 2005, 1164 (1166); OLG Karlsruhe Beschl. v. 08.01.2001 – 5 WF 168/00, FamRZ 2001, 1080.

641 BGH Beschl. v. 11.05.2005 – XII ZB 242/03, FamRZ 2005, 1164 (1167); Hamm Beschl. v. 15.11.2000 – 10 WF 176/00, FamRZ 2001, 924; OLG Karlsruhe Beschl. v. 08.01.2001 – 5 WF 168/00, FamRZ 2001, 1080; *Veit*, in: Bamberger/Roth, § 1629 Rn. 50; *Zempel*, in: NK-BGB FamR, § 1712 Rn. 19.

642 Siehe 3. Teil A) IV. 3. Betreuung des Kindes durch Nicht-Sorgeberechtigten.

Eine anderweitige Beurteilung über den Wortlaut der §§ 114, 115 ZPO hinaus ergibt sich auch nicht aus dem Sinn und Zweck des § 1629 Abs. 3 S. 1. Zwar erwähnt der BGH erstmals den eigentlichen Sinn und Zweck der Norm, der in der Ermöglichung eines Verbundverfahrens liegt, jedoch zieht er diese Erkenntnis nicht zur Begründung seiner Ansicht heran.[643] Vielmehr stellt er bei seiner Begründung auf den angeblich weiteren Sinn und Zweck der Norm ab, der in dem Schutz des Kindes vor Konfliktsituationen der Eltern zu sehen sei.[644]

Im Ergebnis kann dem BGH daher zwar zugestimmt werden, allerdings nicht hinsichtlich der hierzu angeführten Begründung. Die gesetzliche Verfahrensstandschaft verfolgt einzig den Sinn und Zweck, ein Verbundverfahren von Ehe- und Kindesunterhaltssache zu ermöglichen.[645] In einem Verbundverfahren, in dem über die Scheidung und die Folgesache gemäß § 138 Abs. 1 FamFG zusammen verhandelt und entschieden wird, sind ausschließlich die Ehegatten Verfahrensbeteiligte und insofern auch nach § 150 Abs. 1, 4 S. 1 Var. 2 FamFG Schuldner der hierdurch entstehenden Kosten. Die gesetzliche Verfahrensstandschaft dient gerade der Beteiligtenidentität zwischen Scheidungs- und Folgesache, sodass der Ehegatte, der in der Kindesunterhaltssache als gesetzlicher Verfahrensstandschafter auftritt, nach dem eindeutigen Wortlaut der §§ 114, 115 ZPO auch für die Beurteilung der Bewilligung von Verfahrenskostenhilfe maßgeblich ist. Dass der Anwendungsbereich des § 1629 Abs. 3 S. 1 durch den Gesetzgeber fortlaufend erweitert wurde aufgrund der gesetzgeberischen Fehlinterpretation des Normzwecks, sodass die gesetzliche Verfahrensstandschaft nunmehr auch im Trennungszeitraum und auch in einem isolierten Verfahren zur Anwendung kommt, kann im Hinblick der Sinnwidrigkeit dieser Erweiterungen zu keinem anderen Ergebnis führen.

Möchte der gesetzliche Verfahrensstandschafter eine Tragung des Kostenrisikos und eine Überprüfung seiner Einkommens- und Vermögensverhältnisse zur Bewilligung von Verfahrenskostenhilfe vermeiden, so steht es ihm frei, eine Beistandschaft zur Geltendmachung von Kindesunterhalt gemäß § 1712 Abs. 1 Nr. 2 HS. 1 zu beantragen.[646] Dies hat sodann zur Folge, dass das Kind

---

643 Vgl. BGH Beschl. v. 11.05.2005 – XII ZB 242/03, FamRZ 2005, 1164 (1166).

644 BGH Beschl. v. 11.05.2005 – XII ZB 242/03, FamRZ 2005, 1164 (1166).

645 Siehe 3. Teil B) V. 5. Zusammenfassung der Stellungnahme zum Sinn und Zweck des § 1629 Abs. 3 S. 1.

646 BGH Beschl. v. 29.10.2014 – XII ZB 250/14, FamRZ 2015, 130; OLG Stuttgart Beschl. v. 24.11.2006 – 17 UF 182/06, JAmt 2007, 40; OLG Schleswig Beschl. v. 24.06.2014 – 10 UF 87/14, FamRZ 2014, 1712; *Götz*, in: Palandt, § 1713 Rn. 3; *Meysen* JAmt 2008, 120; *Mix* JAmt 2013, 122; *Roth*, in: Erman, § 1713 Rn. 2a; *v. Sachsen Gessaphe*,

Verfahrensbeteiligter wird, vertreten durch den Beistand. Im Rahmen der Verfahrenskostenhilfe sind daher im Falle der gesetzlichen Vertretung des Kindes durch einen Beistand die wirtschaftlichen und persönlichen Verhältnisse des Kindes maßgeblich.[647]

Endet die gesetzliche Verfahrensstandschaft nach Bewilligung von Verfahrenskostenhilfe während eines laufenden Kindesunterhaltsverfahrens, etwa wegen eingetretener Volljährigkeit des Kindes, so gilt die bewilligte Verfahrenskostenhilfe nicht für das eintretende, volljährige Kind fort.[648] Vielmehr muss das volljährig gewordene Kind bei Bedürftigkeit einen eigenen Antrag auf Bewilligung von Verfahrenskostenhilfe stellen.[649]

C) Vollstreckungsrechtliche Problemstellungen

Die gesetzliche Verfahrensstandschaft wirft nicht nur im Erkenntnisverfahren Probleme auf, sondern auch im Rahmen des Vollstreckungsverfahrens. So stellt sich bei einer Beendigung der gesetzlichen Verfahrensstandschaft während des Vollstreckungsverfahrens regelmäßig die Frage, ob und mit welchem statthaften Rechtsbehelf der Vollstreckungsschuldner gegen eine weitere Vollstreckung durch den gesetzlichen Verfahrensstandschafter als Titelgläubiger vorgehen kann.

Da die Kindesunterhaltssache nach § 112 Nr. 1 FamFG als Familienstreitsache zu qualifizieren ist, finden die allgemeinen Regelungen zur Vollstreckung nach den §§ 95–96a FamFG keine Anwendung, § 113 Abs. 1 S. 1 FamFG.[650] Einschlägig ist vielmehr die Spezialregelung in § 120 FamFG für Ehe- und Familienstreitsachen, wonach für die Zwangsvollstreckung auf die entsprechenden Vorschriften der ZPO verwiesen wird (§ 120 Abs. 1 FamFG), jedoch mit der Besonderheit, dass Endentscheidungen bereits mit ihrem Wirksamwerden vollstreckbar werden (§ 120 Abs. 2 S. 1). Eine Endentscheidung ist nach der Legaldefinition in

---

in: MüKo-BGB, § 1713 Rn. 8; *Wellenhofer*, Familienrecht, § 35 Rn. 37; *Zempel* in: NK-BGB FamR, § 1712 Rn. 19.

647 *Zempel*, in: NK-BGB FamR, § 1712 Rn. 19.

648 OLG München Beschl. v. 28.08.1995 – 12 WF 1002/95, FamRZ 1996, 422; *Hamdan*, in: jurisPK-BGB, § 1629 Rn. 86.

649 OLG München Beschl. v. 28.08.1995 – 12 WF 1002/95, FamRZ 1996, 422; *Hamdan*, in: jurisPK-BGB, § 1629 Rn. 86.

650 Dass sich der Teilausschluss des § 113 Abs. 1 S. 1 FamFG nicht ausdrücklich auf § 96a FamFG erstreckt, ist auf ein redaktionelles Versehen bei der nachträglichen Einführung dieser Regelung zurückzuführen: *Borth*, in: Musielak-FamFG, § 113 Rn. 2; *Breuers*, in: Schulte-Bunert/Weinreich, § 113 Rn. 4.

§ 38 Abs. 1 S. 1 FamFG ein Beschluss, durch den der Verfahrensgegenstand ganz oder teilweise erledigt wird. Endentscheidungen in Familienstreitsachen werden grundsätzlich mit Eintritt der Rechtskraft wirksam, wobei das Gericht auch eine sofortige Wirksamkeit anordnen kann (§ 116 Abs. 3 S. 1, 2 FamFG). In Unterhaltssachen soll das Gericht nach § 116 Abs. 3 S. 3 FamFG die sofortige Wirksamkeit hingegen regelmäßig anordnen, soweit die Endentscheidung eine Leistungsverpflichtung von laufenden Unterhaltszahlungen enthält.[651] Bei Erledigungen durch Vergleich oder notarieller Urkunde finden die Vorschriften §§ 120 Abs. 2 S. 1, 116 Abs. 3 S. 3 FamFG mangels Endentscheidung im Sinne des § 38 Abs. 1 S. 1 FamFG keine Anwendung. Die Vollstreckung erfolgt hierbei über die entsprechenden Vollstreckungsvorschriften der ZPO, § 120 Abs. 1 FamFG.[652]

Soweit der gesetzliche Verfahrensstandschafter gemäß § 1629 Abs. 3 S. 1 einen Titel im eigenen Namen erwirkt hat, ist er zur Vollstreckung aus diesem Titel berechtigt (sog. Vollstreckungsstandschaft).[653] Abzugrenzen ist der Fall der Vollstreckungsstandschaft durch den gesetzlichen Verfahrensstandschafter von der sog. isolierten Vollstreckungsstandschaft, bei der ein Titelgläubiger nach Abschluss des Erkenntnisverfahrens einen Dritten zur Vollstreckung dieses titulierten Anspruchs ermächtigt.[654] Die isolierte Vollstreckungsstandschaft ist unzulässig, da der vollstreckende Dritte nicht in dem Vollstreckungstitel als Gläubiger aufgeführt ist.[655] Daher wäre zur wirksamen Vollstreckung eine Titelumschreibung nach § 120 Abs. 1 FamFG iVm § 727 Abs. 1 ZPO nötig, die eine Rechtsnachfolge voraussetzt. Eine Rechtsnachfolge kann in der Vollstreckungsermächtigung jedoch nicht gesehen werden.[656]

---

651 *Borth*, in: Musielak-FamFG, § 116 Rn. 4; *Breuers*, in: Schulte-Bunert/Weinreich, § 116 Rn. 5; *Kemper*, in: Kemper/Schreiber, § 116 Rn. 10.

652 *Schulte-Bunert*, in: Schulte-Bunert/Weinreich, § 120 Rn. 4.

653 BGH Urt. v. 26.10.1984 – V ZR 218/83, NJW 1985, 809 (810); BGH Urt. v. 29.11.1990 – IX ZR 94/90, FamRZ 1991, 295 (296); *Huber*, in: MüKoBGB, § 1629 Rn. 98; *Kaiser*, in: NK-BGB FamR, § 1629 Rn. 54; *Peschel-Gutzeit*, in: Staudinger, § 1629 Rn 379; *Schmitz*, in: Wendl/Dose, § 10 Rn. 52.

654 BGH Urt. v. 26.10.1984 – V ZR 218/83, NJW 1985, 809 (810); *Baur/Stürner/Bruns*, ZVR, Rn. 12.12; *Huber* FS Schumann, 2001, 227.

655 BGH Urt. v. 26.10.1984 – V ZR 218/83, NJW 1985, 809 (810); BGH Urt. v. 05.07.1991 – V ZR 343/89, NJW-RR 1992, 61; *Baur/Stürner/Bruns*, ZVR, Rn. 12.12; *Gaul/Schilken/Becker-Eberhard*, ZVR, § 23 Rn. 32; *Kroppenberg*, in: Prütting/Gehrlein, § 727 Rn. 3; *Seibel*, in: Zöller, § 727 Rn 13.

656 BGH Urt. v. 26.10.1984 – V ZR 218/83, NJW 1985, 809 (810); *Gaul/Schilken/Becker-Eberhard*, ZVR, § 23 Rn. 32; *Seibel*, in: Zöller, § 727 Rn 13.

Demgegenüber beschreibt die Vollstreckungsstandschaft den Fall, dass ein Prozess- bzw. Verfahrensstandschafter einen Titel erwirkt hat und aus diesem in zulässiger Weise vollstreckt.[657] Dann stellt sich die Frage, wie sich die Beendigung der gesetzlichen Prozess- bzw. Verfahrensstandschaft nach dem Erkenntnisverfahren auf das laufende Vollstreckungsverfahren auswirkt. Hierzu sollen im Folgenden die Beendigungsszenarien nochmals aufgezeigt und deren Auswirkungen auf die Vollstreckung aus dem Kindesunterhaltstitel erörtert werden.

I. Beendigung durch Volljährigkeit des Kindes

Mit Eintritt der Volljährigkeit des Kindes endet die Befugnis des gesetzlichen Verfahrensstandschafters aus dem erwirkten Kindesunterhaltstitel zu vollstrecken.[658] Zu beachten ist jedoch, dass aufgrund des in dem Vollstreckungsverfahren geltenden Grundsatzes der strengen Formalisierung der formelle Parteibegriff Anwendung findet, wonach die in dem Titel bzw. in der vollstreckbaren Ausfertigung bezeichneten Personen, die Parteien des Vollstreckungsverfahrens sind und der ausgewiesene Titelgläubiger vollstreckungsbefugt ist.[659] Mithin überprüft das Vollstreckungsorgan nicht die während des Vollstreckungsverfahrens eintretende Beendigung der gesetzlichen Vollstreckungsstandschaft.[660] Auch wenn die gesetzliche Verfahrensstandschaft nach Abschluss des Erkenntnisverfahrens, jedoch noch vor Einleitung des Vollstreckungsverfahrens beendet wird, ist dem ehemaligen gesetzlichen Verfahrensstandschafter, der im Titel als Gläubiger genannt ist, eine vollstreckbare Ausfertigung des Kindesunterhaltstitels zu erteilen.[661] Das Kind kann die Vollstreckungsklausel nach

657 BGH Urt. v. 26.10.1984 – V ZR 218/83, NJW 1985, 809 (810); BGH Urt. v. 29.11.1990 – IX ZR 94/90, FamRZ 1991, 295 (296); *Kaiser*, in: NK-BGB FamR, § 1629 Rn. 54; *Peschel-Gutzeit*, in: Staudinger, § 1629 Rn 379; *Schmitz*, in: Wendl/Dose, § 10 Rn. 52.

658 OLG Hamm Urt. v. 17.01.1992 – 5 UF 264/91, FamRZ 1992, 843; OLG Hamm Beschl. v. 23.12.2015 – II-2 WF 198/15, FamRZ 2016, 1100 (1101); *Götz*, in: Palandt, § 1629 Rn. 33; *Kaiser*, in: NK-BGB FamR, § 1629 Rn. 57; *Ziegler*, in: Prütting/Wegen/Weinreich, § 1629 Rn. 24.

659 BGH Urt. v. 26.10.1984 – V ZR 218/83, NJW 1985, 809; BGH Urt. v. 09.12.1992 – VII ZR 218/91, NJW 1993, 1396 (1397); *Baur/Stürner/Bruns*, ZVG, Rn. 12.12; *Becker-Eberhard*, ZZP 104 (1991), 413 (418); *Kroppenberg*, in: Prütting/Gehrlein, Vor. §§ 704 ff. Rn. 7; *Seibel*, in: Zöller, Vor § 704 Rn. 16; *Seiler*, in: Thomas/Putzo, Vor § 704, Rn. 9.

660 OLG Köln Beschl. v. 05.03.1985 – 4 WF 19/85, FamRZ 1985, 626; *Becker-Eberhard* ZZP 104 (1991), 413 (418, 431); *Hochgräber* FamRZ 1996, 272.

661 BGH Urt. v. 29.11.1990 – IX ZR 94/90, FamRZ 1991, 295 (296); OLG Köln Beschl. v. 14.03.1985 – 4 WF 19/85, FamRZ 1985, 626; *Hochgräber* FamRZ 1996, 272; *Kaiser*,

Beendigung der Vollstreckungsstandschaft gemäß § 120 Abs. 1 FamFG iVm § 727 ZPO analog auf sich umschreiben lassen.[662] Zwar ist das Kind nicht Rechtsnachfolger des gesetzlichen Verfahrensstandschafters, da es stets Inhaber des Unterhaltsanspruchs war, jedoch ist eine entsprechende Anwendung des § 727 ZPO auf diesen Fall aufgrund der vergleichbaren Interessenlage anerkannt.[663] Sofern der gesetzliche Verfahrensstandschafter bereits eine vollstreckbare Ausfertigung besitzt, ist eine entsprechende Umschreibung nur bei Rückgabe dieser Erstausfertigung möglich, da der Vollstreckungsschuldner anderenfalls der Gefahr einer Doppelvollstreckung durch Vollstreckungsstandschafter und Kind ausgesetzt wäre.[664] Beantragt das Kind nach Beendigung der Vollstreckungsstandschaft gleichwohl die Erteilung einer vollstreckbaren Ausfertigung des Unterhaltstitels ohne gleichzeitige Rückgabe der Erstausfertigung, so handelt es sich um einen Antrag auf Erteilung einer weiteren vollstreckbaren Ausfertigung nach § 733 ZPO.[665]

1. Voraussetzungen des § 733 Abs. 1 ZPO

Es fragt sich daher, unter welchen Voraussetzungen das volljährige Kind eine weitere vollstreckbare Ausfertigung gemäß § 733 Abs. 1 ZPO beantragen kann, wenn es, etwa aufgrund der verweigerten Herausgabe des Vollstreckungstitels

---

in: NK-BGB FamR, § 1629 Rn. 56; *Peschel-Gutzeit*, in: Staudinger, § 1629 Rn. 379; *Hamdan*, in: jurisPK-BGB, § 1629 Rn. 80; *Veit*, in: Bamberger/Roth, § 1629 Rn. 53.

662 BGH Beschl. v. 23.09.2015 – XII ZB 62/14, FamRZ 2015, 2150 (2151); OLG Köln Beschl. v. 14.03.1985 – 4 WF 19/85, FamRZ 1985, 626; OLG Zweibrücken Beschl. v. 16.11.1998 – 5 WF 119/08, FamRZ 2000, 964 (965); OLG Hamm Beschl. v. 27.03.2000 – 7 WF 132/00, FamRZ 2000, 1590; *Götz*, in: Palandt, § 1629 Rn. 33; *Huber*, in: MüKoBGB, § 1629 Rn. 98; *Jaeger*, in: Johannsen/Henrich, § 1629 Rn. 13; *Kaiser*, in: NK-BGB FamR, § 1629 Rn. 55; *Peschel-Gutzeit*, in: Staudinger, § 1629 Rn. 379; *Schmitz*, in: Wendl/Dose, § 10 Rn. 52; *Seibel*, in: Zöller, § 727 Rn. 13.

663 OLG Köln Beschl. v. 14.03.1985 – 4 WF 19/85, FamRZ 1985, 626; OLG Zweibrücken Beschl. v. 16.11.1998 – 5 WF 119/08, FamRZ 2000, 964 (965); OLG Hamm Beschl. v. 27.03.2000 – 7 WF 132/00, FamRZ 2000, 1590; *Hochgräber* FamRZ 1996, 272; *Huber*, in: MüKoBGB, § 1629 Rn. 98; *Stockmann*, in: Grandel/Stockmann, 186 Rn. 16.

664 OLG Hamm Beschl. v. 27.03.2000 – 7 WF 132/00, FamRZ 2000, 1590; *Kaiser*, in: NK-BGB FamR, § 1629 Rn. 55; *Lackmann*, in: Musielak/Voit, § 727 Rn. 4; *Peschel-Gutzeit*, in: Staudinger, § 1629 Rn. 377; *Seibel*, in: Zöller, § 727 Rn. 25.

665 OLG Hamm Beschl. v. 22.10.1990 – 10 WF 424/90, FamRZ 1991, 965 (966); OLG Koblenz Beschl. v. 04.02.2014 – 13 WF 83/14, MDR 2014, 506; *Kroppenberg*, in: Prütting/Gehrlein, § 727 Rn. 15; *Lackmann*, in: Musielak/Voit, § 727 Rn. 4; *Seibel*, in: Zöller, § 727 Rn. 25.

bzw. der vollstreckbaren Ausfertigung durch den ehemaligen gesetzlichen Verfahrensstandschafter, diese Erstausfertigung nicht zurückgeben kann.

a) Anhörung des Vollstreckungsschuldners

Eine Ansicht stützt sich auf den Wortlaut des § 733 Abs. 1 ZPO,[666] der angibt, dass vor der Erteilung einer weiteren vollstreckbaren Ausfertigung der Schuldner angehört werden kann, wobei der Schuldner trotz dieses sich aus dem Wortlaut ergebenden Ermessens regelmäßig anzuhören ist, sofern einer Anhörung keine besondere Dringlichkeit oder ein vorzugswürdiges Gläubigerinteresse entgegensteht.[667] Der Vollstreckungsschuldner sei durch seine Anhörung, durch die Kenntnisnahme der zweiten Ausfertigung (§ 733 Abs. 2 ZPO) sowie durch die ausdrückliche Bezeichnung der erteilten Ausfertigung als weitere Ausfertigung (§ 733 Abs. 3 ZPO) hinreichend geschützt.[668] Ein weitergehender Schutz sei dem Gesetz nicht zu entnehmen, sodass hieraus geschlossen werden könne, dass der Gesetzgeber das Schuldnerinteresse durch dessen Anhörung als gewahrt ansehe.[669] Zudem sei der Schuldner nicht schutzlos, sondern könne einer etwaigen Doppelvollstreckung mit Erhebung einer Vollstreckungsgegenklage entgegentreten.[670]

b) Interessenabwägung erforderlich

Die Gegenansicht stützt sich auf den Sinn und Zweck der Norm, der bei Wahrung der Gläubigerinteressen in dem Schutz des Vollstreckungsschuldners gegen eine mehrfache Zwangsvollstreckung aus einem Vollstreckungstitel liege.[671] Es sei daher im Rahmen des § 733 ZPO eine Abwägung zwischen dem Interesse des Vollstreckungsgläubigers an Erteilung einer weiteren vollstreckbaren

666 OLG Stuttgart Beschl. v. 19.10.1989 – 8 WF 79/89, NJW-RR 1990, 126; OLG Hamm Beschl. v. 22.10.1990 – 10 WF 424/90, FamRZ 1991, 965 (966).

667 *Kroppenberg*, in: Prütting/Gehrlein, § 733 Rn. 9; *Seibel*, in: Zöller, § 733 Rn. 11; *Seiler*, in: Thomas/Putzo, § 733 Rn. 2; *Wolfsteiner*, in: MüKoZPO, § 733 Rn. 18.

668 OLG Stuttgart Beschl. v. 19.10.1989 – 8 WF 79/89, NJW-RR 1990, 126; OLG Hamm Beschl. v. 22.10.1990 – 10 WF 424/90, FamRZ 1991, 965 (966).

669 OLG Stuttgart Beschl. v. 19.10.1989 – 8 WF 79/89, NJW-RR 1990, 126; OLG Hamm Beschl. v. 22.10.1990 – 10 WF 424/90, FamRZ 1991, 965 (966).

670 OLG Stuttgart Beschl. v. 19.10.1989 – 8 WF 79/89, NJW-RR 1990, 126.

671 KG Beschl. v. 05.03.1985 – 17 WF 5709/84, FamRZ 1985, 627 (628); OLG Frankfurt Beschl. v. 25.02.1987 – 20 WF 27/87, NJW-RR 1988, 512; OLG Saarbrücken Beschl. v. 15.05.2007 – 5 W 74/07, Rpfleger 2007, 673; OLG Celle Beschl. v. 24.11.2008 – 4 W 149/08, MDR 2009, 827 (828); *Kroppenberg*, in: Prütting/Gehrlein, § 733 Rn. 1; *Seibel*, in: Zöller, § 733 Rn. 1; *Seiler*, in: Thomas/Putzo, § 733 Rn. 1.

Ausfertigung und dem widerstreitenden Interesse des Vollstreckungsschuldners an einem Schutz vor einer doppelten Vollstreckung vorzunehmen.[672] Hierbei überwiege regelmäßig das Schutzinteresse des Schuldners vor der Gefahr einer doppelten Vollstreckung, sofern die Erstausfertigung nicht zurückgegeben wurde und auch nicht feststeht, dass diese nicht mehr zur Vollstreckung verwendet werden kann, etwa durch Verlust dieser Ausfertigung.[673]

c) Stellungnahme zu den Voraussetzungen des § 733 Abs. 1 ZPO

Die erstgenannte Ansicht stellt lediglich auf den Wortlaut der Norm ab. Zwar wird nicht in Abrede gestellt, dass die Regelung in § 733 ZPO auch den Schutz des Vollstreckungsschuldners bezweckt, allerdings sieht diese Ansicht dessen Interesse durch die Möglichkeit der Erhebung einer Vollstreckungsgegenklage als gewahrt.[674] Dass eine Interessenabwägung stattzufinden hat, stellt diese Ansicht mithin nicht in Abrede.[675] Sie entnimmt dem Wortlaut des § 733 ZPO jedoch, dass das Interesse des Vollstreckungsgläubigers an der Erteilung einer weiteren Ausfertigung regelmäßig überwiege.[676]

Hierbei lässt diese Ansicht jedoch unbeachtet, dass dem Vollstreckungsgläubiger grundsätzlich nur eine vollstreckbare Ausfertigung erteilt werden soll. Die vollstreckbare Ausfertigung dient der Entlastung der Vollstreckungsorgane, der einheitlichen Beurteilung der maßgeblichen Fragen im Erkenntnisverfahren und dem Schutz des Vollstreckungsschuldners vor einer mehrfachen Vollstreckung.[677]

---

672 KG Beschl. v. 05.03.1985 – 17 WF 5709/84, FamRZ 1985, 627 (628); OLG Saarbrücken Beschl. v. 15.05.2007 – 5 W 74/07, Rpfleger 2007, 673 (674); OLG Celle Beschl. v. 24.11.2008 – 4 W 149/08, MDR 2009, 827 (828); OLD Düsseldorf Beschl. v. 19.10.2012 – I-7 W 56/12, MDR 2013, 427 (428); OLG Koblenz Beschl. v. 07.06.2013 – 3 W 295/13, NJW-RR 2013, 1019; *Seibel*, in: Zöller, § 733 Rn. 9; *Wolfsteiner*, in: MüKoZPO, § 733 Rn. 13 f.

673 KG Beschl. v. 05.03.1985 – 17 WF 5709/84, FamRZ 1985, 627 (628); OLG Frankfurt Beschl. v. 25.02.1987 – 20 WF 27/87, NJW-RR 1988, 512; OLG Celle Beschl. v. 24.11.2008 – 4 W 149/08, MDR 2009, 827 (828); OLG Koblenz Beschl. v. 07.06.2013 – 3 W 295/13, NJW-RR 2013, 1019; *Lackmann*, in: Musielak/Voit, § 733 Rn. 6; *Seibel*, in: Zöller, § 733 Rn. 10; *Wolfsteiner*, in: MüKoZPO, § 733 Rn. 14.

674 Vgl. OLG Stuttgart Beschl. v. 19.10.1989 – 8 WF 79/89, NJW-RR 1990, 126.

675 Vgl. OLG Stuttgart Beschl. v. 19.10.1989 – 8 WF 79/89, NJW-RR 1990, 126; OLG Hamm Beschl. v. 22.10.1990 – 10 WF 424/90, FamRZ 1991, 965 (966).

676 Vgl. OLG Stuttgart Beschl. v. 19.10.1989 – 8 WF 79/89, NJW-RR 1990, 126; OLG Hamm Beschl. v. 22.10.1990 – 10 WF 424/90, FamRZ 1991, 965 (966).

677 *Kroppenberg*, in: Prütting/Gehrlein, § 724 Rn. 1; *Lackmann*, in: Musielak/Voit, § 724 Rn. 1; *Seibel*, in: Zöller, § 724 Rn. 1; *Wolfsteiner*, in: MüKoZPO, § 724 Rn. 1.

Eine weitere vollstreckbare Ausfertigung wird nur ausnahmsweise erteilt, wenn der Vollstreckungsgläubiger bzw. dessen Rechtsnachfolger diese beantragt und hierbei darlegt, warum eine weitere vollstreckbare Ausfertigung benötigt wird.[678] Gemäß des unstreitigen Sinn und Zwecks der Regelung in Form des Schutzes des Vollstreckungsschuldners vor einer mehrfachen Vollstreckung bei gleichzeitiger Wahrung der Vollstreckungsinteressen des Gläubigers werden die Anforderungen an die Darlegungs- und Beweislast des Vollstreckungsgläubigers nicht überspannt.[679] Es erscheint interessengerecht, nicht dem Vollstreckungsschuldner durch Verweis auf die Vollstreckungsgegenklage die Darlegungs- und Beweislast aufzubürden, sondern vielmehr dem Vollstreckungsgläubiger als Antragssteller der weiteren Ausfertigung.

Es ist mithin der letztgenannten Ansicht zu folgen, da der Sinn und Zweck der Regelung des § 733 ZPO eine Interessenabwägung voraussetzt und eine weitere Ausfertigung dem Kind nur erteilt werden kann, wenn es darlegt, dass aus der Erstausfertigung nicht mehr vollstreckt wird. Die Regelung des § 733 Abs. 1 ZPO kommt bei Rückgabe der Erstausfertigung nicht zur Anwendung, da diese Erstausfertigung bei Rückgabe auf das Kind als Rechtsnachfolger nach § 727 analog umgeschrieben und eine Erteilung einer „weiteren" Ausfertigung somit entbehrlich wird.[680] Dementsprechend ist dem Kind eine weitere vollstreckbare Ausfertigung gemäß § 733 Abs. 1 ZPO nur zu erteilen, wenn es darlegt, dass die Erstausfertigung verlorengegangen ist oder aus einem anderen Grund nicht mehr zur Vollstreckung der Forderung genutzt werden kann.[681]

---

678 *Kroppenberg*, in: Prütting/Gehrlein, § 733 Rn. 8; *Lackmann*, in: Musielak/Voit, § 733 Rn. 7 f.; *Seibel*, in: Zöller, § 733 Rn. 9 ff.

679 OLG Düsseldorf Beschl. v. 10.11.1993 – 1 WF 216/93, FamRZ 1994, 1271 (1272); OLG Saarbrücken Beschl. v. 15.05.2007 – 5 W 74/07, Rpfleger 2007, 673 (674); *Kroppenberg*, in: Prütting/Gehrlein, § 733 Rn. 5; *Wolfsteiner*, in: MüKoZPO, § 724 Rn. 17.

680 *Kroppenberg*, in: Prütting/Gehrlein, § 733 Rn. 2; *Lackmann*, in: Musielak/Voit, § 733 Rn. 5; *Seibel*, in: Zöller, § 733 Rn. 3; *Seiler*, in: Thomas/Putzo, § 733 Rn. 3; *Wolfsteiner*, in: MüKoZPO, § 733 Rn. 9.

681 KG Beschl. v. 05.03.1985 – 17 WF 5709/84, FamRZ 1985, 627 (628); OLG Frankfurt Beschl. v. 25.02.1987 – 20 WF 27/87, NJW-RR 1988, 512; OLG Celle Beschl. v. 24.11.2008 – 4 W 149/08, MDR 2009, 827 (828); OLG Koblenz Beschl. v. 07.06.2013 – 3 W 295/13, NJW-RR 2013, 1019; *Lackmann*, in: Musielak/Voit, § 733 Rn. 6; *Seibel*, in: Zöller, § 733 Rn. 10; *Wolfsteiner*, in: MüKoZPO, § 733 Rn. 14.

2. *Zusammenfassung der Auswirkungen bei Eintritt der Volljährigkeit*

Es bleibt festzuhalten, dass mit Eintritt der Volljährigkeit des Kindes die Vollstreckungsbefugnis des gesetzlichen Verfahrensstandschafters erlischt.[682] Jedoch überprüft das Vollstreckungsorgan nicht, ob die Beendigung der gesetzlichen Verfahrensstandschaft zwischenzeitlich eingetreten ist.[683] Daher kann der gesetzliche Verfahrensstandschafter auch nach Eintritt der Volljährigkeit des Kindes weiterhin die Vollstreckung im eigenen Namen betreiben.[684] Das Kind ist daneben berechtigt, nach Eintritt seiner Volljährigkeit die vollstreckbare Ausfertigung auf sich nach § 727 ZPO analog umschreiben zu lassen.[685] Hierzu ist die Rückgabe der dem gesetzlichen Verfahrensstandschafter erteilten Erstausfertigung erforderlich.[686] Ist eine Rückgabe dieser Erstausfertigung nicht möglich, so kann das Kind die Erteilung einer weiteren Ausfertigung nach § 733 Abs. 1 ZPO beantragen, wobei es den Grund für die Erforderlichkeit einer weiteren Ausfertigung glaubhaft zu machen hat, damit der Vollstreckungsschuldner nicht der Gefahr einer doppelten Vollstreckung ausgesetzt wird.[687]

---

682 OLG Hamm Urt. v. 17.01.1992 – 5 UF 264/91, FamRZ 1992, 843; OLG Hamm Beschl. v. 23.12.2015 – II-2 WF 198/15, FamRZ 2016, 1100 (1101); *Götz*, in: Palandt, § 1629 Rn. 33; *Kaiser*, in: NK-BGB FamR, § 1629 Rn. 57; *Ziegler*, in: Prütting/Wegen/Weinreich, § 1629 Rn. 24.

683 OLG Köln Beschl. v. 05.03.1985 – 4 WF 19/85, FamRZ 1985, 626; *Becker-Eberhard* ZZP 104 (1991), 413 (418, 431); *Hochgräber* FamRZ 1996, 272.

684 BGH Urt. v. 29.11.1990 – IX ZR 94/90, FamRZ 1991, 295 (296); OLG Köln Beschl. v. 14.03.1985 – 4 WF 19/85, FamRZ 1985, 626; *Hochgräber* FamRZ 1996, 272; *Kaiser*, in: NK-BGB FamR, § 1629 Rn. 56; *Peschel-Gutzeit*, in: Staudinger, § 1629 Rn. 379; *Hamdan*, in: jurisPK-BGB, § 1629 Rn. 80; *Veit*, in: Bamberger/Roth, § 1629 Rn. 53.

685 OLG Köln Beschl. v. 14.03.1985 – 4 WF 19/85, FamRZ 1985, 626; OLG Zweibrücken Beschl. v. 16.11.1998 – 5 WF 119/08, FamRZ 2000, 964 (965); OLG Hamm Beschl. v. 27.03.2000 – 7 WF 132/00, FamRZ 2000, 1590; *Götz*, in: Palandt, § 1629 Rn. 33; *Huber*, in: MüKoBGB, § 1629 Rn. 98; *Jaeger*, in: Johannsen/Henrich, § 1629 Rn. 13; *Kaiser*, in: NK-BGB FamR, § 1629 Rn. 55; *Peschel-Gutzeit*, in: Staudinger, § 1629 Rn. 379; *Schmitz*, in: Wendl/Dose, § 10 Rn. 52; *Seibel*, in: Zöller, § 727 Rn. 13.

686 OLG Hamm Beschl. v. 27.03.2000 – 7 WF 132/00, FamRZ 2000, 1590; *Kaiser*, in: NK-BGB FamR, § 1629 Rn. 55; *Lackmann*, in: Musielak/Voit, § 727 Rn. 4; *Peschel-Gutzeit*, in: Staudinger, § 1629 Rn. 377; *Seibel*, in: Zöller, § 727 Rn. 25.

687 OLG Hamm Beschl. v. 22.10.1990 – 10 WF 424/90, FamRZ 1991, 965 (966); OLG Düsseldorf Beschl. v. 10.11.1993 – 1 WF 216/93, FamRZ 1994, 1271 (1272); OLG Saarbrücken Beschl. v. 15.05.2007 – 5 W 74/07, Rpfleger 2007, 673 (674); OLG Koblenz Beschl. v. 04.02.2014 – 13 WF 83/14, MDR 2014, 506; *Kroppenberg*, in: Prütting/Gehrlein, § 727 Rn. 15, § 733 Rn. 5, 9; *Lackmann*, in: Musielak/Voit, § 727 Rn. 4; *Seibel*, in: Zöller, § 733 Rn. 12.

3. *Abwehrmöglichkeiten des Vollstreckungsschuldners*

Da das Vollstreckungsorgan die Beendigung der gesetzlichen Verfahrensstandschaft nicht überprüft, muss es dem Vollstreckungsschuldner möglich sein, der Vollstreckung durch den Verfahrensstandschafter nach Beendigung der gesetzlichen Verfahrensstandschaft entgegenzutreten. Umstritten ist, ob zur Geltendmachung der Beendigung der gesetzlichen Verfahrensstandschaft die Vollstreckungserinnerung gemäß § 766 ZPO oder die Vollstreckungsgegenklage nach § 767 ZPO analog statthaft ist.

Die Vollstreckungserinnerung ist ein Rechtsbehelf gegen einzelne konkrete Vollstreckungsmaßnahmen aufgrund formeller Mängel.[688] Sie ist unter anderem statthaft, wenn ein Vollstreckungsorgan die Zwangsvollstreckung betreibt, obwohl die allgemeinen Verfahrensvoraussetzungen nicht vorliegen.[689] Ein Rechtsschutzbedürfnis des Antragstellers ist in zeitlicher Hinsicht grundsätzlich erst anzunehmen, wenn die Zwangsvollstreckung bereits begonnen hat.[690] Ausschließlich zuständig für die Entscheidung über die Erinnerung ist das Amtsgericht als Vollstreckungsgericht, in dessen Bezirk die Zwangsvollstreckung stattfinden soll oder stattgefunden hat, § 766 Abs. 1 S. 1 iVm § 764 Abs. 1, 2 ZPO. Die Zwangsvollstreckung wegen Geldforderungen findet am Wohnsitz bzw. am allgemeinen Gerichtsstand des Vollstreckungsschuldners (§§ 802e Abs. 1, 828 Abs. 2 ZPO) statt, sodass das dortige Amtsgericht als Vollstreckungsgericht zuständig ist.

Demgegenüber kann mithilfe des Vollstreckungsgegenantrags gemäß § 767 ZPO die Vollstreckbarkeit des Titels durch materielle Einwendungen angegriffen werden.[691] Statthaft ist der Vollstreckungsgegenantrag mithin bei Einwendungen gegen den durch den Titel festgestellten Anspruch.[692] Ein Rechtsschutzbedürfnis des Antragstellers besteht in zeitlicher Hinsicht bereits bei Androhung der Zwangsvollstreckung durch den Vollstreckungsgläubiger, da durch den

---

688 *Brox/Walker*, ZVR, § 39 Rn. 1168; *Herget*, in; Zöller, § 766 Rn. 2, 7; *Lackmann*, in: Musielak, § 766 Rn. 15; *Schmidt/Brinkmann*, in: MüKoZPO, § 766 Rn. 1, 5.

689 *Brox/Walker*, in: ZVR, § 39 Rn. 1173; *Herget*, in: Zöller, § 766 Rn. 10.

690 *Brox/Walker*, ZVR, § 39 Rn. 1189; *Herget*, in Zöller, § 766 Rn. 13; *Lackmann*, in: Musielak, § 766 Rn. 13.

691 BGH Urt. v. 08.06.2005 – XII ZR 294/02, NJW 2005, 2313 (2314); BGH Urt. v. 14.03.2008 – V ZR 16/07, NJW 2008, 1446 (1447); *Brox/Walker*, ZVR, § 43 Rn. 1313, 1316; *Scheuch*, in: Prütting/Gehrlein, § 767 Rn. 1.

692 BGH Urt. v. 25.02.1985 – VIII ZR 166/84, NJW 1985, 2481; BGH Urt. v. 14.03.2008 – V ZR 16/07, NJW 2008, 1446 (1447); *Brox/Walker*, ZVR, § 43 Rn. 1329; *Herget*, in: Zöller, § 767 Rn. 1; *Schmidt/Brinkmann*, in: MüKoZPO, § 767 Rn. 2.

Vollstreckungsgegenantrag nicht eine einzelne Vollstreckungsmaßnahme, sondern die Vollstreckbarkeit des Titels angegriffen wird.[693] Ausschließlich zuständig ist bei der Zwangsvollstreckung aus einem Kindesunterhaltstitel das Familiengericht des ersten Rechtszuges, § 767 Abs. 1 ZPO.

Die vertretenen Ansichten sollen im Folgenden dargestellt und die Statthaftigkeit des Rechtsbehelfs zur Geltendmachung der Beendigung der gesetzlichen Verfahrensstandschaft erörtert werden.

a) Vollstreckungserinnerung

Eine Ansicht sieht die Vollstreckungserinnerung gemäß § 766 ZPO als statthaften Rechtsbehelf an.[694] Die Beendigung der gesetzlichen Verfahrensstandschaft führe zu einem Wegfall der Verfahrensführungsbefugnis.[695] Mithin liege ein formeller Mangel aufgrund des Fehlens einer Verfahrensvoraussetzung vor, sodass die Vollstreckung durch den Vollstreckungsgläubiger nur mit der Erinnerung gemäß § 766 ZPO angegriffen werden könne.[696]

b) Vollstreckungsgegenantrag

Die überwiegende Ansicht geht von einer Statthaftigkeit des Vollstreckungsgegenantrags nach § 767 ZPO analog aus, um der Vollstreckung des Vollstreckungsgläubigers nach Beendigung der gesetzlichen Verfahrensstandschaft entgegenzutreten.[697] Eine Überprüfung der Verfahrensführungsbefugnis finde im Vollstreckungsverfahren nicht statt, soweit Antragsteller und

693 BGH Urt. v. 09.12.1992 – VIII ZR 218/91, NJW 1993, 1396 (13997); *Brox/Walker*, ZVR, § 43 Rn. 1332; *Herget*, in: Zöller, § 767 Rn. 8; *Lackmann*, in: Musielak, § 767 Rn. 18; *Schmidt/Brinkmann*, in: MüKoZPO, § 767 Rn. 43.

694 OLG Frankfurt Beschl. v. 17.10.1983 – 5 WF 224/83, FamRZ 1983, 1268; OLG Naumburg Beschl. v. 25.09.2006 – 14 WF 158/06, FamRZ 2007, 1032 (1033); in Bezug auf den Wegfall der Vertretungsvoraussetzungen nach § 1629 Abs. 2 S. 2 ebenso: OLG Koblenz Beschl. v. 12.07.2004 – 7 WF 570/04, FamRZ 2005, 993 (994); OLG Koblenz Beschl. v. 06.02.2007 – 11 WF 1211/06, BeckRS 2008, 03315 (abrufbar in beck-online).

695 OLG Frankfurt Beschl. v. 17.10.1983 – 5 WF 224/83, FamRZ 1983, 1268; OLG Naumburg Beschl. v. 25.09.2006 – 14 WF 158/06, FamRZ 2007, 1032 (1033).

696 OLG Frankfurt Beschl. v. 17.10.1983 – 5 WF 224/83, FamRZ 1983, 1268.

697 OLG Köln Beschl. v. 05.03.1985 – 4 WF 19/85, FamRZ 1985, 626; OLG München Beschl. v. 23.01.1990 – 2 WF 1318/89, FamRZ 1990, 653; OLG Hamm Urt. v. 17.01.1992 – 5 UF 264/91, FamRZ 1992, 843; OLG Köln Beschl. v. 16.08.1994 – 25 WF 172/94, FamRZ 1995, 308; OLG Brandenburg Urt. v. 11.06.1996 – 10 UF 187/95, FamRZ 1997, 509; OLG München Beschl. v. 02.05.1997 – 16 UF 822/97, FamRZ 1997, 1493 (1494); OLG Hamm Beschl. v. 26.05.1999 – 8 WF 221/99, FamRZ 2000, 365;

Vollstreckungsgläubiger, der in dem Vollstreckungstitel bezeichnet ist, identisch seien.[698] Lediglich durch die Stellung eines Vollstreckungsabwehrantrags sei eine wirksame Abwehr gegen die Vollstreckung des Verfahrensstandschafters gewährleistet, da die Zwangsvollstreckung durch den ehemaligen Verfahrensstandschafter mithilfe dieses Rechtsbehelfs generell für unzulässig erklärt werden könne, während durch die Erinnerung nur die bereits erfolgte, konkret angefochtene Vollstreckungshandlung für unzulässig erklärt werde und der Verfahrensstandschafter an der Einleitung weiterer Vollstreckungsmaßnahmen nicht gehindert sei.[699] Zudem biete die Vollstreckungserinnerung auch keine Abwehrmöglichkeit gegen eine lediglich angedrohte Vollstreckungsmaßnahme, sodass nur der Vollstreckungsgegenantrag den erforderlichen Schutz biete.[700] Schließlich sei die Statthaftigkeit des Vollstreckungsgegenantrags verfahrensökonomisch, da gemäß § 767 Abs. 1 ZPO das mit der Angelegenheit im Erkenntnisverfahren bereits befasste Familiengericht zuständig sei und nicht das bei der Vollstreckungserinnerung zuständige Vollstreckungsgericht.[701] So könne etwa auch ein im Wege des Widerantrags geltend gemachter familienrechtlicher Ausgleichsanspruch zwischen den Beteiligten erörtert werden.[702]

c) Stellungnahme zum statthaften Rechtsbehelf bei Beendigung der gesetzlichen Verfahrensstandschaft

Der erstgenannten Ansicht, die eine Vollstreckungserinnerung nach § 766 ZPO als statthaft ansieht, ist zu folgen, da mit dem Wegfall der Verfahrensführungsbefugnis eine formelle Einwendung erhoben wird. Bei einer Zwangsvollstreckung aus einem Kindesunterhaltstitel ist die Vollstreckungserinnerung bei formellen

---

OLG Nürnberg Beschl. v. 30.05.2001 – 10 WF 1851/01, FamRZ 2002, 407 (408); *Döll*, in: Erman, § 1629 Rn. 20 f.; *Hochgräber* FamRZ 1996, 272; *Huber*, in: MüKoBGB, § 1629 Rn. 98; *Jaeger*, in: Johannsen/Henrich, § 1629 Rn. 13; *Kaiser*, in: NK-BGB FamR, § 1629 Rn. 54; *Peschel-Gutzeit*, in: Staudinger, § 1629 Rn. 386; *Schmitz*, in: Wendl/Dose, § 10 Rn. 52; *Stockmann*, in: Grandel/Stockmann, 186 Rn. 19 f.; *Veit*, in: Bamberger/Roth, § 1629 Rn. 53; *Wolf/Lecking* MDR 2011, 1 (4).

698 OLG Köln Beschl. v. 05.03.1985 – 4 WF 19/85, FamRZ 1985, 626 (627); *Wolf/Lecking* MDR 2011, 1 (3).

699 *Hochgräber* FamRZ 1996, 272; *Stockmann*, in: Grandel/Stockmann, 186 Rn. 20; *Wolf/Lecking* MDR 2011, 1 (4).

700 *Stockmann*, in: Grandel/Stockmann, 186 Rn. 20; *Wolf/Lecking* MDR 2011, 1 (4).

701 OLG Köln Beschl. v. 05.03.1985 – 4 WF 19/85, FamRZ 1985, 626 (627); *Stockmann*, in: Grandel/Stockmann, 186 Rn. 21.

702 OLG Köln Beschl. v. 05.03.1985 – 4 WF 19/85, FamRZ 1985, 626 (627).

Einwendungen regelmäßig statthaft.[703] Erfolgt die Zwangsvollstreckung durch Forderungspfändung infolge der Beantragung eines Pfändungs- und Überweisungsbeschlusses wegen Unterhaltsforderungen gemäß §§ 828–856 ZPO, handelt es sich hierbei um eine Zwangsvollstreckungsmaßnahme und keine Entscheidung des zuständigen Vollstreckungsgerichts, da der Vollstreckungsschuldner vor der Pfändung nicht anzuhören ist gemäß § 834 ZPO.[704] Mangels Entscheidung des Vollstreckungsgerichts ist mithin die Erinnerung und nicht die sofortige Beschwerde nach § 793 ZPO statthaft.[705] Ebenso ist die Vollstreckungserinnerung bei formellen Einwendungen gegen die Mobiliarvollstreckung des Gerichtsvollziehers gemäß §§ 808–827 ZPO statthaft.[706] Dass es sich bei der Beendigung der gesetzlichen Verfahrensstandschaft um eine formelle Einwendung handelt, wird von der überwiegenden Gegenansicht teilweise erkannt, gleichwohl versucht sie eine analoge Anwendung des § 767 ZPO durch praktische Erwägungen zu begründen.[707] Auffallend ist, dass sich die letztgenannte Ansicht nur selten mit der Problematik der Geltendmachung einer formellen Einwendung über einen Vollstreckungsgegenantrag auseinandersetzt und überwiegend darauf verweist, dass eine analoge Anwendung des § 767 ZPO anerkannt sei.[708] Die von wenigen Vertretern dieser Ansicht angegebenen Gründe für diese Annahme[709] sind allerdings nicht einschlägig.

---

703 *Brox/Walker*, ZVR, § 39 Rn. 1168; *Herget*, in; Zöller, § 766 Rn. 2, 7; *Lackmann*, in: Musielak, § 766 Rn. 15; *Schmidt/Brinkmann*, in: MüKoZPO, § 766 Rn. 1, 5.

704 *Lackmann*, in: Musielak/Voit, § 766 Rn. 10; *Scheuch*, in: Prütting/Gehrlein, § 766 Rn. 4.

705 *Herget*, in: Zöller, § 766 Rn. 2; *Lackmann*, in: Musielak/Voit, § 766 Rn. 10; *Scheuch*, in: Prütting/Gehrlein, § 766 Rn. 4.

706 *Brox/Walker*, in: ZVR, § 39 Rn. 1173; *Herget*, in: Zöller, § 766 Rn. 10.

707 OLG Köln Beschl. v. 05.03.1985 – 4 WF 19/85, FamRZ 1985, 626; OLG München Beschl. v. 02.05.1997 – 16 UF 822/97, FamRZ 1997, 1493 (1494); *Stockmann*, in: Grandel/Stockmann, 182 Rn. 20; *Wolf/Lecking* MDR 2011, 1 (4).

708 Vgl. OLG München Beschl. v. 23.01.1990 – 2 WF 1318/89, FamRZ 1990, 653; OLG Köln Beschl. v. 16.08.1994 – 25 WF 172/94, FamRZ 1995, 308; OLG Brandenburg Urt. v. 11.06.1996 – 10 UF 187/95, FamRZ 1997, 509; OLG München Beschl. v. 02.05.1997 – 16 UF 822/97, FamRZ 1997, 1493 (1494); OLG Hamm Beschl. v. 26.05.1999 – 8 WF 221/99, FamRZ 2000, 365; OLG Nürnberg Beschl. v. 30.05.2001 – 10 WF 1851/01, FamRZ 2002, 407 (408); *Döll*, in: Erman, § 1629 Rn. 20 f.; *Huber*, in: MüKoBGB, § 1629 Rn. 98; *Jaeger*, in: Johannsen/Henrich, § 1629 Rn. 13; *Kaiser*, in: NK-BGB FamR, § 1629 Rn. 54; *Peschel-Gutzeit*, in: Staudinger, § 1629 Rn. 386; *Schmitz*, in: Wendl/Dose, § 10 Rn. 52; *Veit*, in: Bamberger/Roth, § 1629 Rn. 53.

709 Vgl. OLG Köln Beschl. v. 05.03.1985 – 4 WF 19/85, FamRZ 1985, 626 (627); *Hochgräber* FamRZ 1996, 272; *Stockmann*, in: Grandel/Stockmann, 186 Rn. 20; *Wolf/Lecking* MDR 2011, 1 (4).

Dass der Wegfall der Verfahrensführungsbefugnis durch das Vollstreckungsorgan im Rahmen des Vollstreckungsverfahrens nicht überprüft wird, sofern Titelgläubiger und Antragsteller identisch sind, begründet lediglich den aufgezeigten Umstand, dass der gesetzliche Verfahrensstandschafter auch nach Beendigung der gesetzlichen Verfahrensstandschaft aus dem Titel vollstrecken kann. Wehrt sich der Vollstreckungsschuldner hiergegen, so macht er eine formelle Einwendung geltend, die durch die unterlassene Prüfung des Vollstreckungsorgans nicht zu einer materiellen Einwendung wird, sodass hierdurch ein Vollstreckungsgegenantrag statthaft werden würde. Die Vollstreckungserinnerung bietet dem Vollstreckungsschuldner zudem einen hinreichenden Schutz, da diese im Verhältnis der Parteien in formelle und materielle Rechtskraft erwächst.[710] Die erfolgreiche Erinnerung stellt ein Vollstreckungshindernis gemäß §§ 775 Nr. 1, 776 S. 1 ZPO für eine weitere Vollstreckung aus dem Kindesunterhaltstitel dar.[711] Dass lediglich zeitgleich oder nach erfolgreicher Erhebung des Vollstreckungsgegenantrags der Vollstreckungstitel analog § 371 von dem Vollstreckungsgläubiger herausverlangt werden kann,[712] vermag eine analoge Anwendung des § 767 bei Geltendmachung einer formellen Einwendung nicht zu begründen. Der durch eine Titelherausgabe höhere Schutz des Vollstreckungsschuldners kann nicht als Begründung für eine analoge Anwendung des § 767 ZPO herangezogen werden, da diese anderenfalls bei sämtlichen formellen Einwendungen einschlägig wäre und die Vollstreckungserinnerung leerliefe. Es ist bereits fraglich, ob ein gesetzlicher Verfahrensstandschafter einen neuen Vollstreckungsauftrag erteilen wird, nachdem das Vollstreckungsgericht die Zwangsvollstreckung bereits für unzulässig erklärt hat und dem Kind die Möglichkeit der Umschreibung nach § 727 ZPO analog zur Fortsetzung der Zwangsvollstreckung zur Verfügung steht. Jedenfalls besteht seitens des Vollstreckungsschuldners für den Fall des erneuten Vollstreckungsauftrages die Möglichkeit, die Zwangsvollstreckung durch Vorlage des rechtskräftigen Erinnerungsbeschlusses als Vollstreckungshindernis einstellen und aufheben zu lassen, § 775 Nr. 1, 776 S. 1 ZPO. Der Vollstreckungsschuldner ist mithin vor zahlreichen neuen Vollstreckungsversuchen

---

710 *Brox/Walker*, ZVR, § 39 Rn. 1248; *Herget*, in: Zöller, § 766 Rn. 38; *Lackmann*, in: Musielak, § 766 Rn. 32; *Scheuch*, in: Prütting/Gehrlein, § 766 Rn. 34; *Schmidt/Brinkmann*, in: MüKoZPO, § 766 Rn. 59.

711 *Geimer*, in: Zöller, § 775 Rn. 4.

712 BGH Urt. v. 22.09.1994 – IX ZR 165/93, NJW 1994, 3225; BGH Urt. v. 14.07.2008 – II ZR 132/07, NJW-RR 2008, 1512 (1513); *Herget*, in: Zöller, § 767 Rn. 2; *Lackmann*, in: Musielak/Voit, § 767 Rn. 14; *Schmidt/Brinkmann*, in: MüKoZPO, § 767 Rn. 20.

durch den Vollstreckungsgläubiger hinreichend durch die Vollstreckungserinnerung geschützt. Dass ein Rechtsschutzbedürfnis im Rahmen der Vollstreckungserinnerung bei Androhung einer Zwangsvollstreckung grundsätzlich nicht angenommen wird, ist im vorliegenden Fall ebenfalls unschädlich, da sich der Vollstreckungsschuldner bei Beendigung der Verfahrensstandschaft während des Vollstreckungsverfahrens gerade gegen die beantragte konkrete Zwangsvollstreckungsmaßnahme wendet. Auch verfahrensökonomische Gesichtspunkte sind zugunsten einer Statthaftigkeit des Vollstreckungsgegenantrags nicht erkennbar. Weil keine Einwendungen gegen den titulierten Anspruch geltend gemacht werden, ist die Zuständigkeit des Vollstreckungsgerichts unschädlich, da die Überprüfung der Beendigung der gesetzlichen Verfahrensstandschaft, etwa durch Eintritt der Volljährigkeit des Kindes, keine Kenntnis des vorherigen Verfahrensstoffes voraussetzt und eine Zuständigkeit des Familiengerichts des ersten Rechtszuges nicht begründen kann. Zudem ist der Kindesunterhaltsanspruch weder mit Gegenansprüchen des Vollstreckungsschuldners gegen den Vollstreckungsgläubiger aufrechenbar (§ 851 Abs. 1 ZPO iVm § 394 S. 1)[713] noch ist dieser wegen des treuhänderischen Zwecks der Kinderunterhaltsforderung pfändbar (§ 851 Abs. 1 ZPO iVm § 399 BGB),[714] sodass das Argument der gleichzeitigen Verhandlung mit einem als Widerantrag gestellten familienrechtlichen Ausgleichsanspruch ebenfalls fehlschlägt. Soweit die Gegenansicht anführt, dass eine analoge Anwendung des § 767 ZPO grundsätzlich anerkannt sei,[715] so ist dem entgegenzuhalten, dass sich diese analoge Anwendung auf Fälle bezieht, in denen dem Vollstreckungsschuldner aufgrund der Unwirksamkeit des Titels die Erhebung von materiellen

---

713 BGH Urt. v. 29.11.1990 – IX ZR 94/90, NJW 1991, 839 (840); *Götz*, in: Palandt, § 1629 Rn. 33; *Kaiser*, in: NK-BGB FamR, § 1629 Rn. 54; *Peschel-Gutzeit*, in: Staudinger, § 1629 Rn. 383.

714 BGH Beschl. v. 29.03.2006 – VII ZB 31/05, FamRZ 2006, 860 (861); *Götz*, in: Palandt, § 1629 Rn. 33; *Huber*, in: MüKoBGB, § 1629 Rn. 99; *Hamdan*, in: jurisPK-BGB, § 1629 Rn. 82.

715 Vgl. OLG München Beschl. v. 23.01.1990 – 2 WF 1318/89, FamRZ 1990, 653; OLG Köln Beschl. v. 16.08.1994 – 25 WF 172/94, FamRZ 1995, 308; OLG Brandenburg Urt. v. 11.06.1996 – 10 UF 187/95, FamRZ 1997, 509; OLG München Beschl. v. 02.05.1997 – 16 UF 822/97, FamRZ 1997, 1493 (1494); OLG Hamm Beschl. v. 26.05.1999 – 8 WF 221/99, FamRZ 2000, 365; OLG Nürnberg Beschl. v. 30.05.2001 – 10 WF 1851/01, FamRZ 2002, 407 (408); *Döll*, in: Erman, § 1629 Rn. 20 f.; *Huber*, in: MüKoBGB, § 1629 Rn. 98; *Jaeger*, in: Johannsen/Henrich, § 1629 Rn. 13; *Kaiser*, in: NK-BGB FamR, § 1629 Rn. 54; *Peschel-Gutzeit*, in: Staudinger, § 1629 Rn. 386; *Schmitz*, in: Wendl/Dose, § 10 Rn. 52; *Veit*, in: Bamberger/Roth, § 1629 Rn. 53.

Einwendungen nicht möglich ist.[716] Mit dieser Konstellation kann der vorliegende Fall nicht verglichen werden, in dem der Vollstreckungsschuldner lediglich eine formelle Einwendung geltend macht. Der BGH stellte etwa für den Fall der Unbestimmtheit eines titulierten Anspruchs fest, dass es dem Vollstreckungsschuldner nicht möglich sei, materielle Einwendungen geltend zu machen und dass die ZPO besondere Rechtsbehelfe für diese Situation nicht vorsehe.[717] Da es jedoch bei der Geltendmachung der Unwirksamkeit des Titels wegen Unbestimmtheit um die Vollstreckungsfähigkeit gehe und diese mit der Vollstreckungsgegenklage angegriffen werden könne, sei eine vergleichbare Interessenslage gegeben und somit eine analoge Anwendung des § 767 ZPO möglich.[718] Durch die Geltendmachung der Beendigung der Verfahrensführungsbefugnis wird hingegen nicht eine materielle Einwendung gegen den titulierten Anspruch erhoben und somit auch nicht die Vollstreckungsfähigkeit des Titels angegriffen. Diese formelle Einwendung des Fehlens einer Verfahrensvoraussetzung kann gerade mit der Vollstreckungserinnerung gemäß § 766 ZPO angegriffen werden, sodass weder eine Regelungslücke noch eine vergleichbare Interessenlage vorliegt. Mithin ist eine analoge Anwendung des § 767 ZPO nicht geboten.

Demnach ist die Begründung der Ansicht, die eine Statthaftigkeit eines Vollstreckungsgegenantrags befürwortet, nicht einschlägig, sodass der erstgenannten Ansicht zu folgen ist, wonach die formelle Einwendung in Form des Wegfalls der Verfahrensführungsbefugnis durch den Vollstreckungsschuldner mit der kostengünstigeren und verfahrensrechtlich einfacheren Vollstreckungserinnerung gemäß § 766 ZPO geltend gemacht werden kann. Der Vollstreckungsgläubiger kann die Erinnerung seinerseits ebenfalls nicht mit der Geltendmachung eines etwaigen familienrechtlichen Ausgleichsanspruchs abwehren, da eine Auswechslung titulierter Ansprüche unzulässig ist.[719]

II. Beendigung durch Rechtskraft der Scheidung

Der gesetzliche Verfahrensstandschafter kann ebenfalls nach Rechtskraft der Scheidung weiterhin aus dem erwirkten Unterhaltstitel vollstrecken.[720] Es

---

716 BGH Urt. v. 18.11.1993 – IX ZR 244/92, NJW 1994, 460 (461); BGH Urt. v. 27.09.2001 – VII ZR 388/00, NJW 2002, 138 (139).

717 BGH Urt. v. 18.11.1993 – IX ZR 244/92, NJW 1994, 460 (461).

718 BGH Urt. v. 18.11.1993 – IX ZR 244/92, NJW 1994, 460 (462).

719 *Hochgräber* FamRZ 1996, 272 (273); *Huber*, in: MüKoBGB, § 1629 Rn. 98; *Jaeger*, in: Johannsen/Henrich, § 1629 Rn. 13; *Peschel-Gutzeit*, in: Staudinger, § 1629 Rn. 337; *Schmitz*, in: Wendl/Dose, § 10 Rn. 52; *Stockmann*, in: Grandel/Stockmann, 186 Rn. 23.

720 OLG Hamburg Beschl. v. 09.05.1984 – 15 WF 76/84, FamRZ 1984, 927 (928); OLG Nürnberg Urt. v. 30.03.1987 – 10 UF 4090/86, FamRZ 1987, 1172 (1173); OLG

besteht jedoch die Möglichkeit, den Kindesunterhaltstitel nach Rechtskraft der Scheidung auf das Kind nach § 727 ZPO analog umschreiben zu lassen.[721] Vollstreckt der gesetzliche Verfahrensstandschafter trotz Rechtskraft der Scheidung weiter aus dem Kindesunterhaltstitel, wird teilweise angenommen, dass der Vollstreckungsschuldner einer Vollstreckung durch den Vollstreckungsgläubiger mithilfe eines Vollstreckungsgegenantrags entgegentreten könne.[722] Eine andere Ansicht verneint jedoch ein Rechtsschutzbedürfnis des Vollstreckungsschuldners hinsichtlich eines Vollstreckungsgegenantrags mit der Begründung, dass der bisherige Titelgläubiger nach Rechtskraft der Ehescheidung alleiniger gesetzlicher Vertreter des Kindes sei und dieser selbst nach einem erfolgreichen Vollstreckungsgegenantragsverfahren die Zwangsvollstreckung nach Titelumschreibung als gesetzlicher Vertreter im Namen des Kindes weiterbetreiben könne.[723] Unabhängig der Fragestellung der Statthaftigkeit des Rechtsbehelfs[724] ist daher zu erörtern, ob aufseiten des Vollstreckungsschuldners nach Rechtskraft der Scheidung ein Rechtsschutzbedürfnis zur Einlegung eines Rechtsbehelfs besteht.

Neben dem zeitlichen Rechtsschutzbedürfnis, welches bei der Vollstreckungserinnerung und dem Vollstreckungsgegenantrag unterschiedlich zu beurteilen ist,[725] ist das Vorliegen eines sachlichen Rechtsschutzbedürfnisses erforderlich.[726] Ein sachliches Rechtsschutzbedürfnis besteht, wenn das durch Einlegung des Rechtsbehelfs bezweckte Ziel am einfachsten und kostengünstigsten erreicht

---

Hamm Beschl. v. 27.03.2000 – 7 WF 132/00, FamRZ 2000, 1590; LG Kleve Beschl. v. 19.07.2006 – 4 T 244/06, FamRZ 2007, 1663; LG Mühlhausen Beschl. v. 19.07.2010 – 2 T 157/10, BeckRS 2011, 11977 (abrufbar auf beck-online); LG Konstanz, Beschl. v. 29.01.2014 – 62 T 10/14 A, FamRZ 2014, 1122 (1123); *Götz*, in: Palandt, § 1629 Rn. 33; *Schmitz*, in: Wendl/Dose, § 10 Rn. 52; *Hamdan*, in: jurisPK-BGB, § 1629 Rn. 83; *Stockmann*, in: Grandel/Stockmann, 186 Rn. 16; *Ziegler*, in: Prütting/Wegen/Weinreich, § 1629 Rn. 23.

721 OLG Hamm Beschl. v. 27.03.2000 – 7 WF 132/00, FamRZ 2000, 1590; *Götz*, in: Palandt, § 1629 Rn. 33; *Hamdan*, in: jurisPK-BGB, § 1629 Rn. 82; *Ziegler*, in: Prütting/Wegen/Weinreich, § 1629 Rn. 23.

722 *Huber*, in: MüKoBGB, § 1629 Rn. 98; *Hüßtege*, in: Hauß/Schulz, § 1629 Rn. 5.

723 LG Kleve Beschl. v. 19.07.2006 – 4 T 244/06, FamRZ 2007, 1663 (1664); *Becker-Eberhard* ZZP 104 (1991), 413 (432); *Hochgräber* FamRZ 1996, 272 (273); *Wolf/Lecking* MDR 2011, 1 (4).

724 Siehe 4. Teil C) I. 3. c) Stellungnahme zum statthaften Rechtsbehelf bei Beendigung der gesetzlichen Verfahrensstandschaft.

725 Siehe 4. Teil C) I. 3. Abwehrmöglichkeiten des Vollstreckungsschuldners.

726 *Brox/Walker*, ZVR, § 39 Rn. 1193, § 43 Rn. 1333.

werden kann.[727] Die Geltendmachung von formellen (§ 766 ZPO) oder materiellen (§ 767 ZPO) Einwendungen erfolgt zum Zwecke der Einstellung und Aufhebung der Zwangsvollstreckung gemäß §§ 775 Nr. 1, 776 S. 1 ZPO durch Vorlage des hierdurch erwirkten Beschlusses, wonach die Zwangsvollstreckung für unzulässig erklärt wurde.[728] Dieses Ziel, die Zwangsvollstreckung durch den erwirkten Beschluss einzustellen oder aufzuheben, ist für den Vollstreckungsschuldner bei der Geltendmachung der Beendigung der gesetzlichen Verfahrensstandschaft durch Rechtskraft der Scheidung nicht zu erreichen. Denn nach Rechtskraft der Scheidung ist der gesetzliche Verfahrensstandschafter als gesetzlicher Vertreter des Kindes gemäß § 1629 Abs. 2 S. 2 im Namen des Kindes weiterhin vollstreckungsbefugt. Der Vollstreckungsschuldner könnte daher eine Zwangsvollstreckung nicht verhindern, sondern lediglich den Vollstreckungsgläubiger zur Beantragung der Titelumschreibung auf das Kind gemäß § 727 ZPO analog und zur Fortsetzung der Zwangsvollstreckung nicht im eigenen, sondern im Namen des Kindes zwingen.[729] Da sich im Ergebnis für den Vollstreckungsschuldner nichts ändern und ein Rechtsbehelf nicht zu dem bezweckten Ziel führen würde, fehlt es an einem erforderlichen sachlichen Rechtsschutzbedürfnis. Bei Verfolgung von etwaigen verfahrenszweckfremden Zielen wie der Erzwingung der Titelumschreibung auf das Kind kann ein Rechtsschutzbedürfnis nicht angenommen werden,[730] sodass ein entsprechender Rechtsbehelf des Vollstreckungsschuldners zur Einwendung der Beendigung der gesetzlichen Verfahrensstandschaft wegen Rechtskraft der Scheidung aus verfahrensökonomischen Gründen unzulässig ist.[731]

---

727 BGH Urt. v. 24.02.1994 – IX ZR 120/93, NJW 1994, 1351 (1352); BGH Beschl. v. 04.02.2010 – I ZB 27/09, JurBüro 2010, 325 (326); *Brox/Walker*, ZVR, § 39 Rn. 1193, § 43 Rn. 1333; *Lackmann*, ZVR, § 40 Rn. 502.

728 *Brox/Walker*, ZVR, § 43 Rn. 1372; *Herget*, in: Zöller, § 766 Rn. 29 f., § 767 Rn. 21; *Lackmann*, ZVR, § 40 Rn. 532; *Seiler*, in: Thomas/Putzo, § 766 Rn. 11, § 767 Rn. 30; *Schmidt/Brinkmann*, in: MüKoZPO, § 766 Rn. 51, § 767 Rn. 94.

729 LG Kleve Beschl. v. 19.07.2006 – 4 T 244/06, FamRZ 2007, 1663 (1664); *Becker-Eberhard* ZZP 104 (1991), 413 (432); *Hochgräber* FamRZ 1996, 272 (273); *Wolf/Lecking* MDR 2011, 1 (4).

730 BGH Urt. v. 21.10.2016 – V ZR 230/15, WM 2016, 2381 (2384); OLG Hamm Urt. v. 22.12.2014 – I-5 U 80/14, WM 2015, 673 (675); *Roth*, in: Stein/Jonas, vor § 253 Rn. 154.

731 LG Kleve Beschl. v. 19.07.2006 – 4 T 244/06, FamRZ 2007, 1663 (1664); *Becker-Eberhard* ZZP 104 (1991), 413 (432); *Hochgräber* FamRZ 1996, 272 (273); *Wolf/Lecking* MDR 2011, 1 (4).

III. Beendigung durch Obhutswechsel

Die Beendigung der gesetzlichen Verfahrensstandschaft kann bei Obhutswechsel des Kindes mithilfe der Vollstreckungserinnerung geltend gemacht werden.[732] Zu beachten ist jedoch, dass der Vollstreckungsschuldner das Kind mit Obhutswechsel betreut und seiner Unterhaltsverpflichtung ab diesem Zeitpunkt durch die Betreuung des Kindes erfüllt, § 1606 Abs. 3 S. 2. Somit ist seine Barunterhaltsverpflichtung mit dem Obhutswechsel entfallen. Dies stellt eine materielle Einwendung dar.

Es stellt sich sodann die Frage, ob diese materielle Einwendung mithilfe eines Vollstreckungsgegenantrags nach § 727 ZPO oder mithilfe eines Abänderungsantrags gemäß § 238 FamFG geltend zu machen ist. Während mit dem Vollstreckungsgegenantrag die Vollstreckbarkeit des Titels durch rechtsvernichtende, rechtshemmende oder rechtsbeschränkende Einwendungen beseitigt werden soll,[733] wird mit dem Abänderungsantrag das Ziel verfolgt, den Unterhaltstitel an die veränderten wirtschaftlichen oder tatsächlichen Verhältnisse unter Durchbrechung der materiellen Rechtskraft anzupassen.[734] Wegen dieser unterschiedlichen Zielrichtung schließen sich beide Anträge gegenseitig aus, sodass zwischen ihnen keine Wahlmöglichkeit des Antragstellers besteht.[735] Eine Abgrenzung wird dergestalt versucht, dass bei einem scharf umrissenen, punktuellen Ereignis, welches den Unterhaltsanspruch beeinflusst, der Vollstreckungsantrag und bei einer Änderung solcher anspruchsbegründender Verhältnisse, die sich von vornherein als wandelbar darstellen, der Abänderungsantrag statthaft ist.[736] Eine genaue Abgrenzung zwischen diesen Rechtsbehelfen ist nicht immer möglich.[737] Es ist daher zulässig, die Anträge hilfsweise miteinander zu

---

732 Siehe 4. Teil C) I. 3. c) Stellungnahme zum statthaften Rechtsbehelf bei Beendigung der gesetzlichen Verfahrensstandschaft.

733 KG Beschl. v. 13.07.2015 – 25 UF 57/15, FamRZ 2016, 379 (379 f.); *Jüdt* FuR 2009, 301 (303); *Schmitz*, in: Wendl/Dose, § 10 Rn. 152; *Viefhues*, in: Kemper/Schreiber, § 238 Rn. 82.

734 BGH Urt. v. 08.06.2005 – XII ZR 294/02, FamRZ 2005, 1479; KG Beschl. v. 13.07.2015 – 25 UF 57/15, FamRZ 2016, 379 (379 f.); *Herget*, in: Zöller, § 238 FamFG Rn. 13; *Jüdt* FuR 2009, 301 (303); *Scheuch*, in: Prütting/Gehrlein, § 767 Rn. 7.

735 BGH Urt. v. 08.06.2005 – XII ZR 294/02, FamRZ 2005, 1479; *Herget*, in: Zöller, § 238 FamFG Rn. 13; *Scheuch*, in: Prütting/Gehrlein, § 767 Rn. 7; *Schmidt/Brinkmann*, MüKoZPO § 767 Rn. 4; *Viefhues*, in: Kemper/Schreiber, § 238 Rn. 81.

736 *Brox/Walker*, ZVR, Rn. 1320; *Jüdt* FuR 2009, 301 (303); *Schmidt/Brinkmann*, MüKoZPO § 767 Rn. 4; *Viefhues*, in: Kemper/Schreiber, § 238 Rn. 81.

737 BGH Urt. v. 21.12.1977 – IV ZR 4/77, NJW 1978, 753 (755); BGH Urt. v. 19.10.1988 – IVb ZR 97/87, NJW-RR 1989, 322 (323); BGH Urt. v. 08.06.2005 – XII ZR 294/02,

verbinden, sofern die Zuständigkeit des selben Gerichts besteht (§§ 767 Abs. 1, 802 ZPO, § 232 FamFG).[738] Ebenso können ein Abänderungsantrag in einen Vollstreckungsgegenantrag und ein Vollstreckungsgegenantrag in einen Änderungsantrag umgedeutet werden.[739] Schließlich besteht auch die Möglichkeit einer sachdienlichen Antragsänderung durch den Antragsteller,[740] sodass hierdurch den bestehenden Abgrenzungsschwierigkeiten Rechnung getragen wird. Das Obhutsverhältnis stellt sich als wandelbarer Umstand des Unterhaltsrechtsverhältnisses dar, sodass der Abänderungsantrag nach § 238 FamFG statthaft ist. Der Vollstreckungsschuldner kann bei Anhängigkeit des Abänderungsantrags auf Herabsetzung des Unterhalts bzw. bei Einreichung eines Antrags auf Bewilligung von Verfahrenskostenhilfe hinsichtlich des Abänderungsverfahrens die einstweilige Einstellung der Zwangsvollstreckung bis zum Erlass des Beschlusses stellen, § 242 FamFG. Durch den Wegfall der Unterhaltsverpflichtung des Vollstreckungsschuldners aufgrund der Betreuung des Kindes ist der Unterhaltstitel dahingehend abzuändern, dass er gegenüber dem Kind keinen Barunterhalt mehr schuldet („Abänderung auf Null").[741]

IV. Beendigung durch Übertragung der alleinigen elterlichen Sorge

Bei Beendigung der gesetzlichen Verfahrensstandschaft im Unterhaltsvollstreckungsverfahren durch Übertragung der alleinigen elterlichen Sorge auf einen Elternteil muss hinsichtlich der Folgen unterschieden werden, auf welchen Elternteil die elterliche Sorge übertragen wurde.

Sofern die elterliche Sorge auf den gesetzlichen Verfahrensstandschafter und Titelgläubiger übertragen wurde, ist ein Rechtsschutzbedürfnis des Vollstreckungsschuldners hinsichtlich eines Rechtsbehelfs gegen die weitere Vollstreckung des Vollstreckungsgläubigers nicht anzunehmen und demnach

---

FamRZ 2005, 1479; OLG Karlsruhe Beschl. v. 16.04.2013 – 18 UF 245/12; *Brox/Walker*, ZVR, Rn. 1320; *Herget*, in: Zöller, § 238 FamFG Rn. 13; *Hüßtege*, in: Thomas/Putzo, § 238 FamFG Rn. 4.

738 BGH Urt. v. 14.03.1979 – IV ZR 80/78, FamRZ 1979, 573 (575); *Bömelburg*, Prütting/Helms, § 238 Rn. 40a; *Brox/Walker*, ZVR, Rn. 1321; *Hüßtege*, in: Thomas/Putzo, § 238 FamFG Rn. 4; *Schmidt/Brinkmann*, MüKoZPO § 767 Rn. 4; *Viefhues*, in: Kemper/Schreiber, § 238 Rn. 81.

739 BGH Urt. v. 27.03.1991 – XII ZR 96/90, FamRZ 1991, 1040 (1041); OLG Brandenburg Beschl. v. 07.01.2002 – 9 WF 152/01, FamRZ 2002, 1193 (1194); *Bömelburg*, Prütting/Helms, § 238 Rn. 40a; *Brox/Walker*, ZVR, Rn. 1321; *Hüßtege*, in: Thomas/Putzo, § 238 FamFG Rn. 4.

740 *Brox/Walker*, ZVR, Rn. 1321; *Schmidt/Brinkmann*, MüKoZPO § 767 Rn. 4.

741 *Meyer-Holz*, in: Keidel, § 238 Rn. 101.

unzulässig.[742] Da sich für den Vollstreckungsschuldner in vollstreckungsrechtlicher Hinsicht durch die Übertragung der elterlichen Sorge auf den Titelgläubiger nichts ändert, ist ihm ein Rechtsbehelf gegen die weitere Vollstreckung des Titelgläubigers verwehrt.[743]

Wurde die elterliche Sorge auf den Titelschuldner übertragen, so ist für die Einwendung der Beendigung der gesetzlichen Verfahrensstandschaft die Vollstreckungserinnerung statthaft.[744] Mit der Übertragung der elterlichen Sorge und des hiervon umfassten Aufenthaltsbestimmungsrechts geht regelmäßig auch die Inobhutnahme des Kindes einher. Da das Erlöschen der Unterhaltsverpflichtung sodann auf dem Obhutswechsel beruht (§ 1606 Abs. 3 S. 2), handelt es sich um einen wandelbaren Umstand, der die Unterhaltsverpflichtung nicht zwingend dauerhaft zum Erlöschen bringt, sodass zudem der Abänderungsantrag nach § 238 FamFG statthaft ist.[745]

V. Beendigung durch Wiederaufnahme der ehelichen Lebensgemeinschaft

Nehmen die Ehegatten während der laufenden Zwangsvollstreckung bezüglich der Unterhaltsleistungen ihre eheliche Lebensgemeinschaft wieder auf, so kann der Titelgläubiger seinen Antrag an den Gerichtsvollzieher auf Mobiliarvollstreckung nach § 754 Abs. 1 ZPO zurücknehmen und diesen durch die Rücknahme zur Aufhebung der zu diesem Zeitpunkt noch nicht beendeten Zwangsvollstreckungsmaßnahmen veranlassen.[746] Bei einer Pfändung und Überweisung einer Geldforderung durch das Vollstreckungsgericht kann der Titelgläubiger gemäß § 843 S. 1 ZPO auf die durch Pfändung und Überweisung zur Einziehung erworbenen Rechte unbeschadet seines Anspruchs verzichten. Durch die Verzichtserklärung des Titelgläubigers wird das Vollstreckungsverfahren beendet, sodass sämtliche Wirkungen der Pfändung und Überweisung entfallen.[747] Da die Formvorschriften in § 843 S. 2, 3 ZPO lediglich der Vermeidung von

---

742 Siehe 4. Teil C) II. Beendigung durch Rechtskraft der Scheidung.

743 *Becker-Eberhard* ZZP 104 (1991), 413 (432); *Hochgräber* FamRZ 1996, 272 (273); *Huber*, in: MüKoBGB, § 1629 Rn. 98.

744 Siehe 4. Teil C) I. 3. c) Stellungnahme zum statthaften Rechtsbehelf bei Beendigung der gesetzlichen Verfahrensstandschaft.

745 Siehe 4. Teil C) III. Beendigung durch Obhutswechsel.

746 *Kroppenberg*, in: Prütting/Gehrlein, § 753 Rn. 11, § 754 Rn. 2; *Lackmann*, in: Musielak-ZPO, § 753 Rn. 14; *Seibel*, in: Zöller, § 753 Rn. 13.

747 *Ahrens*, in: Prütting/Gehrlein, § 843 Rn. 5; *Becker*, in: Musielak-ZPO, § 843 Rn. 3; *Herget*, in: Zöller, § 843 Rn. 3.

Beweisschwierigkeiten dienen sollen, ist ein Verzicht auch ohne Zustellung an Schuldner und Drittschuldner möglich.[748] Zudem kann bei dem Vollstreckungsgericht zur Klarstellung beantragt werden, dass der erlassene Pfändungs- und Überweisungsbeschluss aufgehoben wird.[749]

VI. Beendigung durch erfolgreiche Anfechtung der Vaterschaft

Die gesetzliche Verfahrensstandschaft endet mit erfolgreicher Anfechtung der Vaterschaft,[750] sodass der Scheinvater, gestützt auf den Einwand der weggefallenen Vollstreckungsbefugnis der Kindesmutter, gegen die weitere Zwangsvollstreckung mithilfe der Vollstreckungserinnerung vorgehen kann.[751] Zudem entfällt mit Rechtskraft des Feststellungsbeschlusses aufgrund erfolgreicher Vaterschaftsanfechtung rückwirkend das Verwandtschaftsverhältnis und somit auch die aus § 1601 resultierende Unterhaltsverpflichtung des Scheinvaters auf den Zeitpunkt der Geburt des Kindes.[752] Der rückwirkende Untergang der Unterhaltsverpflichtung ist eine materielle Einwendung, die den Unterhaltsanspruch unwandelbar vollständig beseitigt, sodass der Vollstreckungsgegenantrag in diesem Fall den statthaften Rechtsbehelf darstellt, um eine weitere Zwangsvollstreckung durch die Kindesmutter abzuwehren.[753] Mithin sind aufgrund

748 BGH Urt. v. 26.01.1983 – XIII ZR 258/81, NJW 1983, 886 (887); BGH Urt. v. 07.03.2002 – IX ZR 293/00, NJW 2002, 1788 (1789); *Ahrens*, in: Prütting/Gehrlein, § 843 Rn. 4; *Becker*, in: Musielak-ZPO, § 843 Rn. 2.

749 BGH Urt. v. 07.03.2002 – IX ZR 293/00, NJW 2002, 1788 (1789); *Ahrens*, in: Prütting/Gehrlein, § 843 Rn. 5; *Becker*, in: Musielak-ZPO, § 843 Rn. 3.

750 OLG Düsseldorf Urt. v. 09.01.1987 – 5 UF 107/86, FamRZ 1987, 1162; *Huber*, in: MüKoBGB, § 1629 Rn. 92; *Kaiser*, in: NK-BGB FamR, § 1629 Rn. 56; *Veit*, in: Bamberger/Roth, § 1629 Rn. 51; *Ziegler*, in: Weinreich/Klein, § 1629 Rn. 25.

751 Siehe 4. Teil C) I. 3. c) Stellungnahme zum statthaften Rechtsbehelf bei Beendigung der gesetzlichen Verfahrensstandschaft.

752 BGH Urt. v. 20.05.1981 – IVb ZR 571/80, NJW 1981, 2183 (2184); OLG Celle Beschl. v. 30.11.1992 – 17 UF 165/93, FamRZ 1993, 436 (437); OLG Düsseldorf Beschl. v. 30.06.2009 – II-6 WF 114/09, FamRZ 2009, 1844 (1845); *Gutzeit*, in: NK-BGB FamR, § 1599 Rn. 6; *Hammermann*, in: Erman, § 1599 Rn. 26 f.; *Wellenhofer*, in: MüKoBGB, § 1599 Rn. 57.

753 OLG Düsseldorf Urt. v. 29.04.1986 – 6 UF 182/85, FamRZ 1987, 166 (168); *Hammermann*, in: Erman, § 1599 Rn. 27; *Herget*, in: Zöller, § 767 Rn. 12; *Schmitz*, in: Wendl/Dose, § 10 Rn. 154; *Seiler*, in: FA-FamR, Rn. 1129; *Streicher*, in: Schwab, Hb-ScheidungsR, I. Rn. 1088; *Wagner* FamRZ 1999, 7 (12); *Wellenhofer*, in: MüKoBGB, § 1599 Rn. 58; a.A. für Abänderungsantrag nach § 238 FamFG: OLG Nürnberg Beschl. v. 18.01.1996 – 11 WF 24/96 FamRZ 1996, 1090 (1090 f.); OLG Karlsruhe Beschl.

formeller und materieller Einwendungen sowohl Vollstreckungserinnerung als auch Vollstreckungsgegenantrag statthaft.[754] Sind beide Rechtsbehelfe nebeneinander möglich, so bietet der Vollstreckungsgegenantrag für den Titelschuldner einen weitergehenden Rechtsschutz, da zugleich oder nach rechtskräftigem Beschluss die Herausgabe des Vollstreckungstitels analog § 371 S. 1 beantragt werden kann.[755]

VII. Beendigung durch Tod des unterhaltsberechtigten Kindes

Ebenso verhält es sich bei Beendigung der gesetzlichen Verfahrensstandschaft während des Vollstreckungsverfahrens durch den Tod des unterhaltsberechtigten Kindes. Aufgrund des Wegfalls der Vollstreckungsbefugnis des gesetzlichen Verfahrensstandschafters besteht eine formelle Einwendung, die mit der Vollstreckungserinnerung geltend gemacht werden kann.[756] Mit dem Tod des unterhaltsberechtigten Kindes erlischt zudem der Unterhaltsanspruch, § 1615 Abs. 1. Das dauerhafte Erlöschen des Unterhaltsanspruches durch den Tod des Unterhaltsberechtigten als punktuelles, scharf umrissenes Ereignis, stellt eine materielle Einwendung dar, für deren Geltendmachung der Vollstreckungsgegenantrag statthaft ist.[757] Der Titelgläubiger muss den rückständigen Kindesunterhalt im Erkenntnisverfahren im Rahmen des familienrechtlichen Ausgleichsanspruchs geltend machen.[758] Ein Auswechseln des titulierten Kindesunterhaltanspruchs des gesetzlichen Verfahrensstandschafters in einen familienrechtlichen Ausgleichsanspruch ist im Vollstreckungsverfahren nicht möglich.[759]

---

v. 16.04.2013 – 18 UF 245/12, FamRZ 2014, 313 (313 f.); *Bömelburg*, in: Prütting/Helms, § 238 Rn. 82.

754 Brox/Walker, ZVR, Rn. 1168; *Schmidt/Brinkmann*, MüKoZPO, § 766 Rn. 5.

755 BGH Urt. v. 22.09.1994 – IX ZR 165/93, NJW 1994, 3225; BGH Urt. v. 14.07.2008 – II ZR 132/07, NJW-RR 2008, 1512 (1513); *Herget*, in: Zöller, § 767 Rn. 2; *Lackmann*, in: Musielak/Voit, § 767 Rn. 14; *Schmidt/Brinkmann*, in: MüKoZPO, § 767 Rn. 20.

756 Siehe 4. Teil C) I. 3. c) Stellungnahme zum statthaften Rechtsbehelf bei Beendigung der gesetzlichen Verfahrensstandschaft.

757 *Bömelburg*, in: Prütting/Helms, § 238 Rn. 41; *Brox/Walker*, ZVR, Rn. 1320; *Streicher*, in: Schwab, Hb-ScheidungsR, I Rn. 1088.

758 Siehe 4. Teil A) I. Familienrechtlicher Ausgleichsanspruch.

759 *Hochgräber* FamRZ 1996, 272 (273); *Huber*, in: MüKoBGB, § 1629 Rn. 98; *Jaeger*, in: Johannsen/Henrich, § 1629 Rn. 13; *Peschel-Gutzeit*, in: Staudinger, § 1629 Rn. 337; *Schmitz*, in: Wendl/Dose, § 10 Rn. 52; *Stockmann*, in: Grandel/Stockmann, 186 Rn. 23.

VIII. Beendigung durch Tod des gesetzlichen Verfahrensstandschafters

Gegen die weitere Zwangsvollstreckung nach dem Tod des gesetzlichen Verfahrensstandschafters kann zunächst mithilfe der Vollstreckungserinnerung vorgegangen werden, da mit dem Tod des Verfahrensstandschafters die gesetzliche Verfahrensstandschaft erlischt.[760] Der Kindesunterhaltstitel könnte auf das Kind gemäß § 727 Abs. 1 ZPO umgeschrieben werden. Zu beachten ist hierbei jedoch, dass für eine Titelumschreibung ein entsprechender Antrag erforderlich ist, der durch das minderjährige Kind mangels Prozessfähigkeit nicht gestellt werden kann. Nach dem Tod des gesetzlichen Verfahrensstandschafters wird der überlebende Elternteil und bisherige Vollstreckungsschuldner alleiniger Sorgeberechtigter und gesetzlicher Vertreter des Kindes, §§ 1680 Abs. 1, 1677, 1629 Abs. 1 S. 1, 3. Sofern der Vollstreckungsschuldner als allein sorgeberechtigter Elternteil die Betreuung des Kindes übernimmt, besteht gegen die weitere Vollstreckung die materielle Einwendung gemäß § 1606 Abs. 3 S. 2, sodass ebenfalls ein Abänderungsantrag nach § 238 FamFG statthaft ist.[761] Der Antrag ist gegen das Kind zu richten, für das aufgrund der Interessenkollision zwischen Kind und gesetzlichem Vertreter ein Ergänzungspfleger gemäß § 1629 Abs. 2 S. 1, 3 iVm §§ 1795 Abs. 2, 1796, 1909 Abs. 1 zu bestellen ist.

IX. Beendigung durch Tod des unterhaltsverpflichteten Elternteils

Grundsätzlich kann eine bereits begonnene Zwangsvollstreckung bei Tod des Vollstreckungsschuldners in dessen Nachlass ohne Titel- bzw. Klauselumschreibung fortgesetzt werden, § 779 Abs. 1 ZPO.[762] Jedoch ist zu beachten, dass der Kindesunterhaltsanspruch höchstpersönlicher Natur ist und ab dem auf den Tod des Unterhaltsverpflichteten folgenden Monats erlischt, §§ 1615 Abs. 1 Alt. 3, 1612 Abs. 3, S. 2.[763] Aufgrund der höchstpersönlichen Rechtsnatur

---

760 Siehe 4. Teil C) I. 3. c) Stellungnahme zum statthaften Rechtsbehelf bei Beendigung der gesetzlichen Verfahrensstandschaft.

761 Siehe 4. Teil C) III. Beendigung durch Obhutswechsel.

762 BGH Beschl. v. 23.09.2009 – V ZB 60/09, NJW 2010, 157; AG Bremen Verf. v. 22.12.2014 – 243 M 431992/13, NJW-Spezial 2015, 680; *Geimer*, in: Zöller, § 779 Rn. 5; *Lackmann*, in: Musielak/Voit, § 779 Rn. 1; *Schmidt/Brinkmann*, in: MüKoZPO, § 799 Rn. 1.

763 *Born*, in: MüKoBGB, § 1615 Rn. 1; *Graba/Maier*, in: Johannsen/Henrich, § 1615 Rn. 1; *Pauling/J. Maier*, in: Schulz/Hauß, § 1615 Rn. 1 f.; *Saathoff*, in: NK-BGB FamR, § 1615 Rn. 2.

des Unterhaltsanspruchs findet eine Fortsetzung der Zwangsvollstreckung nach dem Tod des Schuldners nach § 779 Abs. 1 ZPO, ebenso wie bei einer Zwangsvollstreckung zur Erwirkung einer unvertretbaren Handlung gemäß § 888 Abs. 1 ZPO,[764] keine Anwendung. Eine Umschreibung käme hinsichtlich des laufenden Unterhaltsanspruchs auch dann nicht in Betracht, wenn der verstorbene Vollstreckungsschuldner im Wege der gewillkürten Erbfolge nicht den gesetzlichen Verfahrensstandschafter und/oder das Kind, sondern eine dritte Person als seinen Erben eingesetzt hat, da eine Rechtsnachfolge in höchstpersönliche Rechte nicht erfolgt[765] und ein entsprechender Umschreibungsantrag zurückzuweisen wäre. Eine Titelumschreibung hinsichtlich des rückständigen Kindesunterhalts ist hingegen möglich, da der zum Zeitpunkt des Todes des Unterhaltsverpflichteten bereits fällige Unterhaltsanspruch nicht erlischt und gegen die Erben als Rechtsnachfolger weiterverfolgt werden kann, § 1615 Abs. 1 Alt. 3.

X. Beendigung durch Übergang des Unterhaltsanspruchs gemäß § 7 UVG

Durch Übergang des Unterhaltsanspruches auf das Land gemäß § 7 Abs. 1 S. 1 UVG wird die gesetzliche Verfahrensstandschaft beendet,[766] sodass der Vollstreckungsschuldner einer weiteren Vollstreckung durch den gesetzlichen Verfahrensstandschafter mit der Vollstreckungserinnerung entgegentreten kann.[767] Da das Kind nach Übergang des Unterhaltsanspruches nicht länger Rechtsinhaber ist, kann diese materielle Einwendung der fehlenden Sachbefugnis zudem mithilfe des Vollstreckungsgegenantrags geltend gemacht werden.[768]

---

764 OLG Köln Beschl. v. 02.11.2000 – 15 W 133/98, BeckRS 2000, 30140827 (abrufbar in beck-online); *Geimer*, in: Zöller, § 779 Rn. 2; *Scheuch*, in: Prütting/Gehrlein, § 779 Rn. 2.

765 *Lieder*, in: Erman, § 1922 Rn. 41; *Stürner*, in: Jauernig, § 1922 Rn. 13; *Weidlich*, in: Palandt, § 1922 Rn. 36; *Zimmer*, in: Prütting/Wegen/Weinreich, § 1922 Rn. 48.

766 *Ziegler*, in: Weinreich/Klein, § 1629 Rn. 24.

767 Siehe 4. Teil C) I. 3. c) Stellungnahme zum statthaften Rechtsbehelf bei Beendigung der gesetzlichen Verfahrensstandschaft.

768 BGH Beschl. v. 23.09.2015 – XII ZB 62/14, FamRZ 2015, 2150 (2153); OLG Bremen Beschl. v. 28.07.1998 – 58 F 1248/98, 4 WF 67/98, BeckRS 1998, 31134510 (abrufbar in beck-online); OLG Oldenburg Beschl. v. 27.04.2017 – 14 UF 7/17, BeckRS 2017, 129881 (abrufbar in beck-online); *Herget*, in: Zöller, § 767 Rn. 12; *Lackmann*, in: Musielak/Voit, § 767 Rn. 24; *Scheuch*, in: Prütting/Gehrlein, § 767 Rn. 22; *Seiler*, in: Thomas/Putzo, § 767 Rn. 20a.

Aufseiten des Titelgläubigers ist zu beachten, dass der Vollstreckungstitel des gesetzlichen Verfahrensstandschafters nach § 727 ZPO analog auf das Land umgeschrieben werden kann.[769] Im umgekehrten Fall kann ebenso ein auf das Land lautender Vollstreckungstitel nach Einstellung von Unterhaltsvorschussleistungen auf das Kind bzw., sofern die Voraussetzungen der gesetzlichen Verfahrensstandschaft gemäß § 1629 Abs. 3 S. 1 vorliegen, auf den gesetzlichen Verfahrensstandschafter in analoger Anwendung des § 727 ZPO umgeschrieben werden.[770] Diese Konstellation ist etwa dann gegeben, wenn ein Unterhaltsvorschuss bis zur Beendigung des zwölften Lebensjahres des Kindes geleistet, ein weitergehender Unterhaltsvorschuss jedoch eingestellt wurde, da die Voraussetzungen des § 1 Abs. 1a UVG nicht vorliegen.

XI. Zusammenfassung der Auswirkungen der Beendigung der gesetzlichen Verfahrensstandschaft im Vollstreckungsverfahren

Grundsätzlich kann ein gesetzlicher Verfahrensstandschafter aus einem auf ihn lautenden Kindesunterhaltstitel vollstrecken.[771] Aufgrund des im Vollstreckungsverfahren geltenden Grundsatzes der strengen Formalisierung unterbleibt eine Überprüfung der Beendigung der gesetzlichen Verfahrensstandschaft durch das Vollstreckungsorgan.[772] Der Vollstreckungsschuldner muss daher bei weiterer Zwangsvollstreckung durch den Verfahrensstandschafter nach Beendigung der gesetzlichen Verfahrensstandschaft tätig werden und einen statthaften Rechtsbehelf erheben. Bei der Statthaftigkeit des Rechtsbehelfs ist zwischen den einzelnen Beendigungsgründen zu unterscheiden. Da es sich bei der gesetzlichen Verfahrensstandschaft gemäß § 1629 Abs. 3 S. 1 um eine Prozessstandschaft materiellen Rechts handelt, kann der Wegfall einer Verfahrensstandschaftvoraussetzung Auswirkungen auf den materiell-rechtlichen Unterhaltsanspruch entfalten. Bei Wegfall einer Voraussetzung, die sich lediglich auf die gesetzliche Verfahrensstandschaft auswirkt, wie etwa dem Eintritt der Volljährigkeit, ist die Vollstreckungserinnerung gemäß § 766 ZPO der statthafte Rechtsbehelf, da es

769 BGH Beschl. v. 23.09.2015 – XII ZB 62/14, FamRZ 2015, 2150 (2152); OLG Düsseldorf Beschl. v. 24.07.1996 – 3 WF 27/96, FamRZ 1997, 826 (827); OLG Zweibrücken, Beschl. v. 16.11.1998 – 5 WF 119/98, FamRZ 2000, 964; OLG Stuttgart Beschl. v. 02.07.2014 – 11 WF 69/14, FamRZ 2015, 158.

770 BGH Beschl. v. 23.09.2015 – XII ZB 62/14, FamRZ 2015, 2150 (2151); OLG Koblenz Beschl. v. 29.05.2006 – 11 WF 510/06, FamRZ 2006, 1689; *Klinkhammer*, in: Wendl/Dose, § 8 Rn. 275; *Lackmann*, in: Musielak/Voit, § 727 Rn. 12.

771 Siehe 4. Teil C) Vollstreckungsrechtliche Problemstellungen.

772 Siehe 4. Teil C) I. Beendigung durch Volljährigkeit des Kindes.

sich bei der Geltendmachung der Beendigung der gesetzlichen Verfahrensstandschaft um eine formelle Einwendung handelt.[773] Entgegen der überwiegenden Ansicht liegen weder die Voraussetzungen für eine analoge Anwendung eines Vollstreckungsgegenantrags gemäß § 767 ZPO vor noch besteht für eine solche Analogie ein praktisches Bedürfnis, da die Vollstreckungserinnerung als statthafter Rechtsbehelf für die formelle Einwendung einen hinreichenden Schutz des Vollstreckungsschuldners bietet, indem er mithilfe des erwirkten Erinnerungsbeschlusses die Zwangsvollstreckung einstellen und aufheben lassen kann, §§ 775 Nr. 1, 776 S. 1 ZPO.[774] Ebenso wirkt sich die Rechtskraft der Scheidung nicht auf den Kindesunterhaltsanspruch, sondern lediglich auf die gesetzliche Verfahrensstandschaft aus, sodass auch hier allein die Vollstreckungserinnerung statthaft wäre. Da der gesetzliche Verfahrensstandschafter nach Rechtskraft der Scheidung jedoch als gesetzlicher Vertreter des Kindes auftritt und als solcher nach entsprechender Umschreibung nach § 727 ZPO analog die Zwangsvollstreckung weiterbetreiben kann, ist die Vollstreckungserinnerung unzulässig, da es an einem sachlichen Rechtsschutzbedürfnis des Vollstreckungsschuldners mangelt.[775] Der gesetzliche Verfahrensstandschafter vertritt nach Rechtskraft der Scheidung das Kind als gesetzlicher Vertreter nach § 1629 Abs. 2 S. 2 und ist als solcher berechtigt im Namen des Kindes aus dem Unterhaltstitel zu vollstrecken.[776] Das durch die Vollstreckungserinnerung bezweckte Ziel, die Zwangsvollstreckung einzustellen und aufzuheben, kann daher nach Rechtskraft der Scheidung nicht erreicht werden.[777] Der Vollstreckungsgläubiger könnte lediglich gezwungen werden, den Unterhaltstitel nach § 727 analog auf das Kind umschreiben zu lassen und nicht länger im eigenen Namen, sondern im Namen des Kindes weiter zu vollstrecken.[778] Da dies ein verfahrenszweckfremdes Ziel darstellt, liegt kein sachliches Rechtsschutzbedürfnis vor, sodass eine weitere Zwangsvollstreckung durch den Titelgläubiger nach Rechtskraft der Scheidung möglich ist.[779] Der Wegfall einer Verfahrensstandschaftvoraussetzung kann demgegenüber auch zum Untergang der Unterhaltsverpflichtung führen, etwa

773 Siehe 4. Teil C) I. 3. c) Stellungnahme zum statthaften Rechtsbehelf bei Beendigung der gesetzlichen Verfahrensstandschaft.
774 Siehe 4. Teil C) I. 3. c) Stellungnahme zum statthaften Rechtsbehelf bei Beendigung der gesetzlichen Verfahrensstandschaft.
775 Siehe 4. Teil C) II. Beendigung durch Rechtskraft der Scheidung.
776 Siehe 4. Teil C) II. Beendigung durch Rechtskraft der Scheidung.
777 Siehe 4. Teil C) II. Beendigung durch Rechtskraft der Scheidung.
778 Siehe 4. Teil C) II. Beendigung durch Rechtskraft der Scheidung.
779 Siehe 4. Teil C) II. Beendigung durch Rechtskraft der Scheidung.

bei Obhutswechsel, erfolgreicher Anfechtung der Vaterschaft oder dem Tod des Kindes. Der Wegfall der Kindesunterhaltsverpflichtung stellt eine materielle Einwendung dar, die mithilfe des Vollstreckungsgegenantrags gemäß § 767 ZPO bzw. des Abänderungsantrags gemäß § 238 FamFG geltend gemacht werden kann.[780] In diesen Fällen ist sowohl die Vollstreckungserinnerung, gestützt auf die Beendigung der gesetzlichen Verfahrensstandschaft, als auch der Vollstreckungsgegenantrag bzw. der Abänderungsantrag, gestützt auf den Wegfall seiner Unterhaltsverpflichtung, statthaft.[781]

D) Standesrechtliche Problemstellung

In dem speziellen Fall der Beendigung der gesetzlichen Verfahrensstandschaft nach § 1629 Abs. 3 S. 1 durch Eintritt der Volljährigkeit des Kindes kann für den durch den gesetzlichen Verfahrensstandschafter beauftragten Rechtsanwalt ein standesrechtliches Problem entstehen.

I. Einführung in die Problematik

Gemäß § 43a Abs. 4 BRAO darf ein Rechtsanwalt keine widerstreitenden Interessen vertreten. Aufgrund der Satzungsermächtigung in § 59b Abs. 1, 2 Nr. 1 e) BRAO ist Näheres in § 3 Abs. 1 S. 1 BORA geregelt, wonach ein Rechtsanwalt nicht tätig werden darf, wenn er eine andere Partei in derselben Rechtssache im widerstreitenden Interesse bereits beraten oder vertreten hat oder mit dieser Rechtssache in sonstiger Weise bereits befasst war. Die Regelung in § 43a Abs. 4 BRAO verfolgt als Sinn und Zweck, einerseits das Vertrauensverhältnis zum Mandanten, andererseits auch die Unabhängigkeit des Rechtsanwalts sowie die im Interesse der Rechtspflege gebotene Gradlinigkeit der anwaltlichen Berufsausübung zu wahren.[782]

Aus dieser Berufspflicht können sich Probleme für den Rechtsanwalt ergeben, der zunächst den gesetzlichen Verfahrensstandschafter nach § 1629 Abs. 3 S. 1 in der Kindesunterhaltssache berät oder vertritt, und diese gesetzliche Verfahrensstandschaft sodann durch Eintritt der Volljährigkeit des Kindes erlischt. Mit Eintritt der Volljährigkeit des Kindes endet die Gleichstellung des Bar- und

---

780 Siehe 4. Teil C) III. Beendigung durch Obhutswechsel.

781 Siehe 4. Teil C) VI. Beendigung durch erfolgreiche Anfechtung der Vaterschaft.

782 BT-Drucks. 12/4993, S. 27; *Hartung*, in: Hartung/Scharmer, § 43a Rn. 60; *Henssler*, in: Henssler/Prütting, § 43a Rn. 161; *Kleine-Cosack*, in: BRAO, § 43a Rn. 139; *Träger*, in: Feuerich/Weyand, § 43a Rn. 54.

Betreuungsunterhalts, da sich die Regelung in § 1606 Abs. 3 S. 2 ausdrücklich auf die Betreuung des minderjährigen Kindes bezieht. Ab Eintritt der Volljährigkeit haften beide Elternteile gemäß § 1606 Abs. 3 S. 1 anteilig nach ihren Erwerbs- und Vermögensverhältnissen. Dies bedeutet, dass der ehemalige gesetzliche Verfahrensstandschafter, der bislang seine Unterhaltsverpflichtung durch die Betreuung des Kindes erfüllte und den Barunterhalt im eigenen Namen gegen den anderen Elternteil geltend gemacht hat, nunmehr ebenfalls gegenüber dem Kind dem Grunde nach barunterhaltsverpflichtet ist. Es stellt sich daher die Frage, ob der durch den gesetzlichen Verfahrensstandschafter beauftragte Rechtsanwalt nach Eintritt der Volljährigkeit auch das Kind hinsichtlich des Kindesunterhalts vertreten kann oder ob der Vertretung des Kindes das Verbot der widerstreitenden Interessenwahrnehmung gemäß § 43a Abs. 4 BRAO entgegensteht. Erkennt der Rechtsanwalt im letzteren Fall die widerstreitenden Interessen seiner Mandanten, so ist er nach § 3 Abs. 4 BORA verpflichtet, diese über den Interessenwiderstreit in Kenntnis zu setzen und beide Mandate niederzulegen. Ein Tätigwerden unter Verstoß gegen § 43a Abs. 4 BRAO führt gemäß § 134 zur Nichtigkeit des Anwaltsvertrages, wobei diese Nichtigkeit keine Rückwirkung entfaltet, sodass der Vergütungsanspruch, der bis zum Zeitpunkt der Interessenskollision bestand, nicht erlischt und von dem Rechtsanwalt eingefordert werden kann.[783] Neben der Nichtigkeit drohen dem Rechtsanwalt eine Rüge durch den Vorstand seiner Rechtsanwaltskammer (§ 74 Abs. 1 BRAO) und eine anwaltsgerichtliche Ahndung (§ 113 Abs. 1 BRAO).[784] Nimmt ein Rechtsanwalt nicht nur fahrlässig, sondern (zumindest bedingt) vorsätzlich widerstreitende Interessen seiner Mandanten wahr, so kann er sich zudem wegen Parteiverrats gemäß § 356 Abs. 1 StGB strafbar machen.[785]

Dem Rechtsanwalt ist daher eine Vertretung widerstreitender Interessen in derselben Rechtssache verboten. Als Rechtssache kann jegliche Angelegenheit betrachtet werden, die zwischen den Beteiligten mit jedenfalls möglicherweise entgegenstehenden Interessen wahrgenommen werden soll.[786] Für die

---

783 BGH Urt. v. 23.04.2009 – IX ZR 167/07, NJW 2009, 3297 (3299 f.); *Henssler*, in: Henssler/Prütting, § 43a Rn. 210; *Kleine-Cosack*, BRAO, § 43a Rn. 202.

784 *Hartung*, in: Hartung/Scharmer, § 43a Rn. 60; *Henssler*, in: Henssler/Prütting, § 43 a Rn. 209a; *Kleine-Cosack*, BRAO, § 43a Rn. 201.

785 *Hartung*, in: Hartung/Scharmer, § 43a Rn. 60; *Henssler*, in: Henssler/Prütting, § 43 a Rn. 209a; *Kleine-Cosack*, BRAO, § 43a Rn. 199.

786 BGH Urt. v. 25.06.2008 – 5 StR 109/07, NJW 2008, 2723 (2724); BGH Urt. v. 02.02.2012 – I ZB 95/10, FamRZ 2012, 1563 (1564); *Kleine-Cosack*, BRAO, § 43a Rn. 142; *Träger*, in: Feuerich/Weyland, § 43a Rn. 61.

Annahme derselben Rechtssache ist der sachlich-rechtliche Inhalt der anvertrauten Angelegenheit maßgeblich.[787] Bei Eintritt der Volljährigkeit des Kindes handelt es sich um dieselbe Rechtssache, da der Minderjährigenunterhalt mit dem Volljährigenunterhalt sachlich-rechtlich identisch ist.[788] Der Anwaltssenat des BGH ist der Ansicht, dass selbst ein Zugewinnausgleichsanspruch und ein Unterhaltsanspruch eines volljährigen Kindes dieselbe Rechtssache betreffen, da sich der Unterhalt des volljährigen Kindes anteilig auch nach den Vermögensverhältnissen beider Elternteile richten kann, deren Bezifferung Gegenstand des Zugewinnausgleichsverfahrens ist.[789] Der Begriff derselben Rechtssache wird durch die Rechtsprechung dementsprechend weit interpretiert. Nach dem Wortlaut des § 43a Abs. 4 BRAO ist lediglich die Vertretung widerstreitender Interessen verboten. Es wird jedoch angenommen, dass sich das Tätigkeitsverbot auf jegliche rechtsbesorgende Tätigkeit, mithin auch bereits auf die Rechtsberatung, erstreckt.[790] Dies ergibt sich aus der Gesetzesbegründung, in der angegeben wird, dass die anwaltliche Berufsregelung nach § 43a Abs. 4 BRAO über die Strafbestimmung des § 356 StGB hinausgehe.[791] Dort wird das pflichtwidrige Dienen beider Parteien unter Strafe gestellt, sodass das berufsrechtliche Tätigkeitsverbot ebenso weit ausgelegt werden muss, um deren Sinn und Zweck zu erreichen.[792] Mithin wäre dem Rechtsanwalt des gesetzlichen Verfahrensstandschafters bereits eine Rechtsberatung des volljährigen Kindes in der Unterhaltssache verboten, wenn widerstreitende Interessen zwischen dem vormaligen gesetzlichen Verfahrensstandschafter und dem volljährigen Kind anzunehmen sind.

II. Interessenwiderstreit

Umstritten ist, ob das Vorliegen eines Interessenwiderstreits aus einer rein objektiven Betrachtung oder unter ausschließlicher oder teilweiser Berücksichtigung des Mandantenwillens zu bestimmen ist.

---

787 BGH Urt. v. 02.02.2012 – I ZB 95/10, FamRZ 2012, 1563 (1564); *Kleine-Cosack*, BRAO, § 43a Rn. 143; *Träger*, in: Feuerich/Weyland, § 43a Rn. 61.

788 *Hartung*, in: Hartung/Scharmer, § 3 BORA Rn. 97.

789 BGH Urt. v. 02.02.2017 – I ZB 95/10, FamRZ 2012, 1563 (1564).

790 *Henssler*, in: Henssler/Prütting, § 43a Rn. 186a; *Kleine-Cosack*, BRAO, § 43a Rn. 148; *Träger*, in: Feuerich/Weyland, § 43a Rn. 56.

791 BT-Drucks. 12/4993, S. 27; *Henssler*, in: Henssler/Prütting, § 43a Rn. 186b, 213.

792 *Henssler*, in: Henssler/Prütting, § 43a Rn. 186b; *Kleine-Cosack*, BRAO, § 43a Rn. 148.

1. Objektive Ansicht

Die streng objektive Ansicht knüpft an eine rein objektive Betrachtung der Interessenslage an.[793] Hierbei liege ein Interessenwiderstreit vor, wenn sich die jeweiligen Rechtspositionen nicht gleichzeitig optimieren ließen.[794] Eine Vermischung objektiver und subjektiver Maßstäbe bei der Erörterung eines Interessenwiderstreits würde zu Unsicherheiten führen,[795] wodurch ein Verlust des Ansehens der Anwaltschaft und damit eine Beeinträchtigung der Funktionsfähigkeit der Rechtspflege drohe.[796] Aus der Regelung in § 3 Abs. 2 S. 2 BORA, der besagt, dass eine Wahrnehmung widerstreitender Interessen in Berufsausübungs- und Bürogemeinschaften im Einzelfall möglich ist, wenn die Mandaten ihr Einverständnis erteilen und Belange der Rechtspflege nicht entgegenstehen, ergebe sich, dass der Interessenwiderstreit anhand rein objektiver Maßstäbe festzustellen sei und dieser Interessenwiderstreit durch ein Einverständnis durch die Mandanten aufgehoben werden könne.[797]

2. Subjektive Ansicht

Die Gegenansicht stellt zur Konkretisierung des Mandanteninteresses ausschließlich auf deren Willen ab.[798] Dies ergebe sich bereits aus dem Begriff des Interesses in § 43a Abs. 4 BRAO, wodurch ein rein subjektives Merkmal beschrieben werde.[799] Zudem sei der Rechtsanwalt im Rahmen des Geschäftsbesorgungsvertrages gemäß §§ 675 Abs. 1, 665 an die Weisungen des Mandanten gebunden.[800] Der Mandant trage infolge seiner Weisungsbefugnis das Erfolgs- und Kostenrisiko, sodass es bei der Interessenbestimmung ausschließlich auf den Mandantenwillen ankomme.[801] Ob ein Gegensatz der Interessen zwischen dem ehemaligen Verfahrensstandschafter und dem volljährig gewordenen Kind vorliege, sei sodann objektiv anhand eines Vergleichs der subjektiv erörterten

---

793 *Grunewald* AnwBl. 2005 437 (440 f.); *Grunewald*, ZEV 2006, 386.

794 *Grunewald* AnwBl. 2005 437.

795 *Grunewald*, ZEV 2006, 386.

796 *Grunewald* AnwBl. 2005 437.

797 *Grunewald*, ZEV 2006, 386 (387).

798 BVerfG Beschl. v. 03.07.2003 – 1 BvR 238/01, NJW 2003, 2520 (2521); *Henssler*, in: Henssler/Prütting, § 43a Rn. 172; *Kleine-Cosack*, BRAO, § 43a Rn. 161; *Offermann-Burckart* FF 2012, 17 (27); *Träger*, in: Feuerich/Weyland, § 43a Rn. 64.

799 *Henssler*, in: Henssler/Prütting, § 43a Rn. 172.

800 *Henssler*, in: Henssler/Prütting, § 43a Rn. 172; *Kleine-Cosack*, BRAO, § 43a Rn. 162.

801 *Henssler*, in: Henssler/Prütting, § 43a Rn. 172; *Kleine-Cosack*, BRAO, § 43a Rn. 162.

Interessenlage zu überprüfen.[802] Es obliege dem Rechtsanwalt anhand objektiver Kriterien zu erörtern, ob die Konfliktsituation oder das Mandantenbegehren eine Mandatsniederlegung zur Vermeidung zukünftiger Störungen des Vertrauensverhältnisses gebiete.[803] Teilweise wird darüber hinaus verlangt, dass der Rechtsanwalt zunächst die erforderliche Einsichtsfähigkeit und die emotionale Selbstständigkeit des volljährigen Kindes zu überprüfen habe, bevor er dessen Mandat annehme.[804]

3. *Vermittelnde Ansicht*

Nach der objektiv vermittelnden Ansicht sind die Interessen grundsätzlich objektiv zu bestimmen, da die Erörterung des individuellen Mandanteninteresses nicht selten erst das Ergebnis der Erstberatung sei.[805] Der Rechtsanwalt wäre gegenüber dem volljährigen Kind zum Hinweis verpflichtet, dass sich dessen Unterhaltsanspruch nunmehr gegen beide Elternteile richtet.[806] Das Interesse des Kindes könne sodann auf den Nachweis eines hohen Einkommens des bisherigen gesetzlichen Verfahrensstandschafters gerichtet sein, um einen hohen Kindesunterhalt beanspruchen zu können, was einen Interessenwiderstreit zwischen den Mandanten auslöse.[807] Dieser Grundsatz der objektiven Erörterung der widerstreitenden Interessen könne die Umstände des Einzelfalls und die konkrete Einschätzung der betroffenen Mandanten jedoch nicht unberücksichtigt lassen.[808] Dem durch den Anwaltssenat des BGH entschiedenen Fall lag eine Fallkonstellation zugrunde, in der der bisherige Verfahrensstandschafter neben der Betreuung des Kindes vollumfänglich für den Unterhalt des Kindes aufkam und sich bereiterklärte, unabhängig von dem Ausgang des Verfahrens weiterhin den Kindesunterhalt zu zahlen.[809] Der ehemals gesetzliche Verfahrensstandschafter war bei der Mandantenbesprechung des volljährigen Kindes anwesend und hat dem beauftragten Rechtsanwalt alle zur Berechnung des Unterhalts erforderlichen Unterlagen bezüglich seiner Einkommens- und Vermögensverhältnisse eingereicht.[810] In einer solchen besonderen

---

802 *Henssler*, in: Henssler/Prütting, § 43a Rn. 172a; *Kleine-Cosack*, BRAO, § 43a Rn. 164.
803 BVerfG Beschl. v. 03.07.2003 – 1 BvR 238/01, NJW 2003, 2520 (2521); *Träger*, in: Feuerich/Weyland, § 43a Rn. 64.
804 *Offermann-Burckart* FF 2012, 17 (24).
805 BGH Urt. v. 23.04.2012 – AnwZ (Brfg) 35/11, FamRZ 2012, 1563 (1564).
806 BGH Urt. v. 23.04.2012 – AnwZ (Brfg) 35/11, FamRZ 2012, 1563 (1564).
807 BGH Urt. v. 23.04.2012 – AnwZ (Brfg) 35/11, FamRZ 2012, 1563 (1564).
808 BGH Urt. v. 23.04.2012 – AnwZ (Brfg) 35/11, FamRZ 2012, 1563 (1564).
809 BGH Urt. v. 23.04.2012 – AnwZ (Brfg) 35/11, FamRZ 2012, 1563 (1565).
810 BGH Urt. v. 23.04.2012 – AnwZ (Brfg) 35/11, FamRZ 2012, 1563 (1565).

Konstellation stelle das Anknüpfen an einen tatsächlich nicht vorliegenden Interessenkonflikt einen ungerechtfertigten Eingriff in die Berufsausübungsfreiheit des Rechtsanwalts dar.[811]

Grundsätzlich sei daher ein Interessenkonflikt in der aufgezeigten Konstellation anzunehmen. Es können jedoch besondere subjektive Umstände zu einer anderen Einschätzung führen, etwa wenn der ehemalige Verfahrensstandschafter bei der Mandantenbesprechung mit dem volljährigen Kind anwesend ist, die zur Berechnung des Unterhalts erforderlichen Unterlagen einreicht und zusichert, unabhängig des Verfahrensausgangs seiner anteiligen Unterhaltsverpflichtung nachzukommen.[812] Ebenso sei ein Interessenkonflikt ausnahmsweise nicht anzunehmen, wenn der Rechtsanwalt Kenntnis über die Leistungsunfähigkeit des gesetzlichen Verfahrensstandschafters als seinen bisherigen Mandanten hat, sodass dessen anteilige Haftung auch unter Berücksichtigung seiner gesteigerten Erwerbsobliegenheit gegenüber privilegiert volljährigen Kindern ausscheidet.[813] Ein objektiv bestehender Interessenkonflikt werde hingegen nicht ausgeräumt, indem der Rechtsanwalt lediglich zur Durchsetzung des Kindesunterhaltsanspruchs gegen den anderen Elternteil beauftragt wird, da sich die Höhe des Kindesunterhaltsanspruchs aus den zusammengerechneten Einkommen beider Elternteile errechne.[814]

4. *Stellungnahme zum Interessenwiderstreit*

Der letztgenannten vermittelnden Ansicht ist zu folgen.

a) *Stellungnahme zur objektiven Ansicht*

Nach der streng objektiven Ansicht läge stets ein Interessenwiderstreit zwischen dem in gesetzlicher Verfahrensstandschafter aufgetretenen Elternteil und dem volljährigen Kind vor, da das Kind barunterhaltsberechtigt und beide Elternteile anteilig barunterhaltsverpflichtet sind, § 1606 Abs. 3 S. 1. Die anteilige Barunterhaltsverpflichtung des bis zur Volljährigkeit des Kindes vertretenen Mandanten ließe sich objektiv nicht gleichzeitig mit der Rechtsposition des Kindes als Unterhaltsberechtigter optimieren. Unter Berücksichtigung des Sinn und Zwecks des § 43a Abs. 4 BRAO kann der streng objektiven Theorie jedoch nicht gefolgt werden. Neben der Unabhängigkeit des Rechtsanwalts und der Gradlinigkeit

---

811 BGH Urt. v. 23.04.2012 – AnwZ (Brfg) 35/11, FamRZ 2012, 1563 (1565).

812 BGH Urt. v. 23.04.2012 – AnwZ (Brfg) 35/11, FamRZ 2012, 1563 (1565).

813 *Hartung* AnwBl 2011, 679 (680).

814 BGH Urt. v. 23.04.2012 – AnwZ (Brfg) 35/11, FamRZ 2012, 1563 (1564).

der anwaltlichen Berufsausübung im Interesse der Rechtspflege, verfolgt die Regelung ebenso die Wahrung des Vertrauensverhältnisses zwischen Rechtsanwalt und Mandanten.[815] Diese Belange stehen nicht in einem Stufenverhältnis zueinander, sondern treten nebeneinander und bedingen einander.[816] Die streng objektive Ansicht versucht das Außerachtlassen des Belangs zur Wahrung des Vertrauensverhältnisses, welcher zur Disposition des Mandanten steht, dadurch auszugleichen, dass die Mandanten ihr Einverständnis zur Vertretung objektiv widerstreitender Interessen erklären könnten und zieht zur Begründung die Regelung in § 3 Abs. 2 S. 2 BORA heran. Hierbei ist zunächst zu beachten, dass sich die Regelung in § 3 Abs. 2 S. 2 BORA ausschließlich auf Rechtsanwaltssozietäten bezieht. Zudem ist die Möglichkeit einer einverständlichen Vertretung der Mandanten eine Frage, die sich erst nach Feststellung eines Interessenwiderstreits stellt, sodass eine etwaige Einverständnismöglichkeit nicht als Begründung zur Erörterung eines Interessenwiderstreits herangezogen werden kann. Die Folgefrage einer Einverständnismöglichkeit ist demnach erst nach Feststellung eines Interessenwiderstreits zu erörtern. Aus dem teilweise disponiblen Sinn und Zweck der Regelung in § 43a Abs. 4 BRAO ergibt sich, dass die subjektive Einschätzung der Mandanten bei der Feststellung des Interesses nicht völlig außer Acht bleiben kann, sodass die streng objektive Ansicht abzulehnen ist.

b) Stellungnahme zur subjektiven Ansicht

Aus rein subjektiver Sicht kann es sein, dass das Interesse des volljährig gewordenen Kindes und des dann ebenfalls barunterhaltsverpflichteten ehemaligen gesetzlichen Verfahrensstandschafters nicht in Widerstreit stehen, etwa weil das Kind nur den anteiligen Kindesunterhalt des nicht in gesetzlicher Verfahrensstandschaft aufgetretenen Elternteils begehrt oder der ehemalige gesetzliche Verfahrensstandschafter anteilig Barunterhalt für das Kind zahlen möchte, um dessen bestmögliche Versorgung sicherzustellen.[817] Die streng subjektive Ansicht wird jedoch dadurch aufgeweicht, dass hiernach der Widerstreit der subjektiv erörterten Interessen anhand objektiver Maßstäbe festzustellen sei.[818] Daher kommt auch diese Ansicht teilweise zu dem Schluss, dass grundsätzlich von einem Interessenwiderstreit zwischen dem ehemaligen gesetzlichen

---

815 BT-Drucks. 12/4993, S. 27; *Hartung*, in: Hartung/Scharmer, § 43a Rn. 60; *Henssler*, in: Henssler/Prütting, § 43a Rn. 161; *Kleine-Cosack*, in: BRAO, § 43a Rn. 139; *Träger*, in: Feuerich/Weyand, § 43a Rn. 54.

816 BVerfG Beschl. v. 03.07.2003 – 1 BvR 238/01, NJW 2003, 2520 (2521).

817 *Offermann-Burckart* FF 2012, 17 (21).

818 *Henssler*, in: Henssler/Prütting, § 43a Rn. 172a; *Kleine-Cosack*, BRAO, § 43a Rn. 164.

Verfahrensstandschafter und dem volljährig gewordenen Kind auszugehen sei.[819] Problematisch an dieser zweistufigen Prüfung der subjektiven Interessen und des objektiven Widerstreits dieser Interessen, ist, dass das Mandanteninteresse erst einmal in einem Erstberatungsgespräch erörtert werden muss. Das Tätigkeitsverbot nach § 43a Abs. 4 BRAO erstreckt sich jedoch bereits auf das Erstberatungsgespräch,[820] mit der Folge, dass der Rechtsanwalt, der in einem Erstberatungsgespräch die subjektiven Interessen erörtert hat und hieraufhin einen objektiven Widerstreit als gegeben erachtet, beide Mandatsverhältnisse gemäß § 3 Abs. 4 BORA niederlegen müsste. Bereits das Erstberatungsgespräch stellt daher für den Rechtsanwalt eine wirtschaftliche Gefahr aufgrund drohender Verpflichtung zur Mandatsniederlegung dar, die er vor dem Erstberatungsgespräch nicht abzuschätzen vermag. Sofern diese Ansicht teilweise fordert, dass der Rechtsanwalt die erforderliche Einsichtsfähigkeit und die emotionale Selbstständigkeit des volljährigen Kindes zu überprüfen habe,[821] ist dem ebenfalls zu entgegnen, dass eine solche Überprüfung zumindest eine Erstberatung voraussetzt und dadurch gegebenenfalls bereits ein Verstoß gegen das Vertretungsverbot widerstreitender Interessen eintritt. Zudem fehlt es dem Rechtsanwalt an der psychologischen Expertise, um eine erforderliche Einsichtsfähigkeit und die emotionale Selbstständigkeit des volljährigen Kindes in einem Erstberatungsgespräch überprüfen zu können. Da die Regelung in § 43a Abs. 4 BRAO auch objektive Belange verfolgt, kann sich die Prüfung eines Interessenwiderstreits nicht ausschließlich an subjektiven Maßstäben orientieren. Die teilweise vorgeschlagene zweistufige Überprüfung des subjektiven Interesses und deren objektiven Widerstreits birgt für den Rechtsanwalt nicht hinnehmbare Gefahren, da sich das subjektive Interesse erst aus einer Erstberatung ergeben kann und hierbei bereits ein Verstoß gegen das Vertretungsverbot nach § 43a Abs. 4 BRAO gegeben ist. Daher ist die streng subjektive Ansicht abzulehnen.

c) Stellungnahme zur vermittelnden Ansicht

Nach der vermittelnden Ansicht ist grundsätzlich ebenfalls von einem Interessenwiderstreit zwischen dem ehemaligen gesetzlichen Verfahrensstandschafter und dem volljährigen Kind auszugehen. Die drei vertretenen Ansichten gelangen mithin im Fall der Beendigung der gesetzlichen Verfahrensstandschaft durch Eintritt der Volljährigkeit des Kindes übereinstimmend zu dem Ergebnis, dass ein

---

819 *Henssler*, in: Henssler/Prütting, § 43a Rn. 180a; *Kleine-Cosack*, BRAO, § 43a Rn. 175.

820 *Henssler*, in: Henssler/Prütting, § 43a Rn. 186a; *Kleine-Cosack*, BRAO, § 43a Rn. 148; *Träger*, in: Feuerich/Weyland, § 43a Rn. 56.

821 *Offermann-Burckart* FF 2012, 17 (24).

Interessenwiderstreit vorliegt,[822] wobei die vermittelnde Ansicht überzeugt. Nur im Wege der objektiven Betrachtung der einzelnen Rechtspositionen ist es dem Rechtsanwalt möglich, vor der Aufnahme seiner Tätigkeit eine etwaige Interessenkollision zu beurteilen. Sofern er nach objektiver Interessenlage zu dem Ergebnis kommt, dass ein Interessenwiderstreit besteht oder entstehen könnte, kann er die besonderen Umstände des Einzelfalls überprüfen. Hierbei kann er in dem bestehenden Mandatsverhältnis auf die Interessenkollision vor einem Erstberatungsgespräch mit dem volljährigen Kind und dem daraus resultierenden Vertretungsverbot hinweisen. Ebenso kann er in dem bestehenden Mandatsverhältnis mit dem gesetzlichen Verfahrensstandschafter darauf hinwirken, die Interessenkollision auszuräumen, indem er ihn etwa auf dessen anteilige Barunterhaltsverpflichtung hinweist und angibt, dass eine Vertretung des Kindes etwa dann möglich sei, wenn er bei der Auftragserteilung anwesend ist und erklärt, unabhängig vom Ausgang des Unterhaltsverfahrens seiner Unterhaltsverpflichtung gegenüber dem Kind nachzukommen und entsprechend mitzuwirken. Auf diese Weise kann dem Sinn und Zweck des § 43a Abs. 4 BRAO unter Berücksichtigung sämtlicher Belange entsprochen und dem wirtschaftlichen Risiko des Rechtsanwalts durch die drohende Rechtsfolge eines Verstoßes gegen das Vertretungsverbot nach § 3 Abs. 4 BORA Rechnung getragen werden.

III. Einverständnis der Mandanten

Sofern gemäß den vorgenannten Ansichten ein Interessenwiderstreit zwischen dem gesetzlichen Verfahrensstandschafter und dem volljährigen Kind angenommen wird, stellt sich weiterhin die Frage, ob ein Verstoß gegen das Vertretungsverbot nach § 43a Abs. 4 BRAO durch Einverständniserklärung der Mandanten hinsichtlich ihrer Vertretung durch einen Rechtsanwalt ausgeräumt werden kann. Gemäß § 3 Abs. 2 S. 2 BORA ist eine Vertretung des volljährigen Kindes durch die vom gesetzlichen Verfahrensstandschafter beauftragten Berufsausübungs- oder Bürogemeinschaft trotz widerstreitender Interessen möglich, wenn beide nach umfassender Aufklärung ihr Einverständnis erteilen und Belange der Rechtspflege nicht entgegenstehen. Die Vertretung von Mandanten mit widerstreitenden Interessen kann daher durch verschiedene Sozien einer Sozietät möglich sein. Die Norm des § 3 Abs. 2 S. 2 BORA wurde aufgrund einer Entscheidung des BVerfG vom 03.07.2003[823] eingeführt.[824] In dieser

822 Siehe 4. Teil D) II. 4. a) Stellungnahme zur objektiven Ansicht; 4. Teil D) II. 4. b) Stellungnahme zur subjektiven Ansicht.

823 BVerfG Beschl. v. 03.07.2003 – 1 BvR 238/01 – NJW 2003, 2520.

824 BRAK-Mitt. 2006, 212 (214).

Entscheidung ging es um einen Rechtsanwalt, der in eine andere Sozietät wechselte.[825] Beide Sozietäten bearbeiteten jeweils neun Rechtsangelegenheiten, in denen die jeweils andere Sozietät die gegnerischen Parteien vertraten.[826] In all diesen Rechtsangelegenheiten war der betroffene Rechtsanwalt nicht tätig.[827] Auch wurde durch seine neue Sozietät sichergestellt, dass er auch zukünftig diese Angelegenheiten nicht bearbeitet.[828] Die aufnehmende Sozietät wurde daraufhin durch die zuständige Rechtsanwaltskammer zur Mandatsniederlegung aufgefordert, da § 3 Abs. 2 BORA in der damaligen Fassung keine Einzelabwägung zuließ.[829] Die Regelung wurde durch das BVerfG als mit Art. 12 Abs. 1 GG unvereinbar und daher für nichtig erklärt.[830] Denn wenn in einer Sozietät etwa durch räumliche Trennung, durch organisatorische Vorkehrungen, durch Ausgestaltung des Vertragsverhältnisses, durch die Größe oder die fachliche Abschottung der Sozietätsbereiche gewährleistet werden könne, dass der Sozietätswechsler keine Kenntnis von geheimhaltungsbedürftigen Informationen erlangt, so bliebe das Ansehen der Anwaltschaft und die Funktion der Rechtspflege gewahrt, sodass entsprechenden Besonderheiten im Einzelfall Rechnung getragen werden müsse.[831]

Fraglich ist, ob eine Vertretung widerstreitender Interessen durch einen Einzelanwalt ebenfalls bei einem entsprechenden Einverständnis der Mandanten standesrechtlich zulässig ist.

1. *Einverständnis möglich*

Nach einer Ansicht sollen die Einverständniserklärungen der Mandanten möglich sein und eine Einschlägigkeit des Vertretungsverbots gemäß § 43a Abs. 4 BRAO mit der Folge verhindern, sodass der beauftragte Rechtsanwalt die Mandate nicht nach § 3 Abs. 4 BORA beenden muss.[832] Begründet wird diese Annahme mit einer entsprechenden Anwendung des § 3 Abs. 2 S. 2 BORA auf den Einzelanwalt.[833] Wenn es gemäß § 3 Abs. 2 S. 2 BORA auf das Einverständnis

---

825 BVerfG Beschl. v. 03.07.2003 – 1 BvR 238/01 – NJW 2003, 2520.
826 BVerfG Beschl. v. 03.07.2003 – 1 BvR 238/01 – NJW 2003, 2520.
827 BVerfG Beschl. v. 03.07.2003 – 1 BvR 238/01 – NJW 2003, 2520.
828 BVerfG Beschl. v. 03.07.2003 – 1 BvR 238/01 – NJW 2003, 2520.
829 BVerfG Beschl. v. 03.07.2003 – 1 BvR 238/01 – NJW 2003, 2520 (2522).
830 BVerfG Beschl. v. 03.07.2003 – 1 BvR 238/01 – NJW 2003, 2520 (2522).
831 BVerfG Beschl. v. 03.07.2003 – 1 BvR 238/01 – NJW 2003, 2520 (2521 f.).
832 *Grunewald* AnwBl 2005, 438 (441); *Grunewald* ZEV 2006, 386 (387); *Hartung* AnwBl 2011, 679 (681); *Offermann-Burckart* FF 2012, 17 (26 f.).
833 *Grunewald* ZEV 2006, 386 (387); *Offermann-Burckart* FF 2012, 17 (26).

der Mandanten ankomme, könne es keine Rolle spielen, ob ein Einzelanwalt oder etwa eine Zweiersozietät beauftragt werde.[834]

2. *Einverständnis nicht möglich*

Eine andere Ansicht hält ein Einverständnis der Mandanten für unbeachtlich bei Vorliegen eines Interessenwiderstreits.[835] Die Regelung in § 3 Abs. 2 S. 2 BORA sei auf einen Einzelanwalt nicht entsprechend anwendbar, da es diesem nicht möglich sei, die Mandanteninformationen mechanisch zu trennen und so seiner unabhängigen, verschwiegenen und nur den Interessen seines Mandanten verpflichteten Stellung gerecht zu werden.[836] Zudem verfolge das Vertretungsverbot nicht nur die Wahrung des Mandanteninteresses, sondern ebenso die Wahrung in das Vertrauen in die Anwaltschaft und der Funktion der Rechtspflege.[837] Letztere Zweckverfolgungen stünden nicht zur Disposition des Mandanten, sodass dessen Einverständnis keine Auswirkungen entfalten könne.[838]

3. *Stellungnahme zur Einverständnismöglichkeit der Mandanten*

Die Regelung in § 3 Abs. 2 S. 2 BRAO bezieht sich durch die Verweisung auf § 3 Abs. 2 S. 1 BRAO ausschließlich auf Berufsausübungs- und Bürogemeinschaften. Unter Bezugnahme auf die Entscheidung des BVerfG vom 03.07.2003[839] stellt die Satzungsversammlung der Bundesrechtsanwaltskammer in ihrer Begründung zur Neuregelung klar, dass ein Vertretungsverbot nicht grundsätzlich bei einem Sozietätswechsel angenommen werden könne, sondern eine Einzelfallabwägung zwischen der Schutzbedürftigkeit der Mandanten, der Art des Interessenkonflikts und dem Grad der Gefährdung anwaltlicher Grundpflichten zu erfolgen habe.[840] Die Satzungsversammlung der Bundesrechtsanwaltskammer bezog sich bei der Regelung ausschließlich auf die Sozietätserstreckung in § 3 Abs. 2 S. 1 BORA, wonach das Vertretungsverbot für alle Rechtsanwälte gilt, die mit dem beauftragten Rechtsanwalt in derselben Berufsausübungs- oder Bürogemeinschaft

---

834 *Grunewald* ZEV 2006, 386 (387); *Offermann-Burckart* FF 2012, 17 (26).

835 *Henssler*, in: Henssler/Prütting, § 43a Rn. 202; *Kleine-Cosack*, BRAO, § 43a Rn. 167; *Träger*, in: Feuerich/Weyland, § 43a Rn. 68.

836 *Henssler*, in: Henssler/Prütting, § 43a Rn. 202.

837 *Kleine-Cosack*, BRAO, § 43a Rn. 167; *Träger*, in: Feuerich/Weyland, § 43a Rn. 67.

838 *Henssler*, in: Henssler/Prütting, § 43a Rn. 202; *Träger*, in: Feuerich/Weyland, § 43a Rn. 68.

839 BVerfG Beschl. v. 03.07.2003 – 1 BvR 238/01 – NJW 2003, 2520.

840 BRAK-Mitt. 2006, 212 (214).

verbunden sind.[841] Eine solche Verbotserstreckung ist bei einem als Einzelanwalt tätigen Rechtsanwalt nicht möglich, sodass es für eine analoge Anwendung des § 3 Abs. 2 S. 1 BORA bereits an einer planwidrigen Regelungslücke fehlt.

Die erstgenannte Ansicht verkennt zudem, dass die Satzungsversammlung auch in der Regelung nach § 3 Abs. 2 S. 2 BRAO ein objektives Korrektiv zu der Einverständnismöglichkeit in Form der Belange der Rechtspflege integriert hat.[842] Die Regelung entbindet die Sozietät mithin nicht von der Überprüfung der Beeinträchtigung des Gemeinwohlinteresses im Einzelfall.[843] Auch nach der Einverständniserklärung der Mandanten ist demnach zu erörtern, ob die im Interesse der Rechtspflege gebotene Gradlinigkeit der anwaltlichen Berufsausübung bei beidseitiger Interessenwahrnehmung durch die Sozietät gewahrt bleibt.[844] So führt die Satzungsversammlung der Bundesrechtsanwaltskammer aus: „Ist beispielsweise innerhalb einer Berufsausübungsgemeinschaft am gleichen Ort die Gefahr groß, dass der Berater oder Vertreter des Gegners gewollt oder ungewollt geheimhaltungsbedürftige Informationen des Gegners erlangt, etwa beim abendlichen Blick in die Faxeingänge, könnte dies allein schon trotz vorliegender Einverständniserklärungen der Beratung oder Vertretung entgegenstehen."[845] Das Argument der erstgenannten Ansicht, dass es keine Rolle spielen könne, ob ein Einzelanwalt oder etwa eine Zweiersozietät beauftragt werde, schlägt daher fehl, weil die Tätigkeit der Zweiersozietät bei Interessenwiderstreit den Belangen der Rechtspflege entgegensteht und die Regelung nach § 3 Abs. 2 S. 2 BORA nicht einschlägig ist. Etwas anderes soll nur gelten, wenn räumliche oder organisatorische Vorkehrungen innerhalb der Sozietät getroffen wurden, um eine Kenntnisnahme des die Gegenseite vertretenen Rechtsanwalts von geheimhaltungsbedürftigen Informationen zu verhindern.[846] Sofern innerhalb einer Sozietät sichergestellt ist, dass die jeweils in derselben Rechtssache tätigen Rechtsanwälte keine Informationen über das Mandatsverhältnis erhalten, stehen Gemeinwohlgründe einer Vertretung nicht entgegen, sofern sich die Mandanten nach umfassender Information mit der Vertretung einverstanden erklären. Ob und in welcher Form ein

841 BRAK-Mitt. 2006, 212 (214).

842 BRAK-Mitt. 2006, 212 (214).

843 BRAK-Mitt. 2006, 212 (214); *Hartung*, in: Hartung/Scharner, § 3 BORA Rn. 148; *Träger*, in: Feuerich/Weyland, § 3 BORA Rn. 21 f.

844 BRAK-Mitt. 2006, 212 (214); *Hartung*, in: Hartung/Scharner, § 3 BORA Rn. 148; *Träger*, in: Feuerich/Weyland, § 3 BORA Rn. 21 f.

845 BRAK-Mitt. 2006, 212 (215).

846 BVerfG Beschl. v. 03.07.2003 – 1 BvR 238/01 – NJW 2003, 2520 (2521 f.); BRAK-Mitt. 2006, 212 (215).

Informationsfluss zwischen den Rechtsanwälten innerhalb einer Sozietät stattfindet, hängt von der Organisation und der Rechtsbeziehungen zwischen den Rechtsanwälten ab und ist im Einzelfall zu überprüfen.[847]

Das Vertretungsverbot verfolgt neben der Wahrung des Mandanteninteresses auch die Wahrung der Unabhängigkeit des Rechtsanwalts und die im Interesse der Rechtspflege gebotene Gradlinigkeit der anwaltlichen Berufsausübung, die nicht zur Disposition der Mandanten stehen. Dieser Zweckverfolgung des § 43a Abs. 4 BRAO trägt die ergänzende Regelung in § 3 Abs. 2 S. 2 BORA Rechnung, indem im Einzelfall das Einverständnis mit den Belangen der Rechtspflege abgewogen werden muss. Aufgrund der Normenhierarchie darf die Satzungsregelung in § 3 Abs. 2 S. 2 BORA die gesetzliche Regelung in § 43a Abs. 4 BRAO nur durch Konkretisierungen ausfüllen, § 59b Abs. 1, 2 Nr. 1 e) BRAO. Verwehrt ist es der Satzungsregelung als untergesetzliche Norm hingegen, die Gesetzesnorm in § 43a Abs. 4 BRAO einzuschränken oder zu erweitern.[848] Die Regelung in § 3 Abs. 2 S. 2 BORA stellt keinen Verstoß gegen diesen Grundsatz des Vorrangs des Gesetzes dar, da sie die übergesetzliche Norm lediglich im Rahmen der Satzungskompetenz konkretisiert. Aus der Voraussetzung, dass Belange der Rechtspflege der Tätigkeit im widerstreitenden Interesse trotz Einverständniserklärung der Mandanten nicht entgegenstehen dürfen, geht hervor, dass die verfolgten Regelungsziele aus § 43a Abs. 4 BRAO gleichwertig nebeneinanderstehen und im Einzelfall abgewogen werden müssen. Dementsprechend ist der letztgenannten Ansicht zu folgen, wonach eine Einverständniserklärung der Mandanten keine Auswirkungen auf das Tätigkeitsverbot des Einzelanwalts entfaltet.

IV. Zusammenfassung der standesrechtlichen Problematik

Es bleibt festzuhalten, dass alle vertretenen Auffassungen grundsätzlich zu dem Ergebnis kommen, dass ein Interessenwiderstreit zwischen dem ehemaligen gesetzlichen Verfahrensstandschafter und dem volljährig gewordenen Kind besteht.[849] Nach der vorzugswürdigen vermittelnden Ansicht ist zunächst aus rein objektiver Sicht ein Interessenwiderstreit gegeben, da der ehemals gesetzliche Verfahrensstandschafter mit Eintritt der Volljährigkeit anteilig für den Barunterhalt des Kindes haftet, § 1606 Abs. 3 S. 1.[850] Besondere Umstände des Einzelfalls können jedoch dazu

847 BVerfG Beschl. v. 03.07.2003 – 1 BvR 238/01 – NJW 2003, 2520 (2522 f.).

848 *Busse*, in: Henssler/Prütting, § 59b Rn. 13; *Eylmann*, AnwBl. 1996, 481 (481 f.); *Kleine-Cosack*, BRAO, § 59b Rn. 27.

849 Siehe 4. Teil D) II. 4. c) Stellungnahme zur vermittelnden Ansicht.

850 Siehe 4. Teil D) II. 4. c) Stellungnahme zur vermittelnden Ansicht.

führen, dass ein Interessenwiderstreit der Mandanten entgegen der objektiven Lage nicht anzunehmen ist.[851] Davon ist etwa auszugehen, wenn der ehemalige gesetzliche Verfahrensstandschafter bei der Auftragserteilung durch das volljährige Kind anwesend ist, hierbei Auskunft über seine Einkommens- und Vermögensverhältnisse durch Einreichung der erforderlichen Unterlagen erteilt und zudem unabhängig des Berechnungsergebnisses erklärt, für den Barunterhalt des Kindes zukünftig aufkommen zu wollen,[852] oder wenn der Rechtsanwalt Kenntnis über die Leistungsunfähigkeit des bislang vertretenen gesetzlichen Verfahrensstandschafters hat.[853]

Liegen diese besonderen Umstände nicht vor, verstößt der nicht in einer Sozietät tätige Rechtsanwalt bei Mandatsannahme des volljährigen Kindes gegen das Vertretungsverbot nach § 43a Abs. 4 BRAO. Er ist sodann zur Niederlegung sämtlicher Mandate verpflichtet, § 3 Abs. 4 BORA. Die Einverständniserklärungen der Mandanten gegenüber dem nicht in einer Sozietät tätigen Rechtsanwalt hinsichtlich der Vertretung ändern hieran nichts, da das Vertretungsverbot mitunter nicht disponible Zwecke verfolgt.[854]

Etwas anderes kann sich aus § 3 Abs. 2 S. 2 BORA bei Tätigkeit von verschiedenen Rechtsanwälten einer Sozietät ergeben, wenn durch räumliche Trennung oder durch organisatorische Vorkehrungen sichergestellt ist, dass die tätigen Rechtsanwälte keine geheimhaltungsbedürftigen Informationen des jeweils anderen Rechtsanwalts erhalten.[855] Sind die jeweils tätigen Rechtsanwälte räumlich voneinander getrennt, etwa bei überörtlichen Sozietäten und Bürogemeinschaften, oder sind die Abteilungen einer Sozietät organisatorisch voneinander abgegrenzt, können der ehemalige gesetzliche Verfahrensstandschafter und das volljährige Kind nach umfassender Aufklärung und Abgabe von Einverständniserklärungen von derselben Sozietät vertreten werden, da eine Erstreckung des Vertretungsverbots auf die gesamte Sozietät nicht gerechtfertigt wäre.[856] Eine Vertretung widerstreitender Interessen durch kleinere Sozietäten am gleichen Ort, die nicht über verschiedene Abteilungen verfügen oder diese organisatorisch nicht voneinander getrennt sind, ist hingegen ausgeschlossen, da die Wahrung der Unabhängigkeit des Rechtsanwalts und die im Interesse der Rechtspflege gebotene Gradlinigkeit der anwaltlichen Berufsausübung der Vertretung entgegenstehen.[857]

---

851 Siehe 4. Teil D) II. 4. c) Stellungnahme zur vermittelnden Ansicht.
852 BGH Urt. v. 23.04.2012 – AnwZ (Brfg) 35/11, FamRZ 2012, 1563 (1565).
853 *Hartung* AnwBl 2011, 679 (680).
854 Siehe 4. Teil D) III. 3. Stellungnahme zur Einverständnismöglichkeit der Mandanten.
855 Siehe 4. Teil D) III. 3. Stellungnahme zur Einverständnismöglichkeit der Mandanten.
856 Siehe 4. Teil D) III. 3. Stellungnahme zur Einverständnismöglichkeit der Mandanten.
857 Siehe 4. Teil D) III. 3. Stellungnahme zur Einverständnismöglichkeit der Mandanten.

5. Teil Neufassung des Gesetzestextes

Es stellt sich abschließend die Frage, wie der Gesetzestext umgestaltet werden kann, um dem herausgearbeiteten Sinn und Zweck des § 1629 Abs. 3 S. 1 gerecht zu werden. Hierzu werden im Folgenden verschiedene Vorschläge zur Gesetzänderung hervorgebracht und erörtert.

A) Reduktion des Anwendungsbereichs des § 1629 Abs. 3 S. 1

Der Sinn und Zweck des § 1629 Abs. 3 S. 1 besteht in der Ermöglichung der Einleitung eines Verbundverfahrens mit dem Kindesunterhaltsverfahren als Folgesache.[858] Ohne die gesetzliche Verfahrensstandschaft wäre ein Verbundverfahren nicht möglich, da anderenfalls das Kind, vertreten durch den betreuenden Elternteil, als Dritter iSd § 140 Abs. 1 FamFG Verfahrensbeteiligter werden würde, sodass die Kindesunterhaltssache von der Scheidungssache abzutrennen wäre.[859]

Dieser Sinn und Zweck kann nur erreicht werden, wenn eine Scheidungssache gemäß § 121 Nr. 1 FamFG oder eine Lebenspartnerschaftssache nach § 269 Abs. 1 Nr. 1 FamFG anhängig ist und der Unterhaltsanspruch des Kindes als Folgesache im Verbund geltend gemacht wird. Lediglich in Scheidungssachen nach § 121 Nr. 1 FamFG und Lebenspartnerschaftssachen nach § 269 Abs. 1 Nr. 1 FamFG ist ein Verbundverfahren möglich, §§ 137 Abs. 1, 121 Nr. 1, 269 Abs. 1 Nr. 1, 270 Abs. 1 S. 1 FamFG. Die Ausweitung des Anwendungsbereichs der gesetzlichen Verfahrensstandschaft nach § 1629 Abs. 3 S. 1 auf den Zeitraum des Getrenntlebens und auf die Ehesachen nach § 121 Nr. 2, 3 FamFG bzw. auf die Lebenspartnerschaftssache nach § 269 Abs. 1 Nr. 2 FamFG ist daher sinnwidrig, sodass der Anwendungsbereich entsprechend zu reduzieren ist. Die Norm sollte ihren Anwendungsbereich zweckentsprechend ausdrücklich auf die Geltendmachung des Kindesunterhalts als Folgesache beschränken, um zu verhindern, dass ein isoliertes Kindesunterhaltsverfahren bei Anhängigkeit einer

858 Siehe 3. Teil B) V. 4. Stellungnahme zur Geltendmachung des Kindesunterhalts im Verbundverfahren.

859 *Borth/Grandel*, in: Musielak-FamFG, § 140 Rn. 3; *Kroiß/Seiler*, Das neue FamFG, § 3 Rn. 213; *Roßmann*, in: Schulte-Bunert/Weinreich, § 140 Rn. 12.

Scheidungs- oder Lebenspartnerschaftssache nach § 269 Abs. 1 Nr. 1 FamFG in gesetzlicher Verfahrensstandschaft geltend gemacht wird.[860]

Es bietet sich sodann folgender Formulierungsvorschlag hinsichtlich einer Neufassung des § 1629 Abs. 3 S. 1 an: *„Sind die Eltern des Kindes miteinander verheiratet oder besteht zwischen ihnen eine Lebenspartnerschaft, so kann ein Elternteil Unterhaltsansprüche des Kindes gegen den anderen Elternteil nur im eigenen Namen geltend machen, soweit eine Scheidungssache oder eine Lebenspartnerschaftssache im Sinne von § 269 Abs. 1 Nr. 1 FamFG zwischen ihnen anhängig ist und der Unterhaltsanspruch des Kindes als Folgesache geltend gemacht wird.“*

Diese Neufassung der Regelung in § 1629 Abs. 3 S. 1 hätte zur Folge, dass die gesetzliche Verfahrensstandschaft ihrem Sinn und Zweck entsprechend ausschließlich im Rahmen des Verbundverfahrens zur Anwendung käme. Während des Trennungszeitraums und während der Anhängigkeit eines Verfahrens auf Aufhebung einer Ehe oder Feststellung des Bestehens oder Nichtbestehens einer Ehe bzw. einer Lebenspartnerschaft käme die Vertretungsregelung nach § 1629 Abs. 2 S. 2 zur Anwendung, sodass der Kindesunterhalt in diesen Fällen wie bei Kindern nicht verheirateter Eltern im Namen des Kindes geltend zu machen wäre. Ebenso wäre die Vertretungsregelung nach § 1629 Abs. 2 S. 2 bei einem isolierten Kindesunterhaltsverfahren während Anhängigkeit einer Scheidungssache bzw. einer Lebenspartnerschaftssache nach § 269 Abs. 1 Nr. 1 FamFG einschlägig.

B) Abschaffung des § 1629 Abs. 3

Sofern man den Anwendungsbereich der gesetzlichen Verfahrensstandschaft im Kindesunterhaltsverfahren zweckentsprechend auf das Verbundverfahren beschränkt, stellt sich die Frage, ob in diesem Fall weiterhin ein praktisches Bedürfnis für die Regelung in § 1629 Abs. 3 besteht oder diese aus dem Gesetzestext gestrichen werden kann. Hintergrund dieser Überlegung ist, dass die Notwendigkeit der Geltendmachung von Kindesunterhalt bereits nach dem Trennungszeitpunkt entsteht.[861] Ab dem Zeitpunkt des Getrenntlebens erfüllt ein Elternteil seine Unterhaltsverpflichtung durch die Betreuung des minderjährigen Kindes (§ 1606 Abs. 3 S. 2), während der andere Elternteil gegenüber dem Kind barunterhaltsverpflichtet ist (§§ 1601 ff.). Der Kindesunterhalt kann im

---

860 Siehe 3. Teil C) I. 2. b) bb) Stellungnahme zur Begründung des BGH für die Anwendbarkeit im isolierten Unterhaltsverfahren.

861 *Roßmann*, in: Schulte-Bunert/Weinreich, § 137 Rn. 15; *Stockmann* FamRB 2015, 393 (397).

Rahmen des Verbundverfahrens jedoch lediglich für den Zeitraum ab Rechtskraft der Scheidung geltend gemacht werden, § 137 Abs. 2 Nr. 2 FamFG.[862]

Eine Geltendmachung des Kindesunterhalts innerhalb eines Verbundverfahrens setzt daher voraus, dass der gesetzliche Verfahrensstandschafter eine Geltendmachung von Kindesunterhalt für den Zeitraum des Getrenntlebens und der Dauer des Scheidungsverfahrens bis zur Rechtskraft unterlässt. Macht der gesetzliche Verfahrensstandschafter innerhalb des Scheidungsverfahrens auch rückwirkenden Kindesunterhalt geltend, so ist die Kindesunterhaltssache für den Zeitraum vor Rechtskraft der Scheidung abzutrennen, da diese nicht verbundfähig ist.[863] Für die anhängige Folgesache bezüglich des Kindesunterhalts ab Rechtskraft der Scheidung fehlt es sodann an einem Rechtsschutzbedürfnis, da ein in dem isolierten Unterhaltsverfahren erlangter Titel über die Rechtskraft der Scheidung hinaus Wirkung entfaltet und über den Kindesunterhalt in dem isolierten Verfahren in vollem Umfang verhandelt und entschieden werden kann.[864] Sofern bereits ein Kindesunterhaltstitel bei Anhängigkeit der Scheidungs- bzw. Lebenspartnerschaftssache nach § 269 Abs. 1 S. 1 FamFG existiert, kann die Abänderung dieses Titels gemäß § 238 f. FamFG im Rahmen des Verbundverfahrens ebenfalls erst für den Zeitraum ab Rechtskraft der Scheidungs- bzw. Lebenspartnerschaftssache beantragt werden.[865] Der gesetzliche Verfahrensstandschafter wird einen Abänderungsantrag jedoch nur stellen, wenn sich zum Zeitpunkt der Stellung des Abänderungsantrags die der bereits existierenden Unterhaltsentscheidung zugrunde liegenden tatsächlichen oder rechtlichen Verhältnisse wesentlich verändert haben. Regelmäßig wird aufgrund der eingetretenen wesentlichen Veränderung eine Abänderung bereits ab dem Zeitpunkt der Stellung des Abänderungsantrags begehrt werden. Eine Abänderung zum Zeitpunkt der Rechtskraft der Scheidung wird sich nicht mit dem Begehren des gesetzlichen Verfahrensstandschafters in Einklang bringen lassen, da dieser Zeitpunkt aus verschiedenen Gründen nicht prognostizierbar ist. Im Regelfall ist

---

862 OLG Koblenz Urt. v. 19.09.2001 – 9 UF 62/01, FamRZ 2002, 965 (966); *Kemper*, in: Kemper/Schreiber, § 137 Rn. 23; *Roßmann*, in: Schulte-Bunert/Weinreich, § 137 Rn. 15; *Weber*, in: Keidel, § 137 Rn. 8.

863 OLG Koblenz Urt. v. 19.09.2001 – 9 UF 62/01, FamRZ 2002, 965 (966); *Kemper*, in: Kemper/Schreiber, § 137 Rn. 23; *Roßmann*, in: Schulte-Bunert/Weinreich, § 137 Rn. 15; *Weber*, in: Keidel, § 137 Rn. 8.

864 *Kemper*, in: Kemper/Schreiber, § 137 Rn. 23.

865 BGH Beschl. v. 24.01.1996 – XII ZB 184/95, FamRZ 1996, 543 (544); *Helms*, in: Prütting/Helms, § 137 Rn. 35; *Roßmann*, in: Schulte-Bunert/Weinreich, § 137 Rn. 15; *Weber*, in: Keidel, § 137 Rn. 8.

der Versorgungsausgleich im Zwangsverbund mit der Scheidungssache zu verhandeln, § 137 Abs. 2 S. 2 FamFG. Ein Scheidungstermin wird erst anberaumt, wenn sämtliche Auskünfte der Versorgungsträger vorliegen. Wann die Auskünfte vorliegen, hängt im Wesentlichen von der Einhaltung der Auskunftsverpflichtung und der Vollständigkeit der Auskunftserteilung der Beteiligten sowie der Bearbeitungsdauer bei den jeweiligen Versorgungsträgern ab. Unabhängig davon ist für den Zeitpunkt der Rechtskraft der Scheidung ferner entscheidend, ob die Verfahrensbevollmächtigten der Beteiligten einen Rechtsmittelverzicht erklären. Erklären die Verfahrensbevollmächtigten übereinstimmend Rechtsmittelverzicht, wird die Verbundentscheidung formell rechtskräftig und somit wirksam, §§ 67 Abs. 1, 113 Abs. 1 S. 1, 144, 148 FamFG.[866] Anderenfalls hat der gesetzliche Verfahrensstandschafter noch die einmonatige Beschwerdefrist gemäß §§ 63 Abs. 1, 113 Abs. 1 S. 1, FamFG abzuwarten bis die Scheidungs- und Folgesache rechtkräftig werden. Mithin liegt der Zeitpunkt der Rechtskraft der Scheidung nicht in der Entscheidungsmacht des gesetzlichen Verfahrensstandschafters, sodass bei Antragstellung nicht prognostizierbar ist, ab welchem Zeitpunkt Kindesunterhalt bzw. ein erhöhter Kindesunterhaltsbetrag gezahlt werden wird. Die Geltendmachung des Kindesunterhalts als Folgesache im Verbund wird aufgrund der fehlenden Prognostizierbarkeit der Rechtskraft der Scheidung praktisch keine Rolle spielen. Daher ist eine isolierte Geltendmachung von Kindesunterhalt wirtschaftlich sinnvoll und wird regelmäßig dem Begehren des gesetzlichen Verfahrensstandschafters entsprechen.

Auch kostenrechtliche Erwägungen stehen einer isolierten Geldmachung des Kindesunterhalts bzw. Abänderung eines bestehenden Titels nicht entgegen. In einem isolierten Unterhaltsverfahren findet die Regelung des § 243 FamFG Anwendung, wonach das Gericht bei der Kostenentscheidung unter anderem das Verhältnis von Obsiegen und Unterliegen der Beteiligten (Nr. 1) zu berücksichtigen hat. Im Verbundverfahren sind die Kosten der Scheidungs- und Folgesache grundsätzlich gegeneinander aufzuheben, § 150 Abs. 1 FamFG. Zwar kann das Gericht von dieser Kostenverteilung gemäß § 150 Abs. 4 FamFG abweichen, wenn diese im Hinblick auf den Ausgang des Unterhaltsverfahrens unbillig erscheint, wobei der Erfolg der Folgesache im Rahmen der Ermessensentscheidung stets zu berücksichtigen ist.[867] Jedoch besteht für die Beteiligten das Risiko,

866 *Abramenko*, in: Prütting/Helms, § 67 Rn. 9; *Sternal*, in: Keidel, § 67 Rn. 9a.

867 BGH Beschl. v. 28.02.2007 – XII ZB 165/06, FamRZ 2007, 983 (894); *Kemper*, in: Kemper/Schreiber, § 150 Rn. 16; *Keske*, in: Schulte-Bunert/Weinreich, § 150 Rn. 16; *Weber*, in: Keidel, § 150 Rn. 8.

dass das Familiengericht aus Vereinfachungsgründen bei der grundsätzlichen Kostenaufhebung gegeneinander verbleibt. Diese Kostenentscheidung ist sodann isoliert nicht anfechtbar, § 113 Abs. 1 S. 2 FamFG iVm § 99 Abs. 1 ZPO.[868]

Sofern der gesetzliche Verfahrensstandschafter Verfahrenskostenhilfe beanspruchen kann, ist die Bewilligung von Verfahrenskostenhilfe in einer isoliert geltend gemachten Folgesache nach höchstrichterlicher Rechtsprechung nicht wegen Mutwilligkeit gemäß § 114 Abs. 1 S. 1 ZPO zurückzuweisen.[869] Eine mutwillige Rechtsverfolgung liegt vor, wenn eine verständige, nicht hilfsbedürftige Partei ihre Rechte nicht in gleicher Weise verfolgen würde.[870] Zwar sei ein Verbundverfahren aufgrund der Streitwertaddition gemäß § 44 Abs. 1 FamGKG und der Gebührendegression des Familiengerichtskosten- und Rechtsanwaltsgebührengesetzes regelmäßig kostengünstiger als zwei isolierte Verfahren,[871] allerdings führe dies nicht dazu, dass eine nicht hilfsbedürftige Partei Folgesachen stets im Verbund geltend machen müsse, da in einem Verbundverfahren eine Kostenaufhebung gegeneinander drohe und der Antragsteller hierdurch mehr Kosten zu tragen habe als in einem isolierten, erfolgreichen Unterhaltsverfahren, innerhalb dessen der Gegenseite die Kosten vollumfänglich auferlegt werden.[872] Zudem könne der Antragsteller ein berechtigtes Interesse an einer zeitnahen Scheidung aufweisen, sodass ihm die Verzögerung durch das Verbundverfahren nicht zuzumuten sei.[873] Ferner sei zu berücksichtigen, dass dem Antragsteller nach § 137 Abs. 1 FamFG ein Wahlrecht zustehe, ob er eine Folgesache im Verbund

868 OLG Oldenburg Beschl. v. 08.10.2010 – 4 WF 226/10, FamRZ 2011, 578 (578 f.); OLG Köln Beschl. v. 08.11.2010 – 4 WF 193/10, FamRZ 2011, 579 (580); OLG Karlsruhe Beschl. v. 06.12.2010 – 5 WF 209/10, FamRZ 2011, 749 (750); OLG Hamm Beschl. v. 30.12.2010 – 12 WF 288/10, FamRZ 2011, 989; OLG Stuttgart Beschl. v. 12.01.2011 – 15 WF 2/11, FamRZ 2011, 751; *Keske*, in: Schulte-Bunert/Weinreich, § 150 Rn. 21; *Weber*, in: Keidel, § 150 Rn. 17.

869 BGH Beschl. v. 10.03.2005 – XII ZB 20/04, FamRZ 2005, 786 (786 f.); *Seiler*, in: Thomas/Putzo, § 114 Rn. 8a; *Zempel/Völker*, in: Prütting/Gehrlein, § 114 Rn. 42; *Zimmermann*, VKH, Rn. 198.

870 BGH Beschl. v. 10.03.2005 – XII ZB 20/04, FamRZ 2005, (786) 787; BGH Urt. v. 06.07.2010 – VI ZB 31/08, NJW 2010, 3522; *Geimer*, in: Zöller, § 114 Rn. 30; *Seiler*, in: Thomas/Putzo, § 114 Rn. 7; *Zempel/Völker*, in: Prütting/Gehrlein, § 114 Rn. 36.

871 BGH Beschl. v. 10.03.2005 – XII ZB 20/04, FamRZ 2005, 786 (787); *Zempel/Völker*, in: Prütting/Gehrlein, § 114 Rn. 42.

872 BGH Beschl. v. 10.03.2005 – XII ZB 20/04, FamRZ 2005, 786 (787); *Zempel/Völker*, in: Prütting/Gehrlein, § 114 Rn. 42.

873 BGH Beschl. v. 10.03.2005 – XII ZB 20/04, FamRZ 2005, 786 (788); *Zempel/Völker*, in: Prütting/Gehrlein, § 114 Rn. 42.

oder isoliert geltend mache.[874] Im Fall der Geltendmachung von Kindesunterhalt ist darüber hinaus gegen die Annahme einer Mutwilligkeit anzuführen, dass die Geltendmachung innerhalb des Verbundverfahrens einen Unterhaltsverzicht auf Kindesunterhalt für den Zeitraum ab außergerichtlicher oder gerichtlicher Geltendmachung bis zur Rechtskraft der Scheidung bedeutet und der Antragsteller daher ein vernünftiges und nachvollziehbares Interesse an einer isolierten Geltendmachung aufweist, sodass hinsichtlich der isolierten Geltendmachung von Kindesunterhalt von einer Mutwilligkeit des Verfahrenskostenhilfeantragstellers nicht ausgegangen wird.[875]

Von einer Geltendmachung des Kindesunterhalts als Folgesache im Verbundverfahren ist daher aus anwaltlicher Sicht abzuraten. In Ehe- und Folgesachen herrscht gemäß § 114 Abs. 1 FamFG Anwaltszwang. Wenn aus anwaltlicher Sicht von der Geltendmachung des Kindesunterhalts innerhalb eines Verbundes aufgrund der aufgezeigten Gründe abgeraten werden muss, besteht Grund für die Annahme, dass der verfolgte Sinn und Zweck praxisirrelevant ist und die Regelung in § 1629 Abs. 3 S. 1 abgeschafft werden kann. Die Annahme, dass Kindesunterhaltssachen regelmäßig nicht als Folgesachen in den Verbund eingebracht werden, wird durch die Statistik in Familiensachen des Statistischen Bundesamtes bestätigt.[876] Die Erhebung der Statistik in Familiensachen basiert auf bundeseinheitlichen Verwaltungsvorschriften der Bundesländer,[877] wobei das Statistische Bundesamt die Ländererergebnisse zu einer Bundesstatistik gemäß § 3 Abs. 3 BStatG zusammenfasst. Aus der Statistik in Familiensachen ist zu entnehmen, dass der Anteil der als Folgesache entschiedenen Kindesunterhaltsverfahren gemessen an den entschiedenen Scheidungsverfahren jährlich absinkt.[878] Im Kalenderjahr 2002 wurden in 3,83%[879] der 205.897 Scheidungsverfahren

---

874 BGH Beschl. v. 10.03.2005 – XII ZB 20/04, FamRZ 2005, 786 (788); *Zempel/Völker*, in: Prütting/Gehrlein, § 114 Rn. 42.

875 Vgl. BGH Beschl. v. 10.03.2005 – XII ZB 20/04, FamRZ 2005, 786 (787).

876 *Statistisches Bundesamt*, Fachserie 10 Rechtspflege 2.2, Familiengerichte, https://www.destatis.de/GPStatistik/receive/DESerie_serie_00000102 (Stand: 21.05.2018).

877 *Statistisches Bundesamt*, Fachserie 10 Rechtspflege 2.2, Familiengerichte, https://www.destatis.de/GPStatistik/servlets/MCRFileNodeServlet/DEHeft_derivate_00032943/2100220177004.pdf, S. 4 (Stand: 21.05.2018).

878 *Statistisches Bundesamt*, Fachserie 10 Rechtspflege 2.2, Familiengerichte, https://www.destatis.de/GPStatistik/receive/DESerie_serie_00000102 (Stand: 21.05.2018).

879 In 6.748 Kindesunterhaltsverfahren durch gerichtlichen Vergleich vor der Scheidung und in 1.141 Kindesunterhaltsverfahren durch Beschluss, vgl. https://www.destatis.de/GPStatistik/servlets/MCRFileNodeServlet/DEHeft_derivate_00006726/2100220027004.pdf, S. 18 (Stand: 21.05.2018).

über Kindesunterhalt als Folgesache entschieden.[880] Im Kalenderjahr 2007 waren es 2,49%[881] der 180.901 Scheidungsverfahren.[882] Im Kalenderjahr 2012 waren 0,98%[883] der 181.575 abgeschlossenen Scheidungsverfahren Kindesunterhaltsfolgesachen Gegenstand eines Verbundverfahrens.[884] Im Kalenderjahr 2016 wurden lediglich in 0,82%[885] der 163.754 Scheidungsverfahren über den Kindesunterhalt als Folgesache entschieden.[886] Demnach wird von der Möglichkeit, den Kindesunterhalt im Verbund zusammen mit der Scheidung zu beantragen, lediglich in weniger als 1% aller Scheidungsverfahren Gebrauch gemacht.

Die Praxisrelevanz des Kindesunterhalts als Folgesache ist daher äußerst gering, sodass für den Sinn und Zweck der gesetzlichen Verfahrensstandschaft kaum Bedarf besteht und eine ersatzlose Streichung der Regelung in § 1629 Abs. 3 S. 1 begründet werden könnte. Dies hätte zur Konsequenz, dass die Vertretungsregelung in § 1629 Abs. 2 S. 2 auch bei Kindern verheirateter Eltern zur Anwendung käme. Das Kind würde sodann, vertreten durch den betreuenden Elternteil, Beteiligter des Kindesunterhaltsverfahrens, sodass ein

880 *Statistisches Bundesamt*, Fachserie 10 Rechtspflege 2.2, Familiengerichte, https://www.destatis.de/GPStatistik/servlets/MCRFileNodeServlet/DEHeft_derivate_00006726/2100220027004.pdf, S. 18 (Stand: 21.05.2018).

881 In 3.794 Kindesunterhaltsverfahren durch gerichtlichen Vergleich vor der Scheidung und in 707 Kindesunterhaltsverfahren durch Beschluss, vgl. https://www.destatis.de/GPStatistik/servlets/MCRFileNodeServlet/DEHeft_derivate_00006731/2100220077004.pdf, S. 26 (Stand: 21.05.2018).

882 *Statistisches Bundesamt*, Fachserie 10 Rechtspflege 2.2, Familiengerichte, https://www.destatis.de/GPStatistik/servlets/MCRFileNodeServlet/DEHeft_derivate_00006731/2100220077004.pdf, S. 26 (Stand: 21.05.2018).

883 In 1.424 Kindesunterhaltsverfahren durch gerichtlichen Vergleich vor der Scheidung und in 362 Kindesunterhaltsverfahren durch Beschluss, vgl. https://www.destatis.de/GPStatistik/servlets/MCRFileNodeServlet/DEHeft_derivate_00012137/2100220127004.pdf, S. 26 (Stand: 21.05.2018).

884 *Statistisches Bundesamt*, Fachserie 10 Rechtspflege 2.2, Familiengerichte, https://www.destatis.de/GPStatistik/servlets/MCRFileNodeServlet/DEHeft_derivate_00012137/2100220127004.pdf, S. 26 (Stand: 21.05.2018).

885 In 1.034 Kindesunterhaltsverfahren durch gerichtlichen Vergleich vor der Scheidung und in 310 Kindesunterhaltsverfahren durch Beschluss, vgl. https://www.destatis.de/GPStatistik/servlets/MCRFileNodeServlet/DEHeft_derivate_00032943/2100220177004.pdf, S. 30 (Stand: 21.05.2018).

886 *Statistisches Bundesamt*, Fachserie 10 Rechtspflege 2.2, Familiengerichte, https://www.destatis.de/GPStatistik/servlets/MCRFileNodeServlet/DEHeft_derivate_00032943/2100220177004.pdf, S. 30 (Stand: 21.05.2018).

Verbundverfahren nach § 140 Abs. 1 FamFG nicht möglich wäre.[887] Demzufolge wäre die Regelung in § 137 Abs. 2 Nr. 2 dahingehend abzuändern, dass eine Kindesunterhaltssache nicht als Folgesache geltend gemacht werden kann.

C) Abschaffung des § 1629 Abs. 3 S. 1 und Abänderung der Regelung in § 140 Abs. 1 FamFG

Sofern trotz des geringen praktischen Bedürfnisses gegen eine ersatzlose Abschaffung der gesetzlichen Verfahrensstandschaft Bedenken bestehen, so könnte diesen durch eine Abänderung der Abtrennungsregelungen von Folgesachen gemäß § 140 Abs. 1 FamFG Rechnung getragen werden. Nach § 140 Abs. 1 FamFG ist eine Unterhalts- oder Güterrechtsfolgesache abzutrennen, wenn außer den Ehegatten eine weitere Person Beteiligter des Verfahrens wird. Die Regelung dient der Ermöglichung einer einheitlichen Kostenentscheidung und der Wahrung des vertraulichen Charakters der Verhandlung über die im Verbund stehenden Familiensachen.[888] Der Sinn und Zweck der Norm kann auch dann erreicht werden, wenn das gemeinsame, minderjährige Kind, welches in der Kindesunterhaltsfolgesache von einem Ehegatten vertreten wird, nicht als „weitere Person" iSd § 140 Abs. 1 FamFG zu qualifizieren wäre, sodass eine Abtrennung nicht erfolgen müsste. Eine einheitliche Kostenentscheidung wäre auch bei Hinzutreten des minderjährigen Kindes als Beteiligter des Verbundverfahrens gemäß § 150 Abs. 1 FamFG möglich. Zwar wären dem minderjährigen Kind gemäß § 150 Abs. 3 FamFG, dessen außergerichtliche Kosten selbst aufzuerlegen, doch auch hiervon kann das Gericht nach freiem Ermessen absehen und eine einheitliche Kostenentscheidung aussprechen.[889] Eine Beteiligung des minderjährigen Kindes an den gerichtlichen Kosten der Scheidung und Folgesache ist nicht möglich.[890] Ebenso wird die Vertraulichkeit der Verhandlung über die im Verbund stehenden Familiensachen zwischen den Ehegatten gewahrt, wenn einer von ihnen das minderjährige Kind vertritt. Das minderjährige Kind nimmt lediglich eine formale Beteiligtenstellung ein, ist bei der Verbundverfahrensverhandlung jedoch nicht anwesend, sodass weder eine Beeinträchtigung der Vertraulichkeit noch des Kindeswohls eine Abtrennung erforderlich machen

887 *Borth/Grandel*, in: Musielak-FamFG, § 140 Rn. 3; *Kroiß/Seiler*, Das neue FamFG, § 3 Rn. 213; *Roßmann*, in: Schulte-Bunert/Weinreich, § 140 Rn. 12.

888 BT-Drucks. 7/4361, S. 67, 60; BT-Drucks. 10/2888, S. 28.

889 *Kemper*, in Hk-ZPO, § 150 FamFG Rn. 17.

890 *Kemper*, in Hk-ZPO, § 150 FamFG Rn. 18.

würde. Aus der formalen Beteiligtenstellung des Kindes, welches durch einen Elternteil vertreten wird, resultiert keine weitergehende Beeinträchtigung.[891]

Die Vertretung des gemeinsamen, minderjährigen Kindes könnte daher von der Abtrennungsregelung in § 140 Abs. 1 FamFG durch Ergänzung eines Satz 2 ausgenommen werden: *„Als weitere Person im Sinne des Satzes 1 gilt nicht das an der Kindesunterhaltsfolgesache beteiligte Kind, welches gemäß § 1629 Abs. 2 S. 2 BGB von einem Ehegatten vertreten wird."*

Durch die Ergänzung der Regelung in § 140 Abs. 1 FamFG wäre ein Verbundverfahren mit der Kindesunterhaltssache trotz Abschaffung der gesetzlichen Verfahrensstandschaft weiterhin möglich. Es käme die Vertretungsregelung in § 1629 Abs. 2 S. 2 zur Anwendung. Sofern eine Scheidungssache oder eine Lebenspartnerschaftssache gemäß § 269 Abs. 1 Nr. 1 FamFG anhängig wäre, könnte der betreuende Elternteil gleichwohl den Kindesunterhalt für den Zeitraum ab Rechtskraft der Scheidung im Verbund geltend machen. Durch die Abschaffung der Regelung in § 1629 Abs. 3 S. 1 würden sich etliche mit der gesetzlichen Verfahrensstandschaft einhergehende Problemstellungen erübrigen. Andererseits erhielte man für besondere Fallkonstellationen die Möglichkeit der Geltendmachung innerhalb des Verbundverfahrens, sofern das Kind durch einen Elternteil vertreten wird und dieser den Kindesunterhalt erst ab dem Zeitpunkt der Rechtskraft der Ehescheidung geltend machen möchte.

D) Auflösung der mit der gesetzlichen Verfahrensstandschaft verbundenen Probleme durch deren Abschaffung

Sofern man die gesetzliche Verfahrensstandschaft nach § 1629 Abs. 3 S. 1 aus dem Gesetzestext streichen würde und somit die Vertretungsregelung nach § 1629 Abs. 3 S. 1 zur Anwendung käme, würden sich einige der aufgezeigten Problemkonstellationen im Zusammenhang mit der gesetzlichen Verfahrensstandschaft auflösen.

I. Fortgeltung der gesetzlichen Verfahrensstandschaft nach Rechtskraft der Scheidung

Nach der höchstrichterlichen Rechtsprechung gilt die gesetzliche Verfahrensstandschaft entgegen des Wortlauts in § 1629 Abs. 3 S. 1, wonach der gesetzliche Verfahrensstandschafter im eigenen Namen geltend machen muss, solange

891 Siehe 3. Teil B) V. 2. a) cc) Zwischenergebnis zum Schutz des Kindes durch die gesetzliche Verfahrensstandschaft.

die Voraussetzungen der gesetzlichen Verfahrensstandschaft vorliegen, trotz Rechtskraft der Scheidung weiter fort.[892] Als Begründung führt der BGH den Rechtsgedanken des § 265 Abs. 2 S. 1 ZPO sowie ein unabweisbares praktisches Bedürfnis an, was jedoch nicht überzeugt.[893]

Bei Abschaffung des gesetzlichen Verfahrensstandschaft nach § 1629 Abs. 3 S. 1 würde sich diese Ausnahme von der Beendigung der gesetzlichen Verfahrensstandschaft durch den Wegfall einer ihrer Voraussetzungen und die nicht überzeugende höchstrichterliche Argumentation erübrigen. Die Vertretungsregelung nach § 1629 Abs. 2 S. 2 käme sodann sowohl bei Kindern verheirateter Eltern als auch bei Kindern nicht verheirateter Eltern zur Anwendung, sodass die Rechtskraft der Scheidung keine Auswirkung auf die Vertretung des Kindes im Kindesunterhaltsverfahren entfalten würde.

II. Verhältnis zur Beistandschaft

Streitig ist ebenfalls, ob die Beantragung einer Beistandschaft bei Vorliegen der Voraussetzungen der gesetzlichen Verfahrensstandschaft möglich ist, da der gesetzliche Verfahrensstandschafter den Kindesunterhalt nach dem Wortlaut der Regelung in § 1629 Abs. 3 S. 1 nur im eigenen Namen geltend machen darf.[894] Der BGH hat sich dafür ausgesprochen, dass auch eine Beantragung der Beistandschaft durch den Elternteil als gesetzlicher Verfahrensstandschafter zulässig ist.[895]

Der Meinungsstreit würde durch die Abschaffung der gesetzlichen Verfahrensstandschaft aufgelöst, da der Gesetzgeber bei der Gesetzesbegründung zu der Beistandschaftsregelung in § 1713 Abs. 1 S. 2, wonach der betreuende Elternteil bei gemeinsamer elterlichen Sorge zur Beantragung der Beistandschaft berechtigt ist, ausdrücklich auf die dann anzuwendende Vertretungsregelung nach § 1629 Abs. 2 S. 2 Bezug genommen hat.[896] Die Antragsberechtigung des gesetzlichen Vertreters nach § 1629 Abs. 2 S. 2 ist mithin unstreitig.[897]

---

892 BGH Urt. v. 15.11.1989 – IVb ZR 3/89, FamRZ 1990, 283 (284); BGH Beschl. v. 12.03.2014 – XII ZB 234/13, NJW 2014, 1958 (1960).

893 Siehe 3. Teil C) 2. Stellungnahme zur höchstrichterlichen Rechtsprechung.

894 Siehe 4. Teil B) I. 1. Einführung in die Problematik.

895 BGH Beschl. v. 29.10.2014 – XII ZB 250/14, FamRZ 2015, 130.

896 BT-Drucks. 14/8131, S. 10.

897 Siehe 4. Teil B) I. 1. Einführung in die Problematik.

III. Kind als Antragsteller der Verfahrenskostenhilfe

Bei der gesetzlichen Verfahrensstandschaft nach § 1629 Abs. 3 S. 12 ist ferner umstritten, ob bei der Beantragung von Verfahrenskostenhilfe die Einkommens- und Vermögensverhältnisse des Kindes, des gesetzlichen Verfahrensstandschafters oder beiden bei der Überprüfung der Bedürftigkeit maßgeblich sind.[898] Nach dem BGH ist allein auf die Einkommens- und Vermögensverhältnisse des gesetzlichen Verfahrensstandschafters als Beteiligter des Verfahrens abzustellen.[899]

Bei der Vertretungsregelung nach § 1629 Abs. 2 S. 2 wird das Kind hingegen Beteiligter des Verfahrens, sodass bei Abschaffung der gesetzlichen Verfahrensstandschaft zur Überprüfung der Bedürftigkeit im Rahmen des Verfahrenskostenhilfeüberprüfungsverfahrens stets auf die Einkommens- und Vermögensverhältnisse des Kindes abzustellen ist, unabhängig davon, ob dessen Eltern verheiratet sind oder nicht.[900]

IV. Statthafter vollstreckungsrechtlicher Rechtsbehelf

Zudem würde innerhalb des Vollstreckungsverfahrens durch die Abschaffung der gesetzlichen Verfahrensstandschaft und der Anwendung der Vertretungsregelung nach § 1629 Abs. 2 S. 2 auch bei Kindern von verheirateten Eltern eine Vereinfachung der Rechtslage eintreten. Eine nicht ordnungsgemäße Vertretung des Vollstreckungsgläubigers kann mithilfe der Vollstreckungserinnerung durch den Vollstreckungsschuldner geltend gemacht werden,[901] sodass bei Anwendung der Vertretungsregelung kein Streit hinsichtlich des statthaften Rechtsbehelfs dieser formellen Einwendung besteht. Allerdings kann der Wegfall einer

898 Siehe 4. Teil B) II. Maßgebliche Einkommens- und Vermögensverhältnisse im Verfahrenskostenhilfeverfahren.

899 BGH Beschl. v. 11.05.2005 – XII ZB 242/03, FamRZ 2005, 1164 (1164 ff.); BGH Beschl. v. 26.10.2005 – XII ZB 125/05, FamRZ 2006, 32 (32 f.).

900 OLG Stuttgart Beschl. v. 29.09.1986 – 17 WF 375/86, FamRZ 1988, 166; KG Beschl. v. 26.09.1988 – 18 WF 5938/88, FamRZ 1989, 82; OLG Thüringen Beschl. v. 19.03.1998 – WF 18/98, FamRZ 1998, 1302; OLG Köln Beschl. v. 27.12.2000 – 27 WF 231/00, FamRZ 2001, 1535; *Fischer*, in: Musielak/Voit, § 114 Rn. 5; *Geimer*, in: Zöller, § 114 Rn. 8a; *Zempel/Völker*, in: Prütting/Gehrlein, § 114 Rn. 16.

901 OLG Koblenz Beschl. v. 12.07.2004 – 7 WF 570/04, FamRZ 2005, 993 (994); OLG Koblenz Beschl. v. 06.02.2007 – 11 WF 1211/06, BeckRS 2008, 03315 (abrufbar in beck-online); OLG Nürnberg Beschl. v. 01.02.2010 – 7 WF 45/10, FuR 2010, 297 (298); *Herget*, in: Zöller, § 767 Rn. 13; *Seiler*, in: Thomas/Putzo, § 767 Rn. 20b; *Stöber*, in: Zöller, § 766 Rn. 15.

Voraussetzung der Vertretungsregelung nach § 1629 Abs. 2 S. 2 ebenso wie bei der gesetzlichen Verfahrensstandschaft Auswirkungen auf den materiellen Unterhaltsanspruch entfalten, etwa bei Obhutswechsel des Kindes.[902] Bei der Geltendmachung dieser materiellen Einwendung wäre auch bei Anwendung der Vertretungsregelung eine Abgrenzung zwischen einem Vollstreckungsgegenantrag und einem Abänderungsantrag im Einzelfall vorzunehmen.[903] Bei Abschaffung der gesetzlichen Verfahrensstandschaft und der Vertretung des Kindes durch den gesetzlichen Vertreter tritt vollstreckungsrechtlich eine Vereinfachung für das Kind ein, weil der erwirkte Vollstreckungstitel bereits auf seinen Namen läuft, sodass nach Eintritt der Volljährigkeit oder Rechtskraft der Scheidung eine Umschreibung des Titels nach § 120 Abs. 1 FamFG iVm § 727 ZPO analog nicht länger erforderlich wäre.

E) Zusammenfassung der Abänderungsvorschläge

Der Anwendungsbereich der Regelung in § 1629 Abs. 3 S. 1 ist zumindest sinnentsprechend auf den Zeitraum während der Anhängigkeit der Scheidungssache bzw. der Lebenspartnerschaftssachen nach § 269 Abs. 1 Nr. 1 FamFG zu begrenzen, um den Kindesunterhalt im Verbundverfahren geltend machen zu können.[904] Der Kindesunterhalt kann im Rahmen des Verbundes erst ab dem Zeitraum nach Rechtskraft der Scheidung geltend gemacht werden.[905] Da sich die Notwendigkeit der Geltendmachung von Kindesunterhalt jedoch bereits nach der Trennung einstellt, wird der Kindesunterhalt regelmäßig nicht als Folgesache im Verbund geltend gemacht.[906] Durch die erforderliche Eingrenzung des Anwendungsbereichs wird die praktische Relevanz der gesetzlichen Verfahrensstandschaft im Kindesunterhaltsverfahren erheblich vermindert.[907] Daher könnte man den Absatz 3 des § 1629 ebenso ersatzlos streichen.[908] Hierdurch würden etliche der aufgezeigten Problemstellungen, die mit der gesetzlichen Verfahrensstandschaft einhergehen, entfallen.[909] Bei der Geltendmachung von

902 Siehe 2. Teil C) Beendigung des Alleinvertretungsrechts nach § 1629 Abs. 2 S. 2.
903 Siehe 4. Teil C) III. Beendigung durch Obhutswechsel.
904 Siehe 5. Teil A) Reduktion des Anwendungsbereichs des § 1629 Abs. 3 S. 1.
905 Siehe 5. Teil B) Abschaffung des § 1629 Abs. 3.
906 Siehe 5. Teil B) Abschaffung des § 1629 Abs. 3.
907 Siehe 5. Teil B) Abschaffung des § 1629 Abs. 3.
908 Siehe 5. Teil B) Abschaffung des § 1629 Abs. 3.
909 Siehe 5. Teil D) Auflösung der mit der gesetzlichen Verfahrensstandschaft verbundenen Probleme durch deren Abschaffung.

Kindesunterhalt wären die minderjährigen Kinder sodann von dem betreuenden Elternteil nach § 1629 Abs. 2 S. 2 zu vertreten, unabhängig der Frage, ob die Eltern verheiratet, unverheiratet oder geschieden sind.[910] Ein Verbundverfahren mit einer Kindesunterhaltssache als Folgesache wäre nicht mehr möglich.[911] Sofern man die Möglichkeit eines Verbundverfahrens mit dem Kindesunterhalt als Folgesache erhalten möchte, könnte die Regelung in § 140 Abs. 1 FamFG durch Einfügung eines Satzes 2 dahingehend ergänzt werden, dass eine Abtrennung nicht erforderlich ist, falls ein Ehegatte das minderjährige Kind in der Kindesunterhaltsfolgesache nach § 1629 Abs. 2 S. 2 vertritt.[912] Dem betreuenden Elternteil stünde es trotz der durch die Abschaffung des § 1629 Abs. 3 eintretende Vereinfachung der Rechtslage zur Disposition, den Kindesunterhalt erst in dem Verbundverfahren für den Zeitraum ab Rechtskraft der Scheidung geltend zu machen.[913]

Mit der Geltendmachung des Kindesunterhalts innerhalb des Verbundverfahrens sind weder für den gesetzlichen Verfahrensstandschafter noch für das Kind Vorteile verbunden. Im Gegenteil bedeutet die Geltendmachung für den Zeitraum nach Rechtskraft der Scheidung einen Verzicht auf den Kindesunterhalt für den vorherigen Zeitraum, da die Geltendmachung von Kindesunterhalt vor dem Eintritt der Rechtskraft der Scheidung im Verbundverfahren nicht möglich ist. Da das Bedürfnis der Geltendmachung von Kindesunterhalt regelmäßig bereits zum Zeitpunkt der Trennung eintritt, verwundert es nicht, dass im Kalenderjahr 2016 lediglich in 0,82% der entschiedenen Scheidungssachen eine Kindesunterhaltsfolgesache Gegenstand des Verfahrens war,[914] wobei ein Großteil dieser Folgesachen vor der Scheidung durch Vergleich abgeschlossen und ein geringer Anteil durch Verbundbeschluss entschieden wurde.[915] Aufgrund

910 Siehe 5. Teil B) Abschaffung des § 1629 Abs. 3.

911 Siehe 5. Teil B) Abschaffung des § 1629 Abs. 3.

912 Siehe 5. Teil C) Abschaffung des § 1629 Abs. 3 und Abänderung der Regelung in § 140 Abs. 1 FamFG.

913 Siehe 5. Teil C) Abschaffung des § 1629 Abs. 3 und Abänderung der Regelung in § 140 Abs. 1 FamFG.

914 *Statistisches Bundesamt*, Fachserie 10 Rechtspflege 2.2, Familiengerichte, https://www.destatis.de/GPStatistik/servlets/MCRFileNodeServlet/DEHeft_derivate_00032943/2100220177004.pdf, S. 30 (Stand: 22.12.2017).

915 In 1.034 Kindesunterhaltsverfahren durch gerichtlichen Vergleich vor der Scheidung und in 310 Kindesunterhaltsverfahren durch Beschluss, vgl. *Statistisches Bundesamt*, Fachserie 10 Rechtspflege 2.2, Familiengerichte, https://www.destatis.de/GPStatistik/servlets/MCRFileNodeServlet/DEHeft_derivate_00032943/2100220177004.pdf, S. 30 (Stand: 22.12.2017).

des geringen praktischen Bedürfnisses kann eine Abschaffung der Regelung in § 1629 Abs. 3 S. 1 befürwortet werden. Für außergewöhnliche Fälle, in denen das Begehren des Antragstellers trotz der damit verbundenen Nachteile auf die Geltendmachung des Kindesunterhalts im Verbund gerichtet ist, sollte die Abtrennungsregelung in § 140 Abs. 1 FamFG dahingehend ergänzt werden, dass das von einem Elternteil nach § 1629 Abs. 2 S. 2 vertretene Kind nicht als weiterer Beteiligter im Sinne des § 140 Abs. 1 FamFG gilt. Hierdurch würden sich etliche der aufgezeigten Problemstellungen auflösen, die mit der gesetzlichen Verfahrensstandschaft verbunden sind. Dennoch würde die Möglichkeit eines Verbundverfahrens für besondere Konstellationen erhalten bleiben.

6. Teil Ergebnis

Die Regelung der gesetzlichen Verfahrensstandschaft im Kindesunterhaltsverfahren gemäß § 1629 Abs. 3 S. 1 ist eine reformbedürftige Norm, die in der aktuellen Fassung ihren Sinn und Zweck nicht erreicht.[916] Teilweise wird angenommen, dass die gesetzliche Verfahrensstandschaft die Verhinderung einer Beteiligtenrolle des Kindes im gerichtlichen Verfahren bezwecke.[917] Die Verhinderung einer Beteiligtenrolle ist jedoch vielmehr die Rechtsfolge, die durch die gesetzliche Verfahrensstandschaft herbeigeführt wird.[918] Richtigerweise bezweckt die gesetzliche Verfahrensstandschaft die Ermöglichung eines Verbundverfahrens der Scheidungssache bzw. der Lebenspartnerschaftssache nach § 269 Abs. 1 Nr. 1 FamFG mit dem Kindesunterhalt als Folgesache.[919] Dies ergibt sich aus der Begründung des 1. EheRG, in der ausgeführt wird, dass durch die gesetzliche Verfahrensstandschaft ausgeschlossen werden soll, dass das Kind in einer Folgesache förmlich als Partei beteiligt wird, um es so aus dem Ehescheidungsverfahren herauszuhalten.[920] Mit dem 1. EheRG wurden auch die Regelungen zum Verbundverfahren in die ZPO eingeführt und in deren Begründung ausdrücklich auf die gesetzliche Verfahrensstandschaft nach § 1629 Abs. 3 S. 1 Bezug genommen, wodurch eine Beteiligung der Kinder am Scheidungsverfahren vermieden werden soll.[921] Daher war der Anwendungsbereich der Norm mit Einführung in das BGB auf die Anhängigkeit der Scheidungssache beschränkt, da nur in diesem Fall der verfolgte Sinn und Zweck erreicht werden konnte.[922] Da das Kind als „weitere Person" iSd § 140 Abs. 1 FamFG gilt, ist die Unterhaltsfolgesache zwingend abzutrennen, wenn das Kind als Beteiligter, vertreten durch einen Elternteil, in dem

916 Siehe 3. Teil B) V. 5. Zusammenfassung der Stellungnahme zum Sinn und Zweck des § 1629 Abs. 3 S. 1.

917 Siehe 3. Teil B) III. Verhinderung der Beteiligtenstellung des Kindes.

918 Siehe 3 Teil B) V. 3. Stellungnahme zur Verhinderung der Beteiligtenstellung des Kindes.

919 Siehe 3. Teil, B) V. 4. Stellungnahme zur Geltendmachung des Kindesunterhalts im Verbundverfahren.

920 BT-Drucks. 7/650, S. 176; Siehe 3. Teil, B) V. 4. Stellungnahme zur Geltendmachung des Kindesunterhalts im Verbundverfahren.

921 BT-Drucks. 7/650, S. 208 f.; Siehe 3. Teil, B) V. 4. Stellungnahme zur Geltendmachung des Kindesunterhalts im Verbundverfahren.

922 BGBl. 1976 I 1421 (1432).

Verfahren auftritt.[923] Die gesetzliche Verfahrensstandschaft nach § 1629 Abs. 3 S. 1 ist daher notwendig, um eine Beteiligtenidentität im Verbundverfahren herzustellen und den Kindesunterhalt im eigenen Namen des gesetzlichen Verfahrensstandschafters als Folgesache im Verbund geltend machen zu können.[924] Mit diesem verfolgten Sinn und Zweck wird auch die Ungleichbehandlung zwischen ehelichen und unehelichen Kindern nach Art. 6 Abs. 5 GG gerechtfertigt, da ein Verbundverfahren mangels Scheidungssache nach § 121 Nr. 1 FamFG bzw. Lebenspartnerschaftssache nach § 269 Nr. 1 FamFG bei nicht verheirateten bzw. nicht verpartnerten Eltern ausgeschlossen ist und die familiäre Lebenssituation diese prozessuale Ungleichbehandlung veranlasst.[925]

Dass der Anwendungsbereich der gesetzlichen Verfahrensstandschaft nach § 1629 Abs. 3 S. 1 auf den Trennungszeitraum und den Zeitraum bei Anhängigkeit einer Ehesache nach § 121 Nr. 1, 2 FamFG bzw. Lebenspartnerschaftssache nach § 269 Abs. 1 Nr. 2 FamFG sinnwidrig erweitert wurde, ist auf Fehlinterpretationen der Gesetzesbegründung des 1. EheRG zurückzuführen.[926] Der Sinn und Zweck der Norm wurde in der Folge von Gesetzgeber und Rechtsprechung dahin gedeutet, dass durch die gesetzliche Verfahrensstandschaft ein Schutz des Kindes vor Streitigkeiten der Eltern verfolgt werde.[927] Daher wurde der Anwendungsbereich durch das UÄndG auf den Zeitraum des Getrenntlebens und der Anhängigkeit einer Ehesache gemäß § 121 Nr. 2, 3 FamFG mit der Begründung ausgedehnt, dass das Kind auch in diesen Fällen vor Streitigkeiten der Eltern zu schützen sei.[928] Durch das Gesetz zur Bereinigung des Rechts der Lebenspartner wurde der Anwendungsbereich zuletzt dahingehend erweitert, dass die gesetzliche Verfahrensstandschaft auch bei Anhängigkeit einer Lebenspartnerschaftssache gemäß § 269 Abs. 1 Nr. 1, 2 FamFG einschlägig ist.[929] Nach derzeitiger Rechtslage gelangt die gesetzliche Verfahrensstandschaft bei der Geltendmachung von Unterhalt von Kindern verheirateter Eltern daher stets zur Anwendung, sodass der gesetzliche Verfahrensstandschafter den Kindesunterhalt im eigenen Namen geltend

923 Siehe 3. Teil, B) V. 4. Stellungnahme zur Geltendmachung des Kindesunterhalts im Verbundverfahren.

924 Siehe 3. Teil, B) V. 4. Stellungnahme zur Geltendmachung des Kindesunterhalts im Verbundverfahren.

925 Siehe 3. Teil B) V. 5. Zusammenfassung der Stellungnahme zum Sinn und Zweck des § 1629 Abs. 3 S. 1.

926 Siehe 3. Teil B) V. 4. a) Erstes Ehe- und Familienrechtsreformgesetz.

927 Siehe 3. Teil B) V. 4. b) Unterhaltsänderungsgesetz.

928 Siehe 3. Teil B) V. 4. b) Unterhaltsänderungsgesetz.

929 BGBl. 2015 I 2010 (2013).

machen muss. Bei Kindern nicht verheirateter oder bereits geschiedener Eltern ist hingegen die Vertretungsregelung gemäß § 1629 Abs. 2 S. 2 einschlägig, sodass der Kindesunterhalt durch den betreuenden Elternteil als gesetzlichen Vertreter im Namen des Kindes geltend zu machen ist.[930]

Diese Rechtslage ist in Anbetracht des verfassungsrechtlichen Gleichberechtigungsgrundsatzes von ehelichen und unehelichen Kindern gemäß Art. 6 Abs. 5 GG bedenklich, da der von Gesetzgeber und Rechtsprechung angenommene Sinn und Zweck nicht geeignet ist, die Ungleichbehandlung zu rechtfertigen.[931] Eine prozessuale Gleichstellung würde weder in eine geschützte Rechtsposition von Dritten eingreifen noch veranlasst die familiäre Lebenssituation eine solche prozessuale Ungleichbehandlung nach dem von Gesetzgeber und Rechtsprechung unterstellten Sinn und Zweck.[932] Denn es wäre bei Annahme dieses Sinn und Zwecks nicht nachvollziehbar, warum lediglich Kinder verheirateter Eltern schutzbedürftig vor deren Streitigkeiten seien, obwohl die Trennung nicht verheirateter Eltern ein ähnlich konfliktträchtiges Potential aufweist wie bei verheirateten Eltern.[933] Ein etwaiger Schutz der Kinder würde davon abhängen, ob das Kindesunterhaltsverfahren noch während der bestehenden Ehe oder erst nach Rechtskraft der Scheidung anhängig gemacht wurde. Des Weiteren ist festzustellen, dass mit der gesetzlichen Verfahrensstandschaft kein erhöhter Schutz der ehelichen Kinder im Vergleich zu der Vertretungsregelung, die bei unehelichen Kindern zur Anwendung gelangt, einhergeht.[934] Sowohl bei der gesetzlichen Verfahrensstandschaft als auch bei der gesetzlichen Stellvertretung tritt das Kind selbst nicht im Verfahren auf.[935] Der Unterschied zwischen beiden Regelungen liegt darin, dass das Kind bei einer Stellvertretung im Rubrum als Beteiligter aufgeführt wird, vertreten durch den betreuenden Elternteil gemäß § 1629 Abs. 2 S. 2, während dieser bei bestehender Ehe als gesetzlicher Verfahrensstandschafter gemäß § 1629 Abs. 3 S. 1 selbst als Verfahrensbeteiligter auftritt. Ein erhöhter Schutz des Kindes ist damit nicht verbunden.[936]

---

930 Siehe 2. Teil A) III. Nicht miteinander verheiratete Eltern.

931 Siehe 3. Teil B) V. 2. b) Verstoß gegen Art. 6 Abs. 5 GG.

932 Siehe 3. Teil B) V. 2. b) Verstoß gegen Art. 6 Abs. 5 GG; 3. Teil B) V. 5. Zusammenfassung.

933 Siehe 3. Teil B) V. 2. a) Erhöhter Schutz durch gesetzliche Verfahrensstandschaft.

934 Siehe 3. Teil, B) V. 2. a) cc) Zwischenergebnis zum Schutz des Kindes durch die gesetzliche Verfahrensstandschaft.

935 Siehe 3. Teil, B) V. 2. a) cc) Zwischenergebnis zum Schutz des Kindes durch die gesetzliche Verfahrensstandschaft.

936 Siehe 3. Teil, B) V. 2. a) cc) Zwischenergebnis zum Schutz des Kindes durch die gesetzliche Verfahrensstandschaft.

Der Anwendungsbereich des § 1629 Abs. 3 S. 1 ist mithin zumindest sinnentsprechend auf den Zeitraum der Anhängigkeit einer Scheidungssache gemäß § 121 Nr. 1 FamFG und eine Lebenspartnerschaftssache gemäß § 269 Abs. 1 Nr. 1 FamFG zu beschränken, da nur diese Angelegenheiten verbundfähig sind, § 137 Abs. 1, 270 Abs. 1, S. 1, Var. 1 FamFG.[937] Für den Zeitraum der Trennung bis zur Anhängigkeit der Scheidungs- bzw. Lebenspartnerschaftssache nach § 269 Abs. 1 Nr. 1 FamFG und bei Anhängigkeit anderer Ehe- und Lebenspartnerschaftssachen (§§ 121 Nr. 2 und 3, 269 Abs. 1 Nr. 2 FamFG) wäre sodann die Vertretungsregelung gemäß § 1629 Abs. 2 S. 2 auch für eheliche Kinder anwendbar, da ein Verbundverfahren in diesen Fällen nicht möglich und eine Ungleichbehandlung von ehelichen und unehelichen Kindern nicht gerechtfertigt ist.[938]

Die Notwendigkeit zur Geltendmachung von Kindesunterhalt entsteht jedoch nicht erst mit Anhängigkeit der Scheidungssache nach § 121 Nr. 1 FamFG bzw. Lebenspartnerschaftssache nach § 269 Abs. 1 Nr. 1 FamFG, sondern regelmäßig bereits mit dem Trennungszeitpunkt.[939] Als Folgesache kann der Kindesunterhalt erst ab dem Zeitpunkt der Rechtskraft der Scheidung geltend gemacht werden, § 137 Abs. 2 Nr. 2 Alt. 1 FamFG. Ein Verbundverfahren mit einer Kindesunterhaltsfolgesache kommt daher lediglich in Betracht, wenn auf den Kindesunterhalt für die Dauer des Trennungsjahrs und des Scheidungsverfahrens verzichtet wird, was mit dem Begehren des betreuenden Elternteils regelmäßig nicht korrespondieren wird, sodass der Kindesunterhalt bereits im Trennungsjahr geltend gemacht wird.[940] Diese Annahme wird durch die Statistik des Statistischen Bundesamts bestätigt, wonach in weniger als 1% aller Scheidungssachen der Kindesunterhalt als Folgesache geltend gemacht wurde.[941] Die erforderliche Einschränkung des Anwendungsbereichs des § 1629 Abs. 3 S. 1 würde daher dazu führen, dass keine nennenswerte praktische Relevanz verbliebe, da der Kindesunterhalt im Trennungszeitraum sodann in gesetzlicher Vertretung gemäß § 1629 Abs. 2 S. 2 geltend gemacht werden wird. Insofern ist die ersatzlose Streichung der gesetzlichen Verfahrensstandschaft aus dem Gesetzestext eine berechtigte Alternative zu der sinnentsprechenden Reduzierung des Anwendungsbereichs, sodass ein Verbundverfahren mit dem Kindesunterhalt als Folgesache nicht mehr möglich wäre.[942]

---

937 Siehe 5. Teil A) Reduktion des Anwendungsbereichs des § 1629 Abs. 3 S. 1.
938 Siehe 5. Teil A) Reduktion des Anwendungsbereichs des § 1629 Abs. 3 S. 1.
939 Siehe 5. Teil B) Abschaffung des § 1629 Abs. 3 S. 1.
940 Siehe 5. Teil B) Abschaffung des § 1629 Abs. 3 S. 1.
941 Siehe 5. Teil B) Abschaffung des § 1629 Abs. 3 S. 1.
942 Siehe 5. Teil B) Abschaffung des § 1629 Abs. 3 S. 1.

Vorzugswürdig ist jedoch eine Streichung des § 1629 Abs. 3 unter gleichzeitiger Ergänzung des § 140 Abs. 1 FamFG dahingehend, dass das minderjährige Kind, welches nach § 1629 Abs. 2 S. 2 vertreten wird, nicht als weitere Person iSd § 140 Abs. 1 FamFG gilt.[943] Hierdurch käme zur Geltendmachung von Kindesunterhalt einheitlich die Vertretungsregelung nach § 1629 Abs. 2 S. 2 zur Anwendung.[944] Aufgrund der Ausnahme des vertretenen Kindes in § 140 Abs. 1 FamFG wäre eine Abtrennung nicht notwendig und ein Verbundverfahren für besondere Konstellationen, in denen der betreuende Elternteil lediglich Kindesunterhalt ab dem Zeitpunkt der Rechtskraft der Scheidung begehrt, weiterhin möglich.[945] Eine solche Erweiterung wäre auch mit dem Sinn und Zweck des § 140 Abs. 1 FamFG vereinbar, da eine einheitliche Kostenentscheidung weiterhin möglich und der vertrauliche Charakter des Verbundverfahrens durch die gesetzliche Vertretung des Kindes gewahrt bliebe.[946]

Mit der Streichung der gesetzlichen Verfahrensstandschaft nach § 1629 Abs. 3 S. 1 würden sich einige der damit einhergehenden Problemstellungen auflösen.[947] So würde sich die Auffassung erübrigen, dass die gesetzliche Verfahrensstandschaft nach Rechtskraft der Scheidung fort gilt, da die Rechtskraft der Scheidung auf die dann anzuwendende Vertretungsregelung nach § 1629 Abs. 2 S. 2 keine Auswirkung entfalten würde.[948] Die streitigen Fragen nach dem Verhältnis zwischen der gesetzlichen Verfahrensstandschaft und der Beistandschaft sowie nach den maßgeblichen wirtschaftlichen Verhältnissen im Verfahrenskostenhilfeüberprüfungsverfahren würden aufgelöst, weil die Beistandschaftsregelung in § 1713 Abs. 1 S. 2 durch den Begriff der Inobhutnahme auf die Vertretungsregelung Bezug nimmt[949] und das Abstellen auf die wirtschaftlichen Verhältnisse des Kindes bei der gesetzlichen Stellvertretung unstreitig ist.[950] Ebenso würde sich die vollstreckungsrechtliche Streitigkeit nach dem richtigen Rechtsbehelf aufgrund der Beendigung der gesetzlichen Verfahrensstandschaft erübrigen, da der

943 Siehe 5. Teil E) Zusammenfassung der Abänderungsvorschläge.

944 Siehe 5. Teil C) Abschaffung des § 1629 Abs. 3 S. 1 und Abänderung der Regelung in § 140 Abs. 1 FamFG.

945 Siehe 5. Teil C) Abschaffung des § 1629 Abs. 3 S. 1 und Abänderung der Regelung in § 140 Abs. 1 FamFG.

946 Siehe 5. Teil C) Abschaffung des § 1629 Abs. 3 S. 1 und Abänderung der Regelung in § 140 Abs. 1 FamFG.

947 Siehe 5. Teil, E) Zusammenfassung der Abänderungsvorschläge.

948 Siehe 5. Teil D) I. Fortgeltung der gesetzlichen Verfahrensstandschaft nach Rechtskraft der Scheidung.

949 Siehe 5. Teil D) II. Verhältnis zur Beistandschaft.

950 Siehe 5. Teil D) III. Kind als Antragsteller der Verfahrenskostenhilfe.

Wegfall der Vertretungsmacht einheitlich als formelle Einwendung betrachtet wird, die mithilfe der Vollstreckungserinnerung geltend zu machen ist.[951]

Die mit Eintritt der Volljährigkeit verbundenen Fragestellungen nach dem Eintritt in das laufende Verfahren[952] oder die standesrechtliche Problemstellung aufgrund einer etwaigen Interessenkollision[953] bestehen ebenso bei der Anwendung der gesetzlichen Vertretungsregelung gemäß § 1629 Abs. 2 S. 2. Nach Beendigung der gesetzlichen Vertretung stellt sich zudem die Frage der Regressmöglichkeit hinsichtlich des aufgelaufenen Unterhaltsrückstands durch den bisherigen gesetzlichen Vertreter. Insofern gelangt auch der familienrechtliche Ausgleichsanspruch zur Anwendung.[954] Diese Problemkonstellationen können jedoch zufriedenstellend aufgelöst werden.[955]

Der Gesetzgeber sollte tätig werden, um die sinnwidrigen Erweiterungen des Anwendungsbereichs des § 1629 Abs. 3 S. 1 aufgrund der Fehlinterpretationen von Gesetzgeber und Rechtsprechung in den vergangenen Jahrzehnten rückgängig zu machen. Die derzeitige Rechtslage entspricht nicht dem verfolgten Sinn und Zweck und ist in ihrer gegenwärtigen Form im Hinblick auf den verfassungsrechtlichen Gleichstellungsgrundsatz von ehelichen und unehelichen Kindern nach Art. 6 Abs. 5 GG nicht zu rechtfertigen. Bei der Reform der gesetzlichen Verfahrensstandschaft sollte der Gesetzgeber die praktische Irrelevanz des Kindesunterhalts als Folgesache berücksichtigen und die Regelung streichen. Durch die einheitliche Anwendung der Vertretungsregelung in § 1626 Abs. 2 S. 2 würde nicht nur dem verfassungsrechtlichen Gleichstellungsgrundsatz Rechnung getragen werden, sondern auch eine Vereinfachung der Rechtslage aufgrund der Auflösung einiger mit der gesetzlichen Verfahrensstandschaft verbundenen Problemstellungen einhergehen.

951 Siehe 5. Teil D) IV. Statthafter vollstreckungsrechtlicher Rechtsbehelf.

952 Siehe 3. Teil C) II. Beendigung durch Volljährigkeit des Kindes.

953 Siehe 4. Teil D) Standesrechtliche Problemstellung.

954 Siehe 4. Teil A) I. Familienrechtlicher Ausgleichsanspruch.

955 Siehe 3. Teil C) II. 3. Stellungnahme zum Beteiligtenwechsel; 4. Teil D) IV. Zusammenfassung der standesrechtlichen Problematik; 4. Teil A) II. Zusammenfassung des familienrechtlichen Ausgleichsanspruchs.

www.ingramcontent.com/pod-product-compliance
Ingram Content Group UK Ltd.
Pitfield, Milton Keynes, MK11 3LW, UK
UKHW021852290926
8980IPUK00005B/792